아! 대한민국,
**재벌공화국**

북오션은 책에 관한 아이디어와 원고를 설레는 마음으로 기다리고 있습니다. 책으로 만들고 싶은 아이디어가 있으신 분은 이메일(bookrose@naver.com)로 간단한 개요와 취지, 연락처 등을 보내주세요. 머뭇거리지 말고 문을 두드리세요. 길이 열릴 것입니다.

# 아! 대한민국, 재벌공화국

**초판 1쇄 인쇄** | 2012년 8월 20일
**초판 1쇄 발행** | 2012년 8월 25일

**지은이** | 이동연
**펴낸이** | 박영욱
**펴낸곳** | 북오션

**경영총괄** | 정희숙
**책임편집** | 이상모
**편집** | 임은희 · 주재명 · 권기우
**마케팅** | 최석진
**표지 디자인** | 투에스
**본문 디자인** | 조진일

**주 소** | 서울시 마포구 서교동 468-2번지
**이메일** | bookrose@naver.com
**트위터** | @Book_ocean
**페이스북** | bookocean
**카 페** | http://cafe.naver.com/bookrose
**전 화** | 편집문의 : 02-325-5352    영업문의 : 02-322-6709
**팩 스** | 02-3143-3964

**출판신고번호** | 제313-2007-000197호

ISBN 978-89-93662-78-8 (03320)

*「이 도서의 국립중앙도서관 출판시도서목록(CIP)은 e-CIP홈페이지(http://www.nl.go.kr/ecip)와 국가자료공동목록시스템(http://www.nl.go.kr/kolisnet)에서 이용하실 수 있습니다.
(CIP제어번호: CIP2012003476)」

*이 책은 북오션이 저작권자와의 계약에 따라 발행한 것이므로 이 책의 내용의 일부 또는 전부를 이용하려면 반드시 북오션의 서면 동의를 받아야 합니다.
*책값은 뒤표지에 있습니다.
*잘못 만들어진 책은 구입하신 서점에서 교환해 드립니다.

한국경제, 재벌개혁에 칼을 뽑다

# 아! 대한민국,
# 재벌공화국

• 이동연 지음 •

북오션

## 영 어  사 전 에  등 재 되 어  있 는  한 국 어

김치 Kimchi

불고기 Bulgogi

태권도 Taekwondo

한글 Hangul

그리고

## 재벌!

### CHAEBOL [tʃǽbəl] n.

- (in the Republic of Korea) a large business conglomerate. especially family-owned one.
  (from Oxford English Dictionary)
- a family-controlled industrial conglomerate in South Korea. (from Webster)
- a large, usually family-owned, business group in South Korea.
  (from Collins English Dictionary)
- a conglomerate of business, usually owned by a single family, especially in Korea
  (from The Amerian Heritage)

머 | 리 | 말
# 재벌과 공생의 길, 정말 없을까?

서울대를 나와도 취직이 어렵다며 졸업을 미루고 5년, 6년을 학교 근처에서만 맴도는 학생들이 많아지고 있다. 이명박 대통령이 '일자리 창출'이란 구호를 내걸고 고용시장 유연화정책을 펴면서 수치상으로 일자리가 늘긴 했으나, 정규직은 드물고 대부분이 '비非'자 붙은 자리뿐이다. 그런 일자리조차도 '찬물도 위아래가 있다'는 순리를 따라서인지 젊은이들에게까지 돌아오지 않는 경우가 허다하다.

IMF를 겪으며 대한민국 사회는 격변하기 시작했다. 신자유주의가 한반도를 한바탕 휩쓸자 '우리'와 '공동체'를 지향하던 전통적인 가치관은 모두 구닥다리가 되고, '경쟁'과 '생존'만이 남게 되었다. 몸이 부서져라 일한다 해도 저축은커녕 매달 적자를 면할 길이 없는 경우가 태반이고, 일부 계층에서는 일할 기회조차 얻지 못하고 있다.

분명히 나라의 부는 엄청나게 늘었다. 그런데 국민의 다수는 훨씬 더 가난해져 상대적 박탈감이 하늘을 치솟고 있다. 지금 대한민국 99%가 벼랑 끝에 서 있다. 꿈은 잠들지 않는다고 하지만 1%만이 행복한 나라에서는 어떤 꿈도 길 위에 잠들고 만다. 대한민국은 점점 재벌이나 고위층의 자녀로 태어나지 않으면 꿈조차 꿀 수 없는 경직된 사회가 되고 있다. 왜 이런 현상이 벌어졌으며 어떻게 하면 이 양극화된 사회를 치유할 수 있을까?

한국의 부자들, 특히 재벌들은 국민들을 똑바로 쳐다볼 자격조차 없다. 해방 이후 이승만 정권의 적산불하부터 시작해서 박정희 정권의 긴급 사채동결조치 등을 통한 각종 특혜와 정경유착을 통해 오늘의 부를 이루었기 때문이다. 그들이 정치권과 어떻게 야합하고, 어떤 꼼수를 부렸는지에 대해 1부에서 다루었다.

대한민국에는 2개의 경제 주소가 있다. 소위 1%가 사는 재벌시市 정치인구區 관료동洞과, 99%가 사는 서민도都 자영업자군郡 비정규직면面이 있다. 이 두 지역 사이에 거주 이전의 자유는 형식일 뿐 실제론 완전히 단절되어 있다. 소통이 멈춘 사회는 흐르지 않는 물처럼 썩기 마련이다. 서민도의 도민들은 재벌시를 엿보며 흠모할 필요가 없다. 그럴 시간에 경계를 허물고 소통이 되는 사회를 만들어야 한다. 그 방안에 대해 2부에서 다루었다.

우리보다 앞서 그런 사회를 만든 나라들이 있다. 바로 북유럽 국가들이다. 미국처럼 선별복지를 시행한 남유럽의 나라들은 지금 금융위기로 홍역을 치르고 있다. 그러나 보편복지를 펼친 북유럽, 특히 '국가는 국민의 집'이라는 이념을 갖고 있는 스웨덴은 연일 상승일로에 있고, 국민들의 삶의 만족도도 높다. 물론 스웨덴에도 재벌과 유사한 기업체들이 있다. 하지만 그 나라 재벌들은 우리와 달리 검소하고 절제하며 사회 환원에 적극적이다.

이 책은 '재벌에게 뭇매를 가하자'가 아니라, 그럴 필요가 없는 경제 구조, 재벌을 긍정적으로 활용할 수 있는 구체적인 방안을 제시하기 위해 쓰였다. 이 책에서 제시하는 방안들을 우리 사회가 실행하면 우리 국민 모두 분명 행복해질 수 있을 것이다.

2012년 7월

저자 이동연

| 목차 |

머리말_ **재벌과 공생의 길, 정말 없을까?** • 5

**CHAPTER 00 까치밥을 남겨두던 조선인의 마음** • 12

국채보상운동과 IMF 금 모으기 | 위기는 누가 불러왔나 | 화무십일홍이요, 권불십년이지만… | 재벌을 성토하는 이유 | 골목상권에 진출한 재벌의 속내 | 재벌, 대한민국을 삼킬 야욕을 드러내다 | 재벌이여, 까치밥은 남겨둬라

1부 | **재벌,
그 추악함의 역사**

**CHAPTER 01 불륜을 통해 탄생한 재벌** • 34

해방기, 재벌의 태동 | 코쟁이에게도 요정料亭 정치를 편 재벌 | 재벌과 권력, 유착의 시작 | 전쟁 덕에 성장한 재벌 | 재벌의 천국, 박정희 정권 | 월남 파병과 사카린 밀수 | 긴급명령 제15호, 재벌을 위한 사유재산 강탈 | 재벌의 폭풍 성장기

**CHAPTER 02 군부 정권과 납품 재벌** • 60

재벌의 적, 공정거래법 등장 | 전두환, 존경은 못 받지만 그래도… | 노태우와 재벌, 누이 좋고 매부 좋고 | 좌절된 물태우의 결단, 토지공개념 | 권력과 비자금, 도저히 뗄 수 없는 관계인가?

**CHAPTER 03 삼성 이건희, 김영삼을 꺾다** • 74

YS는 못말려 | 재벌의 반발과 세계화 | 삼성의 탐욕, 삼성자동차 | 1994, 재벌이라는 빅브라더의 탄생 | 정부의 신재벌정책 VS 재벌의 투자 파업 | 백기 든 신재벌정책 그리고 IMF | 국가적인 굴욕의 시작

**CHAPTER 04 DJ, 신자유주의 덫에 걸리다** • 92

신자유주의라는 거악巨惡과 만나다 | 굶주린 이웃 앞에서 다이어트를 고민하는 재벌 | 금 모으기와 IMF 조기 졸업, 한 숨 돌린 재벌 | 출총제 폐지, 무활, 무력화 | 허구적 신화, 신지식인 | 교육을 삼킨 재벌 | 누가 내 치즈를 옮겼을까? | 더욱 비참해진 일반 대중의 삶 | 아랫목만 펄펄 끓었다 | IMF는 이겨냈지만…

**CHAPTER 05 서민을 위한 정부는 없다** • 116

서민 대통령에게 기대를 걸다 | 만약 김종인이 노무현 옆자리에 앉았다면… | 노무현과 삼성, 도대체 어떤 관계냐 | 구더기 무서워서 장 못 담그다 | 노무현 대통령 탄핵과 4대 개혁입법 | 대의제의 약점 | 또 다시 시작된 환율 정책 | 권력은 이미 시장으로 | 참여정부 최대의 실책 | 뜨거운 감자, 분양원가 공개 | 출총제 유명무실화, FTA 체결 | 무섭다, 신자유주의와 입 진보 | 재벌 개혁의 핵심은 무엇인가?

CHAPTER 06 **청와대를 접수한 재벌 회장 출신 MB** • 142

MB, 대기업 프렌들리 대통령 | 재벌만 신난 고환율 정책 | 낙수효과 | 앞에선 재벌 때리고 뒤에선 손 잡다 | 말로만 서민 배려 | 토건족만 배불린 死대강 | 복지의 탈을 쓴 망국적 포퓰리즘이라고? | 미래에도 빚을 못 갚아 | 쪼그라든 중산층 | 나라의 허리가 사라지고 있다 | 수출보다 내수가 중요하다 | 두 별세계 – 극빈층/극부층

2부 | **21세기 대한민국**이 **가야** 할 길

CHAPTER 07 **안철수, 주주 자본주의에 한 방 날리다** • 176

신자유주의의 탄생 | 그린스펀의 고백 | 미국식 자본주의의 한계 | 금융산업과 한미 FTA | 주주 자본주의, 금융 자본주의 | 소비자 자본주의, 깨어 있는 자본주의 | 소득 있는 곳에 과세 있다 | 출자총액제한제 | 안철수, 앵그리 버드를 날리다 | 경제 생태계를 복원하라 | 부당 내부거래, 계열사 일감 몰아주기 | 담합, 시장경제의 공적

**CHAPTER 08 복지가 성장이다** • 220

잔여적 복지, 능동적 복지 | 생산적 복지, 보편적 복지 | 교육과 경제성장은 비례하지 않는다 | 너를 이겨야 내가 산다 VS 네가 살아야 나도 산다 | 공유지의 비극을 멈추려면 | 인구 증가와 임금 구조 | 북유럽에 꽃 핀 보편복지와 남유럽의 재정위기 | 문제는 GDP다 | 자본주의는 실패했다 | 기본소득제, 우리의 행복을 위한 유일한 대안

맺음말_ **권리는 주장하는 사람의 것** • 274

**CHAPTER 00**

# 까치밥을 남겨두던 조선인의 마음

　　　　　　조선의 매서운 겨울 아침은 간밤에 내린 서리를 뒤집어쓴 빨간 홍시가 하루하루 까치를 기다리면서 시작되었다. 눈 덮인 뒤뜰, 불 켜진 홍등紅燈인양 매달린 홍시 몇 개. 그 홍시들은 배고프던 시절에도 날짐승을 위해 남겨둔 조선인의 마음이었다.

　조선인들은 낭장 밥 지을 곡식이 없는 사람을 위해 들녘에도 이삭을 남겨 놓았고, 어른들은 음식을 먹을 때도 다 먹지 않고 일부러 남겨두어 아녀자와 아이들, 노비까지 먹을 수 있게 배려했다. 이런 선한 습성을 지닌 우리 민족은 힘겹게 살아도 나그네가 오면 사랑방에 재웠고, 나환자가 찾아와도 같은 상에서 식사를 했다. 거지들이 집집마다 구걸을 다녔던 배고팠던 그 시절, 누구도 그들을 귀찮아하거나 미워하지 않았다. '동냥은 주지 못할망정 쪽박은 깨지 마라'며 안쓰러운 마음으로 할 수만 있으면 도와주려고 애를 썼다.

　이처럼 남의 곤궁한 입장을 살피는 마음을 지닌 선한 우리 민족은 국난을 만날 때마다 몸을 사리지 않고 희생했다.

## 국채보상운동과 IMF 금 모으기

1904년 을사조약 이후 일본의 교활한 책략으로 대한제국은 일본에 1300만 원의 빚을 지게 된다. 이 돈은 당시 대한제국의 1년 치 예산과 맞먹는다. 이런 국난을 당하자 조선인들은 자발적으로 '국채보상운동'을 벌인다. 남자들은 3개월간 금연하여 돈을 모았고, 아녀자들도 은비녀, 은가락지, 머리카락을 잘라 팔았다. 숯장사도 나무를 팔아서 번 돈을 내놓고, 당시 사람 취급 못 받던 백정도 모금에 동참했으며, 거지도 동냥 받은 돈을 내놓았다.

나라의 은혜를 받기는커녕 모멸만 당하던 사람들까지 자발적으로 일어나 경제의 자주성을 되찾기 위한 국채보상운동에 참여한 것이다. 국가적 위기 앞에 내 탓, 네 탓 따지고 있기보다는 일단 솔선해서 희생정신을 발휘하는 의식이 조선사람들의 DNA 속에 있는 것 같다.

그리고 정확히 90년 후인 1997년에 다시 경제 주권을 빼앗기는 'IMF 사태'가 터졌다. 이 국가적 위기 앞에서 국민들은 '우리'라는 의식으로 똘똘 뭉쳐 '금 모으기'에 나섰다. 환란을 일으킨 주범을 색출하려 하기보다는 먼저 국가적 난관을 극복하기 위해 발 벗고 나선 것이다. 외국에서는 상상도 못할 일이다. 최근 그리스 등 일부 유럽 국가에서는 경제 위기의 책임을 묻는 과격 시위가 연일 일어나고 있다. 그들에게서는 우리처럼 나라를 위해 내가 희생하겠다는 움직임이 그다지 보이지 않는다.

## 위기는 누가 불러왔나

국채보상운동과 IMF, 이 두 가지 국가적 위기에는 위기를 일으킨 측과 위기에 희생당한 측이 다르다는 공통점이 있다. 구한말 경제 주권을 외국에 빼앗긴 것도 왕실과 관료들의 사색당파 놀음이 원인이었고, 김영삼 정부의 외환위기도 무능한 정권과 여기에 편승한 대기업의 방만한 경영이 주 원인이었다.

김대중 정부는 기업을 회생시키기 위해 국민의 혈세로 만들어진 공적자금을 막대하게 투입해야만 했다. 사고는 교활한 지도층이 치고, 수습은 착한 백성이 했다. 국민들의 도움으로 국가적 위기를 간신히 넘기고 난 후 겨우 나무에 과실이 맺혔을 때, 지도층은 그 과실 배분을 어떻게 했을까?

서민은 분배에서 철저히 배제되었고 위기를 일으켰던 주범들끼리 열매를 독식해버렸다.

오늘날의 대한민국 재벌은 국민들의 희생 위에 세워졌다. 앞으로 자세히 살펴보겠지만 재벌이 성장하는 과정은 외국과 판이하게 다르다. 재벌의 성장 이면에는 항상 정경유착과 특혜가 있었다. 이런 반칙과 특권을 누려온 '소수'의 재벌이 있다면 재벌의 디딤돌 역할을 하며 배척과 모멸을 당해온 '다수'의 서민들이 있다. 이 서민들이 비빌 언덕이라고는 영세 사업장뿐이다. 그런데 요즘은 이 영세업종마저 재벌이 가져가려 한다.

우리말에 '은혜를 베풀고 뒤통수를 맞는다'는 식의 속담이 유달리 많다. '물에 빠진 사람 구해주었더니 보따리 내놓으라 한다', '행랑 빌려주었더니 안방까지 내놓으라 한다', '뭐 주고 뺨까지 맞는다', '믿는 도끼에 발등 찍힌다', '호랑이 새끼를 길렀다', '기르던 개에게 물렸다' 등등 다양한 예시와 표현이 등장한다.

이는 조상 대대로 지도층의 교언영색巧言令色에 속고 당하면서 살아온 경험에서 나온 것이다. 특히 조선의 사대부는 나라가 잘될 때는 백성들 위에 군림하며 거들먹거리다가 나라가 어려워지면 나몰라라 하고 제일 먼저 도망가는 족속이었다. 남아 있던 백성들이 의병을 조직해 목숨 걸고 싸워 나라를 간신히 되찾아 놓으면 사대부가 다시 돌아와 예전처럼 백성의 고혈을 빨아먹고 살았다.

그런 사대부들도 최소한 백성들이 먹고사는 장사판에는 끼지 않았다. 그러나 이 시대의 재벌은 서민들의 골목상권까지 침범하며 중소기업은 물론 자영업자까지 몰락시키고 있다. 국민의 피와 땀을 먹고 성장한 대기업이 영세 서민들의 숨구멍이던 떡볶이, 순대, 라면, 꽃배달, 자전거 등의 업종에까지 진출하면서 손을 대지 않는 곳이 없을 정도다.

사람의 욕심에는 끝이 없다. 제어장치를 두지 않으면 언제나 더 많이 가지려 하고 더 많이 지배하려 한다. 재벌도 마찬가지다. 세상 모든 것을 발아래에 깔고 그 정점에 총수가 황제처럼 앉아 있고 싶어 한다. 총수가 매뉴얼을 정해 아래로 내려 보내면 모든 사람이 그대로 움직이길 원한다.

이미 재벌 아래 사법, 행정, 언론, 정치 등 국가 중추 대부분이 포획되어 있다. 남아 있는 영역이라고는 잡초 같은 서민들뿐이다. 이들을 집어삼키려고 서민들의 '비빌 언덕'인 자영업을 싹쓸이하고 있는 중이다. 이 작업에 성공하면 이제 서민들은 모두 사라지고 국민 모두가 재벌 조직의 일원이 되어 진정한 의미의 '재벌공화국'이 수립된다.

## 화무십일홍이요, 권불십년이지만…

이미 대한민국에서 재벌은 사회적 힘의 원천이자 슈퍼 갑甲이 된 지 오래다. 청와대의 얼굴은 계속 바뀌고 있지만 그와 악수를 나

전체 상장기업 대비 5대 그룹 매출 비중

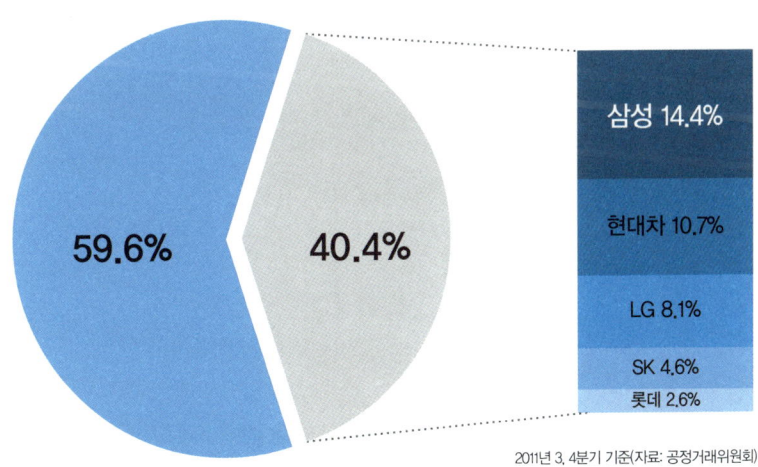

2011년 3, 4분기 기준(자료: 공정거래위원회)

### 전체 상장기업 대비 10대 그룹 매출 비중 추이

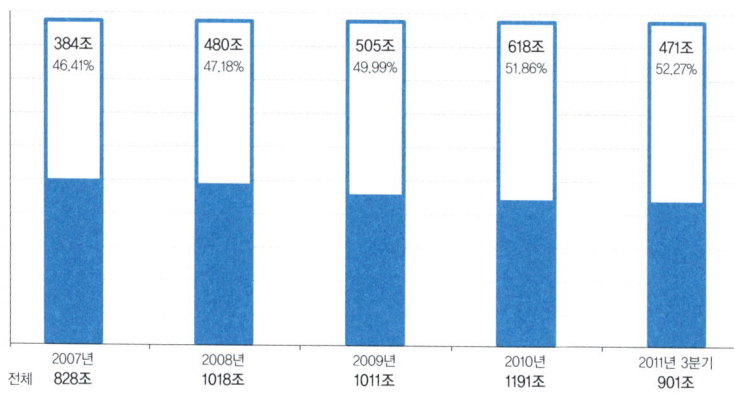

### 10대그룹 시가총액 및 비중 추이

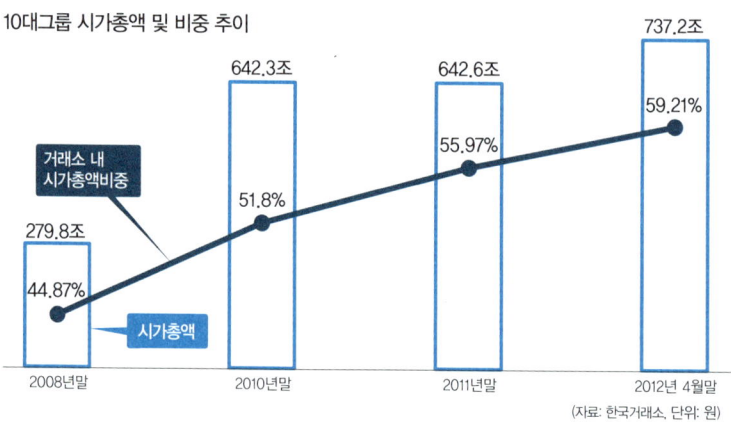

### 자산총액 상위 10대 그룹 시가총액 현황

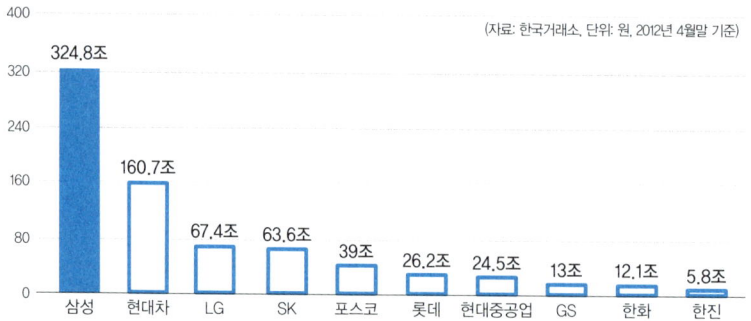

누는 재벌 총수는 언제나 그 자리 그대로다. 노태우 대통령, 김영삼 대통령, 김대중 대통령, 노무현 대통령, 이명박 대통령 모두 취임 후 이건희 회장과 악수를 나눴다.

한마디로 권력은 길어야 5년이지만 재벌은 자손 대대로 승계된다는 말이다. 재벌이 아닌 사람과 그의 후손은 재벌이 정해준 매뉴얼대로 사는 기능인이 될 수밖에 없다. 기능인은 기계 부품과 같아서 재벌의 입맛대로 언제든지 갈아치울 수 있다.

울리히 벡Ulrich Beck은 현대 사회를 '위험 사회'라고 지적했다. 내 운명을 내가 결정할 수 없는 사회, 내일을 예측할 수 없는 사회, 곧 평범한 이들에게는 지극히 위험천만한 사회인 '재벌이 지배하는 사회'가 현대 사회다. 대한민국은 벌써 이런 사회로 진입했다. 현재 남아 있는 영세업사들만 무너지면 명실공히 '재벌 천하'가 된다.

삼성, 현대차, LG, SK, 롯데 등 5대 그룹의 매출 비중이 전체 상장그룹의 40%, 10대 그룹의 매출 비중이 52%를 넘어서고 있다. 주식시가도 전체가 약 1300조 원 정도인데 그중 10대 그룹의 시가총액이 737조 원에 이르러 59%를 점하고 있다. 이를 30대 그룹까지 확장해서 보면 무려 95%에 이른다. 이들이 우리나라 생산의 거의 전부를 차지하고 있는 셈이다.

특히 지난해 삼성, 현대차, LG, SK 등 4대 그룹의 자산이 15.4%나 늘어 647조6천억 원을 넘었으며, 이중 LG와 SK는 삼성, 한국전력공사, 한국토지주택공사, 현대차의 뒤를 이어 올해 처음으로

'자산 100조 원 클럽'에 가입하였다. 한편 공정거래위원회가 '자산총액 5조 원 이상 상호출자 제한 기업집단'으로 지정한 기업집단의 수가 지난해 55개에서 8개 늘어난 63개가 되었다.

상호출자 제한 기업집단으로 지정되면 계열사끼리의 상호출자가 금지된다. 즉 삼성생명이 삼성전자의 지분을 이미 가졌다면 그 반대인 삼성전자가 삼성생명의 지분을 가질 수 없게 된다.

상호출자 제한 기업집단 리스트
- 민간기업 집단
  - 총수가 있는 집단 : 삼성, 현대자동차, SK, LG, 롯데, 현대중공업, GS, 한진, 한화, 두산, STX, CJ, LS, 금호아시아나, 신세계, 동부, 대림, 현대, 부영, OCI, 효성, 동국제강, 현대백화점, 코오롱, 웅진, KCC, 영풍, 미래에셋, 한진중공업, 동양, 현대산업개발, 대성, 세아, 태광, 하이트진로, 한라, 교보생명보험, 한국투자금융, 태영, 대한전선, 한국타이어, 이랜드, 유진
  - 총수가 없는 집단 : 포스코, KT, 대우조선해양, S-OIL, 대우건설, 한국GM, 홈플러스, KT&G
- 공기업 집단 : 한국전력공사, 한국토지주택공사, 한국도로공사, 한국가스공사, 한국석유공사, 한국수자원공사, 한국철도공사, 인천도시공사, 인천국제공항공사, 서울특별시도시철도공사, 부산항만공사, 농협

이들 대기업 집단 간에도 양극화 현상이 나타나고 있다. 상위 4대 재벌의 자산이 15.4% 증가하는 동안 다른 기업의 증감폭을 비교해보면 10대 그룹은 12.6%, 30대 그룹은 11.8%, 40대 그룹은 8.7%로 점차 낮아지고 금호아시아나, 대우건설, 대한전선 등은 오히려 자산총액이 줄었다.

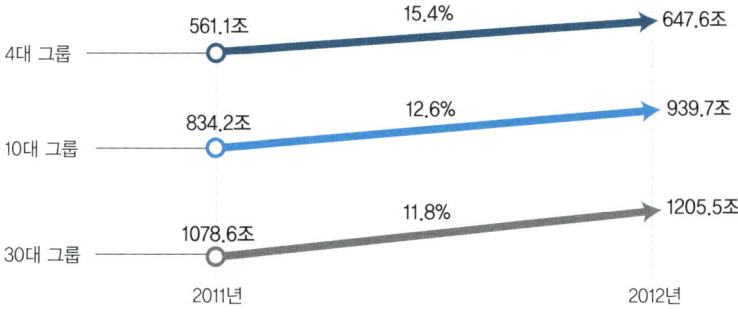

더구나 대기업의 평균 영업이익률은 6.84%인데 반해 중소기업은 4.8%에 그쳤다. 이런 격차는 해를 거듭할수록 점점 더 커지고 있다. 이 추세를 막지 못한다면 재벌이 자산 규모는 물론 매출과 이익까지 싹쓸이 해가는 상황이 벌어질지도 모른다.

| 재벌을 성토하는 이유

재벌은 공정한 경쟁을 통해서 부를 증식하지 않았다. 일감 몰아주기와 담합 등의 편법 행위가 재벌의 재산 증식에서 큰 비중을 차지한다. 오너가 자신의 친인척이 만든 계열사에 일감을 몰아주면 재벌의 부는 엄청나게 증가하지만 그에 따른 고용 효과는 대단히 미미한 수준으로만 늘어난다. 즉 '고용 없는 몸집 불리기'가 진행되는 것이다.

4대 그룹이 국내 부가가치의 20%를 독식했다. 그러면 최소한 일자리 창출도 20%가 되어야 하는데, 겨우 2%에 불과하다. 이러

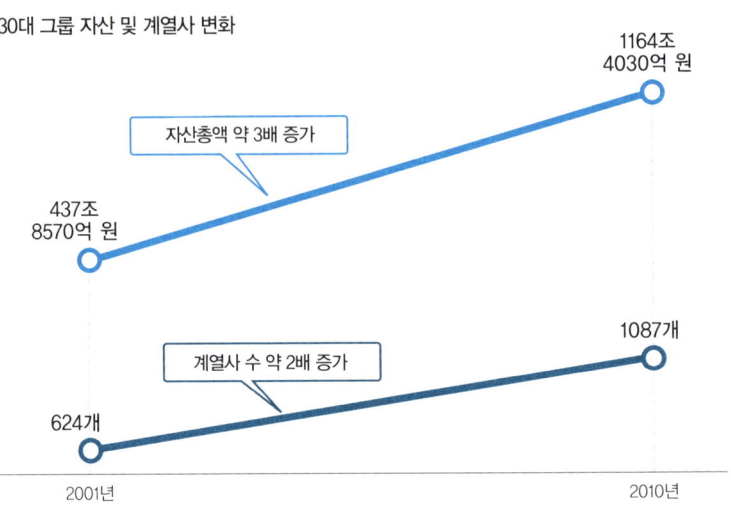

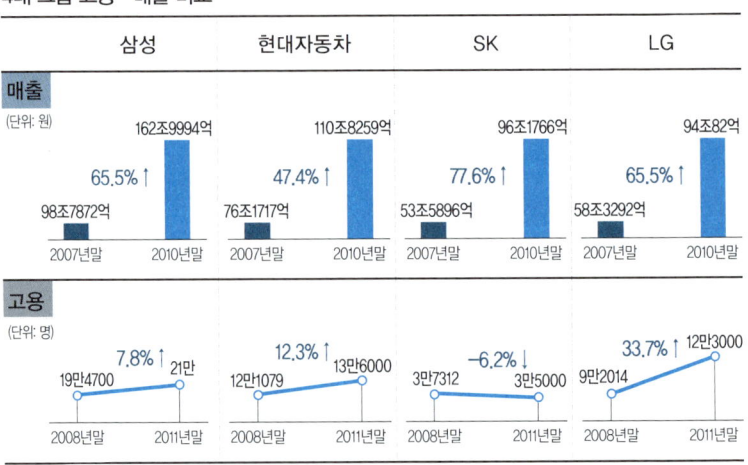

니 대학을 나와도 실업자 신세고, 청년실업자 수가 줄어들기는커녕 날로 증가할 수밖에 없다.

일자리 창출은 4대 그룹뿐 아니라, 한국 경제를 좌우하는 대기업들 전체로 놓고 봐도 부진하기는 마찬가지다. 500인 이상 대기업의 고용이 전체 취업자의 12.3%에 불과하다. 나머지 87.7%가 자영업을 포함한 중소기업의 고용이다.

이처럼 재벌들의 성장과 국내 고용과의 상관관계가 갈수록 줄어들고 있다. 이는 재벌들이 사업장을 해외로 이전하고, 시설투자도 상당부분 국외 위주로 진행하며, 외국인 고용을 늘리고 있기 때문이다.

한국은행의 통계자료에 의하면 국내 산업에서 10억 원의 매출을 올렸을 때 발생하는 취업유발 계수는 8.7명인데, 30대 그룹이 10억 원의 매출을 올렸을 경우는 1.03명에 불과하다. 취업유발 계수가 낮을수록 고용 흡수력도 낮다. 기업이 커질수록 부의 독식 현상이 심화되며 그와 반비례하여 고용률은 떨어진다.

대한민국 재벌의 주요 수익모델은 수출 제조업이다. 이들은 글로벌 생산, 글로벌 판매 시스템으로 구성되어 있다. 이들이 커진다 해서 국내 취업유발 계수가 상승하거나, 국내 고용 창출에 도움이 되지는 않는다. 오히려 중소기업과 서비스업의 입지를 갉아먹는다. 그런데도 우리는 여전히 '대기업이 살면 성장률이 높아지고 고용도 확대된다'는 산업사회의 패러다임에 묶여있다.

**출자총액제한제도의 역사**

| 대통령 | 시기 | 내용 |
|---|---|---|
| 전두환 | 1986년 12월 | 자산 4천억 원 이상 기업집단 대상, 순자산의 40% 초과 출자 금지 기준으로 도입 |
| 노태우 | | |
| 김영삼 | 1993년 2월 | 대상을 30대 기업집단으로 변경 |
| | 1995년 4월 | 출자 기준을 순자산의 40%에서 25%로 축소 |
| 김대중 | 1998년 2월 | 적대적 M&A 허용에 따른 경영권 방어 위해 폐지 |
| | 1999년 12월 | 출자한도 순자산의 25% 조건으로 부활 |
| | 2002년 4월 | 대상 기업을 30대 그룹에서 자산규모 5조 원 이상으로 변경 |
| 노무현 | 2004년 12월 | 적용 대상을 자산 6조 원 이상으로 변경, 출총제 졸업제도 도입 |
| | 2006년 4월 | 구조조정기업에 대한 출자 예외 인정, 졸업기준 보완 |
| | 2007년 4월 | 적용기준을 자산 10조 원 이상, 순자산의 40%로 대폭 완화 |
| 이명박 | 2009년 3월 | 규제의 실효성이 없다는 이유로 폐지 |
| | 2012년 2월 | 부활 논의 |

해방 이후 모든 정권이 경기가 좋을 때는 대기업의 이익이 더 커지고, 경기가 하락할 때 중소기업이 더 피해를 보는 '대기업 친화적 구조'로 운영해 왔다. 중소기업의 자활과 자생을 도와주고, 대기업이 중소기업의 업종에 진출하지 못하게 법으로 막는 '중소기업 고유업종 제도'가 1979년에 도입되었다가, 2006년 노무현 정부 때 완전 폐지되었다.

이런 구조가 MB 정권 들어서서 더욱 강하게 고착되었다. 2009년 MB 정권하에서 투자를 촉진시킨다는 명분으로 출자총액제한제도(이하 출총제)까지 폐지되었다. 출총제는 '자산 10조 원대 그룹'에 속하는 '자산 2조 원 이상 규모의 계열사'가 순자산의 40% 이상을 다른 회사에 출자하지 못하게 막는 제도다. 1986년 처음 도입된 이후 출총제가 대기업의 문어빌식 확장을 막는 역할을 해왔으나, MB 정권하에서 이 제도가 폐지되자 지난 2011년 한 해에만 재벌의 계열사가 280개나 늘었다.

공정거래위원회에 의하면 상호출자 제한을 받는 63개 그룹의 계열사만 1831개로 파악되었다. 출총제가 폐지된 후 3년 동안 설비투자는 38% 늘어난 반면, 사내보유금이 76%, 토지자산은 115%가 늘었다. 재벌들이 경제를 살리기 위한 투자는 하지 않고 내부적으로 부를 계속 축적하고 있다는 반증이다.

## 골목상권에 진출한 재벌의 속내

이제 대기업이 중소기업은 물론 자영업자까지 황폐화시키며 경제를 독식하기 시작했다. 재벌가가 변칙 상속과 함께 문어발식 확장을 꾀하더니 급기야 지네발처럼 골목상권에까지 진출한 것이다.

공부나 직장 때문에 오랫동안 살던 동네를 떠났던 사람들이 돌아와서 제일 먼저 찾는 곳이 보통 마을의 터줏대감 격인 오래된 구멍가게다. 그 가게를 중심으로 저마다의 사연이 배어 있다. 그만큼 구멍가게는 생필품을 사는 장소로 중요했을 뿐만 아니라, 사람들의 정서가 흐르고 전승되는 곳이었다. 그곳에서는 외상과 흥정, 덤이 가능했고, 마을 사람들의 여러 소식을 주고받을 수 있었다.

그 많던 구멍가게가 완벽하게 사라지고 있다. 구멍가게를 하던 사람들은 실업자가 되거나 거대 자본의 마켓에 들어가 종업원을 하고 있다. 합정동 어느 마트에 일용품을 사러 들렀더니 반듯하게 머리를 깎으신 노인분이 유니폼을 입고 계셔서 물었다.

"할아버지 가게입니까?"

"아닙니다. 체인점의 종업원입니다."

자본으로 무장한 대기업들이 그런 분들이 사장 노릇할 업종을 순식간에 잠식해버렸다. 재벌들이 서민의 주머닛돈, 쌈짓돈까지 털어가겠다고 나서며 SSM의 확산에 주력하고 있는 이유가 무엇일까?

처음에는 재벌들도 백화점이나 대형마트 등의 큰 상권에만 집중했다. 하지만 대한민국이라는 좁은 땅에서 더 이상 들어설 곳이 마땅치 않자 이제는 골목에 적합한 SSM을 무차별적으로 개설하고 있는 것이다. 사회가 고령화되고 1인 가구가 급증하면서 백화점이나 대형마트보다 접근성이 좋은 편의점 수요가 급격히 늘어나고 있다. 이런 사회적 흐름을 타고 재벌들도 이미 포화상태에 이른 대형마트를 중소 유통업으로 잘게 쪼개 저인망식 사업전략을 구사하고 있는 것이다.

대기업의 골목매장들은 막강한 자본력과 유통망을 이용해 일부 제품을 대폭적으로 할인판매 할 수 있다. 자연히 기존 가게의 손님이 이동하고, 매출이 줄어들면 영세 가게는 더 이상 버티지 못하고 결국 문을 닫게 된다.

기업형 마트들이 저렴한 가격, 편리한 구매를 내세우며 전국 곳곳을 공략하고 있다. 심한 경우 건물주를 회유하여 기존 마트를 쫓아내고 자신들의 SSM을 차린다. 업종도 가리지 않는다. 외식업, 제과점, 의류업 등에 이어 군 면세점까지 파고든다.

최근 롯데슈퍼가 군인 면세점 납품 계약을 체결한 후 춘천, 양구, 화천 등 지자체가 지역 상권에 큰 타격을 입는다며 심하게 반발하고 있다. 좁은 지역에 할인점이 하나 들어오면 주변상권은 초토화된다. 조사에 따르면 재래시장도 2002년 1702개에서 현재 1500여 개 이하로 집계되었다. 1년에 평균 20여 곳의 시장이 사라진 셈이다.

자영업자들은 평균 연령 40~60대로 일생 천직처럼 작은 가게를 근근이 운영해 왔거나, 회사에서 퇴직한 후 생업 전선에 뛰어든 사람들이다. 대기업에서 이렇게 바닥 훑기에 들어가면 그들은 과연 앞으로 어떻게 생계를 꾸려야 한다는 말인가. 그 사람들뿐 아니라 40대부터 서서히 명퇴를 강요당하는 사회적 분위기에서 골목상권의 붕괴는 퇴직 후 자활터가 사라진다는 뜻이다.

'고용 없는 성장'의 시대에 우리의 미래는 암울하기만 하다. 이대로 가면 재벌들이 원하는 진정한 재벌공화국이 완성되는 것은 시간문제다.

## 재벌, 대한민국을 삼킬 야욕을 드러내다

홍대 앞 30년 역사의 빵집 '리치몬드 과자점'이 사라지고 그 자리에 롯데그룹의 프랜차이즈 커피 전문점이 들어섰다. 이런 현상이 서울은 물론이고 전국 각지에서 동시다발로 일어나고 있다. 대기업이 자본력을 동원해 기존 자영업자보다 훨씬 많은 보증금과 임대료를 준다면 어느 건물주가 싫어하겠는가?

재벌은 재료 공급, 생산, 유통, 판매 등 모든 분야를 독식하려 든다. 재벌의 산업생태계 평정 과정을 편의점의 예를 통해 살펴보자.

일단 대기업의 편의점이 개설되면 지역별로 그 편의점의 물류를 담당할 여러 개의 자회사가 생긴다. 그다음 편의점에서 판매

할 상품을 만드는 자회사들, 그곳에 원자재를 대주는 자회사들을 만든다. 물론 그 자회사들의 주식은 대주주의 친인척들이 상당 부분을 소유한다.

1989년 5월 서울 방이동에서 문을 연 세븐일레븐 1호점을 시작으로 현재 전국의 편의점은 2만여 개, 시장규모 10조 원을 넘어섰다. 한국편의점협회에 의하면 앞으로 10년간 시장규모 20조 원, 점포수 4만 개까지 성장할 전망이라고 한다.

겉으로 보기에 편의점이 대기업 중심이라 하더라도 일단 편의점의 수가 늘어나면 그곳에 원자재를 납품하는 중소 물류업체도 덩달아 좋아질 것처럼 보인다. 그러나 정반대다. 대기업들의 물류 자회사가 출현하면서 국내 물류 전문회사들이 하나둘 사라지거나 대기업에 흡수되고 있는 현실에 주목해야 한다.

롯데 계열 편의점인 세븐일레븐의 물류는 롯데로지스틱스가 맡고 있다. GS25와 GS슈퍼마켓의 물류는 종합물류회사인 GS리테일이 담당한다. GS리테일은 미스터도넛, 헬스&뷰티 전문점 GS왓슨스 등도 운영하고 있다. 편의점 업계 1위인 '훼미리마트'의 물류도 내부 계열사인 중부로지스, 보광로지스 등이 맡고 있다.

편의점에 제품을 납품하는 중소업체의 사정은 물류업체보다 더 딱하다. 대기업 계열사 편의점이 해마다 급증하는 것에 반비례하여 일반 편의점이 급속도로 사라지고 있기 때문이다. 삼각김밥 등 신선제품을 납품하는 중소업체 영업팀 김 부장은 지역 매점으로부터 물품공급 중단 통보를 받고 현장에 가보면 꼭 그 자리에 대기업 편의점이 들어오는 것을 보고 한탄을 했다.

대기업 편의점이 자사 계열사가 아닌 제조업체에서 상품을 구매한다 해도, 대기업 편의점은 이미 전국에 체인점을 갖춘 지배적 사업자가 된 철저한 갑의 입장이기에 제조업체에게 많은 희생을 요구한다.

편의점에서 삼각김밥이나 샌드위치 등을 살 때 음료수나 우유를 할인해서 판매하는 행사를 벌이는 경우가 종종 있다. 이때 편의점에서는 비용을 김밥 업체와 식음료, 우유 회사에게 부담시킨다.

어찌 보면 이마저도 아직은 복에 겨운 소리라고 할 수 있겠다. 종국에는 삼각김밥뿐 아니라 식음료, 우유, 농산물 등 모든 제품을 편의점을 운영하는 대기업의 계열사에서 직접 생산, 공급, 유통하려 할 것이기 때문이다. 이미 많은 상품을 자체생산하고 있으며 그 범위는 점차 넓어지는 추세다.

이렇게 골목상권이 재벌들에게 장악되면 서민들의 생필품까지 재벌들이 독과점하게 된다. 독과점이 이루어지면 모든 생필품의 가격이 시장경제의 속성상 천정부지로 치솟게 된다. 이것이 현대판 매점매석이다.

이는 중소기업청 산하 시장경제진흥원의 조사에 의해서도 밝혀졌다. 현재 대기업의 마트에서 파는 생필품 가격보다 전통시장의 가격이 품목에 따라 무려 46%까지 저렴했으며, 평균 15.4% 저렴했다. 조사 대상 생필품인 감자, 오이, 젓갈, 멸치 등 36개 품목의 평균 가격은 SSM이 제일 비싸고, 다음이 대형마트 그리고 재래시장이 제일 저렴했다. 이를 가격으로 환산하면 36개 전 품목을 구입하는데 SSM은 26만709원이 드는데 비해, 대형마트 25만554원, 재래시장은 훨씬 저렴한 22만536원으로 조사되었다.

우리는 깔끔하고 편하고 값이 싸다는 생각을 가지고 마트를 주로 가지만 실제로 조사를 해보면 재래시장의 가격이 더 싸다. 하지만 SSM의 골목상권 진출로 재래시장 매출은 결국 반토막이 났다.

고용 효과도 대형마트는 재래시장의 3분의 1에 불과하다. 어느 지역에 대형마트 1개가 들어서면 마트에 고용되는 인원보다 일자리를 잃는 재래상인의 수가 3배나 된다는 것이다. 김영삼 정부 때 유통업을 국내외 대자본에게 개방한 뒤 경제성장 기여율은 그대로였지만 고용 비중만 줄었다고 한다.

이처럼 득보다 실이 더 많은 대자본의 중소 유통업 진출은 국민들을 위해 정부가 법으로 제한해 주어야 한다. 그런데 노무현 정부 때 책정해 해마다 증액되던 '재래시장 경쟁력 관련 예산'을 MB 정부는 오히려 11%나 줄였다.

## 재벌이여, 까치밥은 남겨둬라

배산임수의 형태로 앞에는 개울, 뒤에는 산을 배경으로 마을을 형성해 살던 우리 조상들의 집집마다 마당에는 감나무가 있었다.

그 감나무에는 까치밥 서너 개가 달려있어 아무리 추운 겨울이라도 새들이 찾아오곤 했다.

모든 사람에게는 오직 자신의 생존만을 생각하는 이기적 유전자와 공동체의 존속을 꾀하는 이타적 유전자가 함께 공존한다. 이기적 유전자만이 득세하는 사회는 공동체성을 상실한 곳이다.

야박하게 까치밥을 다 따버린 곳에는 어떤 새도 찾아오지 않는다. 서민들이 자영업을 할 영역까지 재벌들이 다 독식해버린 사회는 죽은 사회다. 그런 사회를 만들려는 재벌들, 그들은 사람의 외형을 하고는 있지만 인간성은 상실한 '욕망 기계'로 변하고 만 것은 아닐까?

상위 1%를 제외한 99%는 재벌이 정해준 매뉴얼대로 살아야 하는 시대가 시작되려고 한다. 그리고 동시에 이런 흐름을 거부하는 풍조도 차츰 형성되고 있다. 여기 동참하는 사람들이 많아질수록 재벌들도 인간성을 회복하게 될 것이다.

2012년 대한민국의 현 시점에서 재벌이 차지하고 있는 위상과 문제점에 대해 자세히 알지 못하는 독자를 위하여 서장을 따로 구성하였다. 이제 재벌의 태동과 성장에 대해 1부에서 이야기하고자 한다.

# 1부
# 재벌,
# 그 추악함의
# 역사

CHAPTER 01

# 불륜을 통해 **탄생한** 재벌

　　　　　　　대한민국의 재벌은 사실상 정부가
만들어 낸 것이나 마찬가지다. 다른 나라의 대기업들은 세월과
역사의 과정을 거치며 자연스럽게 성장했으나 대한민국 재벌은
국가 정책을 바탕으로 처음부터 육성되었다.

　물론 외국에도 우리나라 재벌 같은 형태가 전혀 없지는 않으나
대한민국의 재벌과는 모든 것이 천양지차다. 외국에는 재벌에 해
당하는 단어 자체가 없다. 영어에 '복합기업'이라는 뜻을 지닌
'conglomerate'가 있는데 이 단어로는 한국의 재벌에 대한 의미를
온전히 전달하지 못해 외국에서는 'chaebol'이라고 쓴다. 농담이
아니다. 'chaebol'이라고 옥스퍼드 영어사전에 등록되어 있고, 외
국의 주요 언론에서도 사용하는 단어다. 그만큼 재벌은 대한민국
의 정경유착이 만들어낸 세계사적으로 희귀한 기업 형태다.

　재벌은 출생 이전부터 부당한 특혜를 받으며 자랐기 때문인지
지금도 탈법과 무소불위의 전횡을 일삼고 있다. 과거 대한민국
정부가 차관, 세금, 법률적 지원까지 해가며 대기업을 육성한 것
은 오늘날처럼 골목상권까지 다 장악해 국민을 자기 계열사의 비

정규직 직원처럼 만들라는 의도가 아니었다.

모두가 너무도 어려웠던 시절이었기에 우선 대기업이 크게 번창하면 거기서 떨어지는 낙수효과 trickle down effects로 온 국민이 잘 살게 되리라는 기대 때문이었다. 그러나 오늘날 재벌은 국민들이 마땅히 누려야 할 권리를 유보하면서까지 키워준 공로를 완전히 잊어버렸다.

공평해야 할 공권력은 일부 기업을 대재벌로 키워주기 위해 온갖 특혜를 주었고, 그 특혜에서 소외된 일반 서민들은 더 가난해지는 빈익빈부익부 사회가 되었다. 국민들의 희생을 통해 성장한 재벌이 이제와 배은망덕하게도 서민들을 궁지로 몰고 있다. 왜 이렇게 됐을까?

## 해방기, 재벌의 태동

우리나라에 근대적 회사 조직이 처음 나타난 것은 1876년 강화도조약 체결 이후다. 강화도조약의 체결로 항구를 개방하게 된 조선은 세계 자본주의에 편입되었고, 외국 상사들이 들어오자 국내의 기존 상회, 판매조합 등 토착 자본들도 합병, 합자, 유한 주식회사 형태를 띠게 되었다.

한일합방 후 일제는 제일 먼저 토지조사 사업을 벌여 전국 토지의 등기부를 만들고 소유권, 가격을 파악했다. 이때 등록이 안 된 토지들은 동양척식회사에 헐값으로 불하했다.

일본은 한반도를 통치하면서 식량 공출에 충실하기 위해 지주 양반 계급이 산업자본가가 되는 것을 원치 않았고, 유인책으로 지주들이 고율의 소작료를 받도록 조치했다. 조선시대 33%정도였던 연간 소작료가 일본 강점기에 55~65%로 인상되었으며 해방 직전에는 83.5%까지 뛰기도 했다.

또한 사농공상士農工商이라 하여 상공업을 가장 천한 사람이나 하는 일로 여기던 문화가 남아 있어 양반 계층의 지주들이 사업에 뛰어들기를 주저했다. 지주들은 일본 강점기에 어떤 산업보다 토지 투자에서 이익이 많이 남자 잉여가 생길 때마다 토지를 사들여 지주-소작농 관계를 확대해갔다.

이는 서구의 토지자본가가 양모공업가로 전환하며 근대 자본주의 형성에서 중요한 역할을 한 것과는 대조적이다. 한반도의 지주들은 산업자본 형성에 거의 기여하지 못했다.

1930년 이전의 한국 공업은 방적공업을 제외하면 고용인 50인 미만의 원료 가공 수준의 소규모 공장이 전체 공장의 95%였다. 그러다 1930년 일본이 본토의 경제공황 타개책으로 저임금으로 장시간 노동이 가능하고 풍부한 수력자원을 갖춘 식민지 조선에 방직공업, 식료품공업, 기계기구공업을 육성하기 시작했다.

1937년 중일전쟁이 발발하자 조선은 일본의 군수공업기지, 대륙병참기지가 되었고, 북한 지역의 지하자원 개발과 수자력, 금속, 화약, 인조섬유, 조선, 철도 등이 활기를 띠게 되었다.

그러나 기술 이전은 조공업粗工業과 군수물자 하청업에 국한되어 정밀기계, 공작기계로까지 발전하지는 못했다. 기업 설립도 신고제가 아닌 허가제여서 사전 규제가 심했다.

해방 직전까지도 공업 생산에서 조선인 소유의 기업은 겨우 5.9%에 불과했다. 기업의 경영이나 주요기술 담당은 일본인 차지였고 핵심 설비도 일본에서 수입하였다. 그나마 비전략산업인 방직공업의 15.5%가 조선인 소유였기에 민족 산업으로 성장할 수 있었다. 그 외에는 경성역 주변의 고무 공장, 영등포의 요업, 피혁, 양화 공장 등에 조선인이 종사했다.

이런 상황에서 거대 민족자본의 형성은 어려웠고, 1942년 통계에 따르면 조선인 기업 중 자본금 50만 엔 이상인 기업은 50여 개에 지나지 않았다. 제일 큰 회사래야 자본금 100만 엔이었던 경성방직이었다.

경성방직의 사장은 호남의 대지주 김연수로 그의 가문에서 동아일보, 삼양사, 고려대학교를 설립했다. 김연수 다음으로는 화신백화점을 만든 박흥식이 일본인도 부러워하는 부를 이루었다.

박흥식은 16세에 일본과 쌀 무역을 시작했는데, 마침 일본 내 쌀값이 폭등한 덕에 큰돈을 벌었다. 이 돈을 들고 서울로 올라와 지물포를 시작하고, 1931년 종로의 금은보석상인 화신상회和信商會를 인수한다. 이후 동아백화점을 인수해 전국에 350개의 화신 연쇄점을 낸다. 1937년에는 현대식 7층 건물의 화신백화점 사옥을 신축하고 평양에도 화신백화점을 개설했다. 이런 번창은 어디까지나 조선총독부, 일본 금융과 맺은 내밀한 관계 덕에 가능했다.

일제에게 어렵게 허가를 받아 만들어진 기업도 1941년 태평양 전쟁이 발발하자 조선총독부는 '기업정비령'을 발동해 친일 기업이 아닌 모든 기업을 거의 도산시켰다. 재벌과 권력의 유착은 여기서부터 시작됐다.

## 코쟁이에게도 요정料亭 정치를 편 재벌

1945년 8월 15일 일본이 패망하고, 미국은 한반도 남부에 비급진적 자본주의 국가를 수립하고자 했다. 이에 걸림돌로 여겨지는 여운형의 건국준비위원회와 중국 충칭에 있던 임시정부를 부정하고, 미 극동시령부 총사령관 더글러스 맥아더는 9월 7일 '포고령 제1호'를 발표했다.

> 미국 태평양 총사령관인 본인은 조선 인민에게 다음과 같이 포고한다.
> 제1조 북위 38도 이남의 통치권은 본인이 행사한다.
> 제2조 정부기관 및 공공단체에 종사하는 모든 직원은 별도의 명령이 있을 때까지 정상업무를 수행해야 한다.
> 제3조 본관과 점령부대에 반항하는 모든 행위는 가차 없이 엄벌에 처한다.
> 제4조 주민의 재산권을 존중한다. 각자 직업에 충실하라.
> 제5조 군정기간 공식 언어는 영어를 사용한다.
> 제6조 앞으로 모든 법령은 본관의 권한으로 발표될 것이다.

그리고 9월 25일 '포고령 제2호'를 발동해 조선에 있는 일본인의 모든 국유·공유·사유 재산을 귀속 조치했다. 당시 이 재산의 가치가 대한민국 전체 경제의 80%를 상회했다.

미군정은 귀속재산 중 동양척식회사나 일본인이 가지고 있던 농경지(남한 전체 농경지의 12.3%)를 농민들에게 분배하고 소작료도 인하했다. 자연히 지주계급의 지위가 크게 약화되었고, 이로 인해 미군정 기간에도 지주계급이 산업자본 형성에 크게 기여하지 못했다.

미군정은 일제가 남기고 간 적산敵産 기업과 토지는 미군정에 귀속된다고 선포한 후, 1947년부터 불하(拂下, 국가 또는 공공단체의 재산을 개인에게 팔아넘기는 일)하기 시작했다. 이때 적산의 규모는 전체 토지의 37.8%, 산업시설의 46.5%에 달하는 방대한 규모였다.

당시 불하한 기업이 약 2700여 개였는데 현재까지 생존한 기업은 40~50개 남짓이다. 일본인 기업체는 면방직, 고무공업, 모직, 견직, 인직, 기계 및 금속공업, 음식료 순으로 불하되었다.

이 당시 조선시대 말기 거상巨商인 박승직의 장남이자 두산 그룹의 창립자 박두병은 '기린맥주(후의 OB맥주)'를 불하받았다. 박승직은 '한국 최초의 기업가'라 칭해지는 사람으로 포목상으로 큰 돈을 벌고, 1933년 일본인이 설립한 '소회기린맥주'에 대주주로 참여한다. 당시 맥주는 고가품으로 명동이나 무교동에서 주로 소비되었는데, '모던 뽀이'를 자처하는 인사들이 근대의 상징이라며 즐겨 마셨다. 해방과 함께 기린맥주도 미군정에서 소유, 관리하게 되었고, 기린맥주와 연고가 있던 박두병에게 관리를 맡겼다가 불하해준 것이다.

　쌍용그룹의 김성곤은 동경방직을, 해태그룹의 전신인 영강제과는 민후식 등이 불하받았고, SK그룹도 전신인 선경합섬을 불하받아 태어났다. 그 외에도 삼성물산, 한화그룹, 삼호방직, 대한양회는 은행의 주식을 불하받았다.

　물론 두산처럼 귀속재산을 불하받을 일정한 권리를 지닌 사람들도 있었으나 별 권리도 없이 로비를 통해 불하받은 사람도 많았다. 이 과정에서 대한민국 재벌들이 권력과 결탁하는 원초적 속성이 생겼다. 불하 대상자인 주주나 관리인, 기술자, 자본가들이 대규모 불하를 남보다 먼저 받기 위해 미군정청 장교들을 매일 요정으로 불러 유착관계를 만든 것이다.

　남한에서 무한 권력을 행사하던 미군정은 친미적인 보수정권의 기틀을 세우는 데 적산 불하를 적극 활용하였다. 친미적인 한민당, 이승만계 등에게 적산 불하의 특혜를 지원함은 물론이고, 철저한 반공노선을 표방한 기독교계에도 많은 혜택을 주었다. 일본 신사, 천리교天理敎, 일본계 불교 사찰 및 단체의 재산까지 기독교계에 불하되면서 기독교계 세력이 급성장하였다.

　일본인이 조선에 남겨두고 간 귀속재산에 대한 불하는 1947년 2월부터 시작해 대한민국 초대 정부수립 이후까지 계속되었다. 미군정의 불하는 대다수 토지와 소규모 기업 중심이었으며 나머지는 이승만 정권에 의해 이루어졌다.

귀속재산의 불하 가격은 해방 이전의 장부 가격이 기준이었으나 실제는 이보다 더 낮은 선에서 거래가 이루어졌다. 해방이 되자 해방 전 일본인들이 남발한 통화 때문에 인플레가 일어났고, 해외 동포와 북쪽 사람들이 대거 몰려와 갑자기 남한 인구가 10% 이상 늘어나 극심한 식량난도 생겼다. 기록에 따르면 1946년 서울의 도매물가가 1944년의 7배 이상으로 뛰었다고 한다. 이러니 귀속재산의 불하가격은 실제 시장가격에 비해 터무니없이 낮을 수밖에 없었다.

## 재벌과 권력, 유착의 시작

미군정의 뒤를 이어 국가를 재건해야 하는 이승만은 원활한 국정 운영을 위해서라도 국민의 70%인 농민, 그중 80%를 차지하는 소작농을 배척할 수 없었다. 이승만의 정치적 목적에 의해 단행된 토지개혁으로 지주계급이 몰락하였고, 일본 강점기에도 토지·자본의 힘을 바탕으로 어느 정도 명맥이 유지되던 전통적 신분제도가 이때를 기해 완전히 와해되었다.

해방 직후 경성방직은 한민당 당수였던 김성수를 지지하다가 이승만에게 미움을 사 성장하지 못했다. 일본 식민지 시절 조선인의 자부심이라던 박흥식도 해방 후에는 친일파라 낙인 찍혀 숨죽이며 조용히 지내야 했다.

이승만 정권의 정경유착 고리는 두 가지였다.

하나는 원면, 원당, 소맥 등 원조 물자를 배정할 때 형식적으로 입찰 붙이고 내부에서 담합해 시장 환율보다 낮은 가격을 적용해 특정 업자에게 넘긴 것이다. 그 구매 자금마저도 당시 시중금리인 연 18%보다 훨씬 싼 연 13%대의 금리로 구매 자금의 50~80% 가량을 은행에서 대출해 주거나, 외상으로 물자를 넘겨줬다.

두 번째는 정부가 보유한 재화의 분배다. 대표적으로 중석불(重石弗, 텅스텐을 외국에 수출하고 얻은 달러) 사건이 있다. 이 시기 우리나라의 주요 외화 획득원은 쌀과 텅스텐이었다. 텅스텐을 수출하고 470만 달러를 벌었는데, 외화 한 푼이 아쉬운 때라 이 돈은 기계류, 화물차, 선박 등 산업 기자재를 수입하는 데만 쓰도록 정해져 있었다. 정부는 1952년 3월부터 7월 사이에 이 돈을 삼호 등의 특정업자에게 특혜 불하했다. 업자들은 이 돈으로 국내 시장의 품귀물량이던 곡물과 비료를 수입하여 거액의 차익을 남기고 판매, 그야말로 엄청난 폭리를 취했다.

이에 대한 대가로 이승만 정권은 수백억 원의 정치자금을 받아 '부산 정치파동'을 감행하고 직선제 개헌 공작에 사용, 다시 권력을 잡는다. 이 자금 규모는 당시 정부예산의 20%에 해당하는 엄청난 금액이었다. 이후 1956년 제3대 정·부통령 선거를 앞두고 군인들의 월동용 원면을 시장에 팔아 50만 달러의 정치자금을 마련한 '국방부 원면사건' 등 각종 선거를 앞두고 인허가 관련 비리, 공사 입찰 비리, 환율이나 금리 조작 등의 정경유착이 끊이지 않았다. 이승만 정권은 정치자금으로 흥했다가 정치자금으로 망했다. 이승만 정권이 몰락한 계기인 '3·15 부정선거'도 재계의 정치헌금 때문에 가능했다.

## 전쟁 덕에 성장한 재벌

해방 직후 생산시설이 밀집해 있던 북쪽과 분리되면서부터 남한은 극심한 물자난을 겪었는데 한국전쟁이 일어나자 상황이 더욱 악화되었다. 전쟁의 피해는 다수 국민에게 돌아갔으나 이 와중에도 돈 버는 사람은 분명 따로 있었다. 소금을 물에 녹이고 색소를 풀어 간장이라고 속여 납품하기도 했으니 군납하는 사업가들이야말로 돈을 빗자루로 쓸어 담던 때였다. 임시수도가 부산에 있던 연고로 영남 사람들이 군수업을 많이 했고, 그 때문에 오늘날까지도 영남 재벌이 많다. 게다가 군납업자들이 정치가, 군과 결탁해 전후 복구사업까지 독식해 떼돈을 벌었다.

해방의 혼돈, 적산 불하, 6·25, 군납 사업, 전후 복구사업, 원조 물자 배정 등 국내에 특수 상황이 전개될 때마다 정치계와 경제계는 유착을 했다. 이런 바탕 속에서 1950년대 중반, 동일 혈족이 지배하는 거대 기업집단이 본격적으로 등장한다.

6·25 후 인플레가 걷잡을 수 없이 일어나는 가운데에서도 정부는 자신에게 뒷돈을 충실해 대주는 무역업자들에게 외화 대부까지 해주었다. 이 때문에 무역업자들이 엄청난 이윤을 남기며 상

업 자본을 축적했다.

　이승만 정권은 은행 민영화를 통한 정경유착도 저질렀다. 이승만 정권은 1950년대 말 국유화하였던 일제의 은행을 민간에 불하하였다. 이 과정에서 오늘날 재벌의 형태가 결정적으로 형성된다.

　이승만은 삼성상회의 이병철에게 옛 일본기업인 제일모직과 제일제당을 헐값에 주었다. 곧 이병철은 흥업은행 83%, 조흥은행 55%, 상업은행 33% 등 전체 시중은행의 주식 중 과반수를 인수한다. 은행을 장악하면 계열사는 자연히 급증하게 된다. 이렇게 해서 국내 최대 기업이 된 삼성은 모기업인 삼성물산을 중심으로 제일제당, 제일모직, 한국타이어, 천일증권, 삼척시멘트 등 19개 업체를 갖게 되었다.

　'삼백三白산업'이라 부르는 밀가루, 설탕, 면에 주로 투자하면서 1950년대 말까지 형성된 대기업들이 오늘날 재벌이 되었다. 하지만 당시 대한민국의 주요산업은 농업이었기에 완벽한 산업자본으로의 이행은 박정희 정권에 가서야 일어났다.

　일본 강점기 친일로 태동된 대한민국의 재벌은 미군정을 통해 성장하고 동족상잔인 6·25를 거치며 이승만 정권에 유착하고 아부하는 불륜을 저지르며 몸집을 키워 국가권력까지 농단하는 지경이 되었다.

　1960년 4·19 때 시위대에 발포명령을 내렸던 홍진기 내무부장관은 후에 사형선고를 받았으나 삼성 이병철의 구명운동으로 사면되었다. 후에 역시 이병철의 도움으로 중앙일보의 사주가 되고, 두 사람은 사돈이 되었다.

4월혁명을 통해 집권한 장면 정권은 혁명 과제 중 하나인 '부정축재자 처리 특별법'을 내세웠다. 그러나 그 법을 처리하지 못하고 미적거렸으며, 오히려 재계에 정치자금을 요구하다 양심적 진보세력으로부터 무능하고 부패한 정권으로 낙인 찍혔다. 그 바람에 당시 부정축재자로 지목된 인사들은 큰 처벌을 받지 않은 채 숨죽이며 지내다가 박정희가 등장하자 기사회생하여 개발경제 시대의 주역으로 거듭난다.

최초의 재벌 개혁 기회를 허망하게 놓친 것이다.

## 재벌의 천국, 박정희 정권

1961년 박정희가 5·16 쿠데타로 집권은 했으나 대외적으로는 미국의 간섭, 대내적으로 민주주의를 이행하라는 드센 도전을 받고 있었다.

박정희 정권이 미국으로부터 자립하고 대중적 지지도 받을 수 있으려면 무엇보다 경제가 발전해야만 했다. 그래서 부정축재자를 엄벌하는 대신 '부정축재환수절차법'을 공포했다. 이 법에 의해 부정축재자들은 축재한 돈으로 공장을 만들고, 그 회사의 주식을 벌금으로 국가에 납부해 면죄부를 받았다.

또한 정부는 저축 증대를 위해 가명·차명거래 허용은 물론, 이

자소득세까지 폐지했다. 즉 저축을 하기만 하면 발생한 이자에 대해서 세금도 징수하지 않고, 설령 가명이라도 저축한 예금에 대해 보호해준다는 것이다. 사업자와 근로자에게는 세금을 꼬박꼬박 받으면서 이자소득은 비과세한다 하여 과세 형평에 어긋난다고 논란이 일자 1971년부터 5%를 부과해 과세하는 시늉을 했다.

1962년에는 '금융기관 자금 우선대출 순위'를 정해 여기서 혜택을 받은 기업은 컸고 그렇지 못한 기업은 쪼그라들었다. 1964년에는 수출기업을 위해 정부에서 '고환율 조치'를 단행했다. 명분은 '환율 현실화 조치'였는데 달러당 130원이던 환율을 255원까지 끌어 올렸다. 환율이 거의 2배로 뛰자 국민들은 높은 물가에 고통 받았지만 수출기업은 막대한 환차익을 챙겼다.

환율 폭등에 따라 수출 재벌들이 큰 이익을 올리면 국민들도 덩달아 좋아진다고 생각할 수 있으나, 이는 착각이다. 환율이 오르면 원화 가치가 그만큼 하락해 물가상승을 부채질하게 되고, 근로자들이 받는 실질임금 가치는 그만큼 하락한다. 수입 원료를 가공해 대기업에 공급하는 중소 하청업체도 고환율 손실을 부담해야 한다.

한국은행 보고서 등을 보면 환율 변동이 국내 물가상승에 미치는 영향은 유가 변동보다 훨씬 크다. 유가가 10% 상승할 때의 물가상승 효과가 0.7%라면, 환율이 10% 상승하면 2.8%라고 한다. 특히 기초 소재품素材品이나 조립가공품 등 전체 공산품 가격은

4.3%의 물가상승 압력을 받고 투자도 5% 이상 줄어든다.

그러나 수출 증대에 목숨을 거는 정부로서는 고환율처럼 편리한 정책이 없다. 외환위기 이전에 실질환율이 10% 오를 때마다 수출은 5% 이상 늘어났고, 이후엔 3% 이상 증가했다. 특히 1964년 대한민국 정부는 고환율 정책으로 큰 재미를 보았다. 그해 11월 30일, 처음으로 연간 수출누계가 1억 달러를 돌파하자 그날을 '수출의 날'로 정하고 대통령이 직접 성대한 기념식을 열었다.

경제가 발전하면 통화가치도 올라가는 것이 순리다. 그러나 대한민국 정부는 고환율 정책에 의지해 손쉽게 경제성장률을 끌어올리는 습관이 들어, 원화는 계속 약세의 길을 걸었다.

1964년 250원이던 원달러 환율이 1970년 255원, 1980년 684원, 1990년 719원, 2005년 1025원, 2010년 1150원으로 쉬지 않고 올랐다.

그러나 일본의 엔화는 1달러 기준으로 1970년 360엔, 1980년 224엔, 1990년 134엔, 2005년 104엔, 2010년 80엔 수준으로 꾸준히 내렸다. 원화 가치는 형편없이 추락한 반면 엔화 가치는 상승했다. 그 결과 원엔 환율도 1977년 100엔당 185원하던 것이 2010년 1320원으로 7배가 폭등했다.

일본의 1인당 국민소득은 1970년대 1654달러에서 시작해 2010년 4만 달러에 도달했다. 같은 기간 대한민국은 254달러에서 시작해 2만 달러 정도에 머물고 있다.

1964년의 환율 폭등으로 큰 재미를 본 재벌들은 2008년 금융위

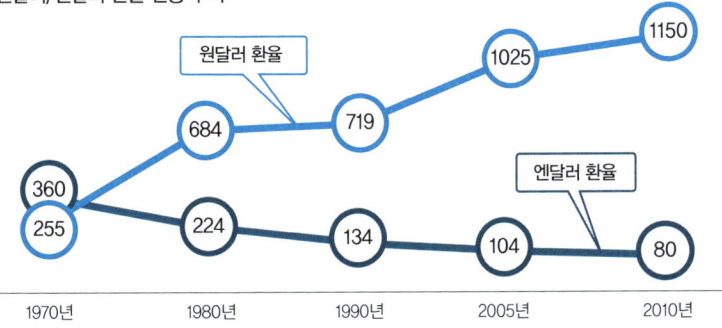

원달러/엔달러 환율 변동 추이

기 이후 또 환율 폭등으로 막대한 이득을 올렸다. 그러나 이런 일이 한 번씩 벌어질수록 서민들의 허리는 더욱 휜다.

지금까지 대한민국 경제성장의 역사는 원화가치의 지속적인 하락을 통해 서민들의 부가 재벌들에게 이전되는 형식이었다. 이렇게 무리한 고환율 정책으로 커온 재벌이 이제는 글로벌 기업 운운하며 국내 투자보다 외국 투자를 늘리고 외국인 채용에 더 열을 올리고 있다. 키워준 은혜를 잊고 말이다.

## 월남 파병과 사카린 밀수

5·16 쿠데타 세력들은 고환율 정책과 같은 손쉬운 유인책을 통해 재벌들을 길렀다. 그리고 정치자금 마련 방식도 과거 정권과는 달리 보다 더 체계적이었다. 과거 정권이 주로 기업들과 '사바사바'하며 뇌물성 정치자금을 받아 챙겼다면, 쿠데타 세력은 막강한 힘으로 시스템을 만들어 가며 썼다.

그 첫 예가 월남 파병이다. 1964년 5월 미국 대통령 존슨이 우리 정부에 월남 파병을 요청했다. 1년 후인 1965년부터 국군이 월남으로 파병되기 시작해 1973년 3월까지 32만5천 명이 전쟁에 참여했다. 수많은 사람의 피를 흘린 대가로 국내에 유입된 돈이 50억 달러, 대한민국 기업들도 군수품, 재건사업 등에 참여하며 재벌로 성장했다. 1945년 인천에서 시작되었던 '한진상사'도 한국전쟁 동안과 월남전 파병기간 동안 미 군수품 수송용역을 맡아 '한진그룹'으로 도약하게 된다.

두 번째 예를 들자면 그 유명한 삼성의 사카린 밀수 사건이 있다. 1967년 대선을 앞둔 박정희는 정권의 대중적 인기 차원에서 비료공장을 설립할 필요가 있었다. 그래서 정부가 보증을 서고 삼성 이병철이 일본 미쓰이사로부터 4200만 달러의 상업차관을 들여와 비료공장을 짓기로 했다.

미쓰이 측은 현금 4200만 달러 대신 비료공장에 필요한 설비를 주며 100만 달러를 리베이트(판매자가 지불받은 액수의 일부분을 구매자에게 돌려주는 행위)로 주겠다고 하자 이병철이 박정희에게 보고했고, 박정희도 마침 정치자금이 필요하던 때라 좋아했다.

정계와 재계는 기왕이면 100만 달러를 기반으로 더 벌어보자며 국내 희귀 품목을 밀수하기로 했다. 전화기, 에어컨, 냉장고, 스테인레스 판 그리고 사카린 원료 등을 정권의 비호 아래 재벌이 대규모로 밀수한 것이다. 이 밀수품으로 큰돈을 벌었다.

그러나 꼬리가 길면 밟히는 법, 1966년 5월 울산에 공장을 짓고 있던 한국비료공업이 건설자재로 속여서 들여온 사카린 2259포대가 들통이 났다. 이 사건이 그 유명한 '한국비료(삼성) 사카린 밀수 사건'이다.

박정희 정권은 이 사건을 극비에 부치려 했으나 9월부터 언론에 폭로되기 시작했다. 당시 삼성 라인의 중앙일보와 TBC 등은 사카린 밀수를 직원 개인의 비리로 몰고 가고 있었다. 그러나 9월 16일 〈경향신문〉의 특종 보도를 시작으로 국민적 공분이 일어났고, 10월 15일 대구 수성천변에서 민중당 주최 '재벌 밀수 규탄대회'가 열렸다. 이 자리에서 당시 야당의 유력자였던 장준하는 "밀수 왕초는 바로 박정희"라며 열변을 토했다.

국회에서도 공화당 이만섭 의원, 민주당 김대중 의원이 이병철의 구속을 주장했고, 뒤이어 단상에 오른 한독당 김두한 의원은 미리 준비한 똥물을 국무위원석에 투척하며 "사카린 맛 좀 봐라"고 외쳤다.

사태가 불리하다고 판단한 이병철은 9월 22일 기자회견을 열어 문제의 한국비료는 국가에 헌납하고 중앙일보와 성균관대학교의 운영권도 포기하겠다고 발표했다.

그런데 '사카린 밀수'의 최종 피해자는 누구였을까? 이병철은 경제계 은퇴를 선언한 지 17개월만인 1968년 2월, 경영 일선에 복귀하지만, 김두한은 똥물 투척 후 의원직에서 제명당하고 서대문형무소에 수감되었다. 그의 정치 생명은 그렇게 영원히 끝났다.

## 긴급명령 제15호, 재벌을 위한 사유재산 강탈

대한민국 재벌의 눈부신 성장 뒤에는 언제나 작은 기업과 서민들의 피눈물이 있었다. 박정희 정권하에서는 그 정도가 특히 더 심했다.

제1차 경제개발계획에 따라 광범위한 투자가 진행되자 외화가 부족해져 외채가 급증했다. 이에 전경련은 일본의 사양산업인 경공업을 물려받고 재일교포의 자본과 기술을 도입하는 전략을 택했다. 정부도 국내 경제의 구조적 위기 앞에서 별다른 대안이 없었고, 한일 국교정상화를 통해 외국자본과 기술교역을 확보해야만 했다.

수출산업 기업인들은 정부와 함께 일종의 지배층인 자본가 계급을 형성하며 다른 계층의 욕구를 누르고 수출 주도 산업화를 추구했다. 정부가 앞장서서 대기업 중심의 수출 주도전략을 세워주었고, 기존 산업에 신규업체가 진입하는 것을 법으로 막아 기존 업체가 독점적으로 성장하게 도와주었다. 또한 기존에 없던 신사업을 하고자 하면 정부가 국내자본과 외국자본을 연결해주며 전폭적으로 지원해 독점 속에서 고속성장을 보장받았다.

'경제개발 5개년 계획'을 세우고 '압축 성장'을 추구한 결과, 1차 5개년 계획(1962~1966년) 기간 동안 신규 산업으로 PVC, 정유, 자동차 조립공장이 부상했고, 2차 5개년 계획(1967~1971년) 기간에 TV, 냉장고 등 가전제품과 합성수지 등 석유화학 그리고 철강 산업이 부상했다.

그때까지도 노동집약적이며 경공업인 섬유, 신발, 목재 산업이 수출의 60%를 차지했으나 서서히 중공업도 주력 수출품으로 떠오르기 시작했다. 정부는 이런 수출업체들에게 파격적인 우대를 해주며 수출을 독려했다.

이런 기업들이 현재의 재벌로 우뚝 올라서는 운명의 그날이 1972년 8월 3일이다. 이날 박정희 정권은 '사채 동결조치'를 선언했고, 이 8·3 조치로 인해 대한민국에 재벌이라는 악이 태어났다. 그럼 박정희는 왜 이런 전대미문의 조치를 취했을까?

5·16 이후 10년간 경제개발로 인해 헤아릴 수 없는 기업들이 생겨났고, 덩달아 자금 수요가 폭발적으로 늘어나 우량기업들조차 돈을 구하지 못해 사채에 의존해야만 하는 형편이었다. 당시 사채는 선당포식 담보대출로 운영되어 전주들은 돈 벌기가 땅 짚고 헤엄치기보다 쉬웠다. 우량 기업들도 이런 사채업자에게 한 번 물리면 헤어 나오지를 못했다.

연평균 48%에 달하던 사채 이자에 기업들은 휘청거리며 줄도산했고, 정부의 산업화 정책까지 멈춰 설 위기에 처했다. 사채 부담에 시달리기는 전경련 회원사들도 마찬가지였다. 전경련도 매일 모여 의논을 했으나 별다른 해결책을 찾지 못한 채 박정희 대통령에게 면담을 요청했다.

그해 6월 11일 김용완 전경련 회장과 정주영, 신덕균 부회장이 박정희 대통령을 만나 기업의 자금 사정을 낱낱이 설명했다. 그 후 정부 내에 사채 문제 해결 비밀작업반이 가동되어 6월말 대책을 세웠으나 7·4 남북공동성명 때문에 발표는 8월로 연기 되었다. 그리고 박정희는 시장경제 체제하에서는 상상하기도 어려운 조치를 8월 3일 자정을 기해 헌법 73조에 의한 긴급재정명령으로 발동했다.

**경제 안정과 성장에 관한 긴급명령 제15호**

1. 모든 기업은 사채 상환을 중단하고 현 사채 현황을 정부에 신고해야 한다.
2. 신고된 기업의 모든 사채는 3년 거치 5년 분할상환 조건으로 월리 1.35%로 조정되거나 출자로 전환되어야 한다.
3. 금융기관은 특별금융채권 2천억 원을 발행해 기업의 단기 고리대금 30%를 장기 저리로 대환貸換해 준다.
4. 일체의 어음교환을 금지한다.
5. 기업의 투자 촉진을 위해 지방교부세 등 각종 교부금을 폐지하고, 법인세와 소득세를 감면한다.

8·3 긴급조치로 정부에 신고된 사채액만 3456억 원이었다. 이 액수는 당시 대한민국 1년간 통화량의 80%에 해당한다. 정부의 비밀작업반에서 사채액의 총 규모를 600억~1800억 원 사이로 추산했는데 이를 훨씬 넘어선 것이다.

이런 어마어마한 규모의 사채 이자가 일시에 3분의 1 이하로 경감되었다. 수많은 채무기업들이 하룻밤 사이에 상상도 못할 큰 혜택을 받은 것이다. 한 나라의 대통령이 직접 나서서 군화발을 바탕으로 한 서슬 퍼런 공권력으로 빚을 일거에 탕감해준 것이다.

한쪽이 지나치게 좋으면 한쪽은 반드시 나쁜 법이다. 채권자나 채무자나 똑같은 국민인데 정부가 채무자를 도와 채권자들을 일방적으로 희생시킨 것이다. 이때 중소 규모의 채권자들이 대기업의 이익을 위해 대부분 쓰러져야만 했다. 수많은 피해자가 발생했지만 정부는 아무런 책임도 지지 않았다. 이런 채권자들의 아픔을 뒤로 하고 대기업들의 재무구조가 크게 개선되었다.

당시 기업체에서 자금을 많이 필요로 해서 일반 개인들도 사채업에 다수 뛰어들었는데, 사채 동결로 인한 개인들의 손실 또한 엄청났다. 10환을 1원으로 바꿨던 '화폐 개혁'의 학습 효과와 더불어 8·3 긴급조치는 우리 국민들이 개인자산을 금융보다는 부동산에 묻어두려는 성향을 지니게 하는 원인이 되었다. 기업 측에도 '대마불사'라는 우리나라 특유의 그릇된 기업 풍토를 초래하고 만다.

정부는 8·3 경제 긴급조치로 기업의 구조조정을 금융·세제상으로 지원하는 바람직하지 못한 선례를 남겼다. 또한 증자할 때 법인세 등이 면제되어 재벌들은 계열사를 증식하면 할수록, 계열사로부터 배당금을 많이 받을수록 세금이 줄어드는 특혜를 받게 되었다. 바로 이 조항이 기업들을 눈만 뜨면 계열사를 늘릴 생각을 하게 만들었다.

기업들의 판매액에서 금융비용이 차지하던 비율이 평균 9.18%였는데, 8·3 조치 이후 7.08%로 즉각 감소하였고, 점차 5%대까지 떨어졌다. 수출 역시 8·3 조치 이후 1973년 상반기에 전년 동기 대비 91%가 증가해 단군 이래 최고치를 기록했다. 이후 대한민국 경제는 수출 주도적으로 급속히 성장한다.

　기업들의 부채율도 1971년 394.2%에서 1973년 272.7%까지 하락했다. 거기에 인플레이션이 전개돼 실질적 채무 부담은 더욱 줄어들었다. 부채 압력에서 벗어나자 기업들은 기존의 경공업에서 중화학공업으로 영역을 넓혀 한 단계 성장하게 된다. 전경련은 박정희 정권의 이러한 사채동결 긴급조치를 높이 평가하고, 대한민국 시장경제사상 최고의 업적이라고까지 말한다.

　하지만 8·3 조치로 막대한 경제적 혜택을 받으며 태어난 대기업들은 무리한 부채를 지더라도 사업 확장을 하는 게 좋다는 이기적인 인식을 갖게 되었고, 정부와 기업 또한 정경유착의 기본 틀을 마련하게 되었다. 이후 기업들은 경영 합리화를 추구하기보다 정치와의 상호유착을 통한 특혜성 성장을 더 선호하게 된다.

## │ 재벌의 폭풍 성장기

10월 유신을 통해 장기집권의 길을 연 박정희 군부정권은 독재권력의 정당성을 경제성장에서 찾으려 했고, 여기 편승한 기업들이 결사적으로 계열사 확장을 시도했으며, 필요한 자금은 관치금융을 동원하거나 이것도 부족하면 외자를 끌어들였다.

　국가는 기업이 외자 유치를 원활히 하도록, 예를 들어 1억짜리 부동산을 100억이라고 평가해주는 등 회계장부까지 조작해 가면서 도와주었다. 이렇게 해서 재벌들이 폭풍처럼 일어섰다.

1973년 박정희는 기자회견을 통해 제철, 조선, 금속, 석유화학, 비철금속, 정유 등 6개 업종의 중화학산업을 집중 육성하겠다고 밝혔다. 마침 세계적 석유파동이 일어나 정부의 연간 수출 목표량 달성이 어려워 보이자 정부는 '국민투자기금법'을 만들어 국채 발행과 은행 예금으로 조성한 기금을 특정기업에 최장 10년간 저리로 빌려주며 중화학산업을 지원했다. 그 외에 전기업, 새마을 공장도 기금의 지원 대상이었다.

민간기업의 중화학산업 참여를 유도하기 위해 각종 세제혜택, 외자 및 기술 도입, 금융 지원도 해 주었다. 그 결과 1966년 국내 산업의 34.1%였던 중화학공업이 1975년 45.9%로 껑충 뛰었다.

이때부터 정부의 지원정책에 힘입어 대규모 자본을 축적하는 기업들이 나타나기 시작했다. 당시 정부정책에 부응해 조선, 자동차, 항공 등의 분야에 진출했던 현대, 삼성, 럭키금성, 대우, 선경 등 6대 그룹의 매출액이 평균 10배 이상 급증했으며 계열사도 116개에서 308개로 크게 늘었다.

우리 같은 일반 서민이 은행에서 대출을 받으려면 여러 가지 서류를 준비해 가야 하고, 까다로운 심사도 통과해야 한다. 하지만 당시는 어느 기업이든 해외에서 LC(신용장)만 끊어오면 은행에서 사업자금을 대출 받을 수 있었다. 기업은 그 돈을 사업에 재투자하는 게 아니라 국내 부동산을 샀고, 그 부동산을 담보로 또 은행에서 대출을 받았다. 이러한 편법적인 방법을 동원해 기업은 자신들의 부를 공고히 해갔다.

사채동결과 더불어 박정희 정권의 수출입국輸出入國에 크게 기여하고 동시에 오늘날의 재벌체제를 공고히 해준 일등공신은 '종합무역상사제도'다.

전경련은 일본의 수출종합상사를 모델로 한 '종합무역상사제도' 도입을 박정희에게 건의했다. 수출 진흥을 목적으로 설립되는 종합무역상사는 산하 계열사의 각종 제품 수출을 취급하고, 정부는 종합무역상사로 지정된 회사에 수출 목표달성에 필요한 모든 지원을 해주는 것이 이 제도의 골자다.

1975년 5월 19일 삼성이 '삼성물산' 설립으로 종합무역상사 1호의 스타트를 끊었고 '국제상사', '한일합섬', 1976년의 '효성물산', 럭키금성의 '반도상사半島商社', '선경', '삼화' 등이 정부로부터 종합무역상사로 지정되었다. 1978년에는 '현대종합상사', '율산栗山' 등이 추가로 지정되었다. 종합무역상사가 되기 위한 요건이 대기업 중심으로 되어 있어 결국 재벌기업 13곳이 소유한 무역회사만 지정되었다.

이 제도의 시행 후 각 재벌들은 수출액 올리기에 혈안이 되어 무한경쟁을 벌이며 더 많은 기업을 합병했다. 현대, 삼성, 대우, 럭키, 금호, 효성 등이 수십여 개의 기업을 인수, 합병, 신설하였고, 중소기업 수백여 개를 예속하며 점차 독점력을 강화해 나갔다.

미국은 이미 20세기 초에 반反트러스트(trust, 같은 업종의 기업이 경쟁을 피하고 보다 많은 이익을 얻을 목적으로 자본에 의하여 결합한 독점 형태)법을 만들었다. 당시 석유왕 록펠러가 인수 합병을 통해 자신의 회사인 '스탠더드오일'의 덩치를 키워 미국 석유시장의 90%를 장악하고, 경쟁사가 나타나면 즉시 가격 인하를 벌여 발붙일 곳이 없게 만드는 횡포를 부렸다. 1911년 미국 대법원은 스탠더드오일이 반트러스트법을 위반했다고 판결해 34개의 회사로 분리되게 만든 것이다.

이처럼 자본주의의 천국이라는 선진국에서는 반독점법을 만들어 기업으로의 부의 집중을 막고 있을 때, 박정희 정권은 세계적인 흐름과는 반대로 오히려 재벌이 덩치를 더 키우도록 장려했다.

유신 이전에 박정희 정권의 정치자금 관리는 주로 이후락, 김형욱, 김성곤, 장기영의 '4인 협의회'가 맡았다. 이 협의회는 김종필을 견제하며 동시에 정치자금 조달창구 역할도 했다. 수표로 들어온 자금은 공화당 재정위원장 김성곤이 접수하고, 정보부장 김형욱은 이 수표를 현금화하며 동시에 현금으로 들어온 자금을 접수했고, 비서실장 이후락은 비밀계좌를 관리했다. 이 막강 4인이 호텔 밀실에 앉아 정부발주 공사나 국내 금리보다 싼 달러 차관을 쥐고 목마른 기업들을 자신들의 입맛대로 요리했다.

기업의 경영자들도 정부에 대한 로비가 주요 업무가 됐고, 권력과 밀착된 일부 기업들은 폭리, 탈세, 부동산투기는 물론 밀수까지 돈 되는 일이라면 어떤 일도 서슴지 않았다. 그게 박정희 정권하에서 부를 축적한 재벌들의 비법이었다.

**CHAPTER 02**

# 군부 정권과 납품 재벌

　10·26(1979년)으로 박정희가 시해된 후 보안사령관 전두환은 청와대에 수사관을 보내 대통령 집무실의 금고를 정리하게 했다. 그 안에 들어 있던 비자금 중 일부는 유족에게 주고, 비자금 관련 서류는 청와대 본관 보일러의 불구덩이 속으로 던져버렸다. 세계적 흐름과 역행하는 정경유착의 재벌 지원정책은 전두환 정권에서도 여전히 이어질 것이라는 암시였다.

　12·12 쿠데타로 권력을 잡은 전두환 신군부는 광주를 무참히 짓밟았으면서도 '정의사회 구현'을 기치로 내걸었다. 가장 불의不義했던 정권이 입만 열면 만화 속 주인공인 세일러 문처럼 외쳐된 것이다.

　"정의의 이름으로 너를 용서하지 않겠다."

　그리고 이 구호에 맞게 무언가를 해야만 했다. 그해 6월 18일 김종필, 이후락 등 부정축재자 9명의 명단 발표를 시작으로, 7월 9일 부패공직자 숙청, 8월 4일에는 사회악을 일소한다는 명목으로 삼청교육대를 설치했다.

　전두환 정권의 정의를 가장한 칼날은 부정축재를 한 기업인들에게도 향했다. 그러나 전경련은 박정희 정권의 금융 특혜는 정책이지 부정이 아니라고 주장했으며 정권교체 때마다 부정축재 혐의로 기업인을 처벌하는 것은 옳지 않다고 주장했다. 당시 전경련 회장은 배짱 좋기로 유명한 정주영이었다. 이후 정주영의 전경련은 전두환의 5공과 밀월 관계를 맺으며 기업의 정치자금을 모아 정권에 전해주는 창구 역할을 한다.

이승만과 장면 정권이 정치자금을 찬조 형식으로 받았다면, 박정희 정권은 정치자금을 만들어서 썼고, 전두환 정권은 정치자금을 강요하고 헌납 받았다. 아예 재벌 회장을 청와대에 불러놓고 야당에는 절대 정치자금을 주지 말라고 주의를 줄 정도였다.

각 그룹들이 5공에 헌납한 정치자금이 1조는 훨씬 넘을 것이라고 한다. 5공도 이처럼 재벌과 결탁했다. 하지만 재벌 개혁의 몇 가지 중요한 초석을 깔기도 했다.

## 재벌의 적, 공정거래법 등장

그중 첫째는 1980년 12월 31일 제정된 '공정거래법'이다. 이 법은 독과점 방지, 담합행위 규제를 통해 경제력의 과도한 집중 및 남용을 방지하고 국민경제의 균형 있는 발전 도모를 목적으로 하고 있다. 공정거래법은 1963년부터 시작해 1970년대까지 4차례 제정이 시도되었으나 재벌들의 반발에 부딪치고, 박정희 정권의 '성장 우선' 정책에 밀리다가 17년 만에 '독점규제 및 공정거래에 관한 법률'로 명문화되었다.

  이 법이 전두환 정권의 존재가치를 조금이나마 긍정하게 해준다. 마치 독일의 보수정권 비스마르크가 세계에서 제일 먼저 사회보험 정책을 만든 것처럼 '개혁은 힘 있는 보수정권이 한다'는 아이러니한 역사적 명제를 다시 한 번 확인시켜 주었다.

  이 법에 의해 공정거래위원회가 설치되고 대기업 집단에 대한 감시체계를 갖추었으나, 여전히 기업 간 상호출자와 금융 집중에 의해 경제력이 한 곳에 집중되자 5공 정부는 1984년 2월 '계열기업 간 상호출자 제한 조치'를 내놓았다. 또한 계열기업의 여신관리를 위해 1985년 2월 '여신관리제도 개선안'을, 1986년에는 경제력 집중 억제를 위한 '단기금융시장 여신관리 강화안'을 발표했다. 그러나 효과는 확인되지 않았다.

  같은 해, 차기 대통령 선출을 직선제로 하라는 국민의 요구가 드세지고 있었다. 이런 가운데 당시로서는 파격적인 국민연금 제도, 최저임금제도가 법제화되었다. 그리고 1987년 6월항쟁 이후 헌법 개정에서 그 유명한 제119조 2항이 만들어졌다.

> 국가는 균형 있는 국민경제의 성장 및 안정과 적정한 소득의 분배를 유지하고, 시장의 지배와 경제력의 남용을 방지하며, 경제주체 간의 조화를 통한 경제의 민주화를 위하여 경제에 관한 규제와 조정을 할 수 있다.

이 조항은 이후 일부 헌법학자들이 우리 경제를 '사회적 시장경제'라고 해석할 만큼 국가가 시장경제를 통제할 근거를 제공하였다. 오늘날 재벌의 경제력 집중과 사회적 양극화가 심화되고 있는 시점에서 바라보았을 때 당시 이 헌법 조항의 삽입은 천만다행한 일이었다. 이런 조항이 진보정권이 아닌 역사적으로 가장 폭압적 정권이라는 전두환 정권에서 탄생했다. 가장 억압적인 정권이 재벌 규제의 물꼬를 튼 셈이다.

## 전두환, 존경은 못 받지만 그래도…

본격적인 재벌 규제는 1987년 6월 민주항쟁 이후부터 시작되었다. 정치적 민주주의와 함께 경제적 민주주의의 욕구가 거세게 분출하자 5공은 '대규모 기업집단 제도'와 '출총제'를 처음으로 도입했다.

'대규모 기업집단'이란 한 마디로 '재벌'이다. 전두환 정권은 공정거래법으로 동일인(법인 또는 자영인)이 사실상 두 개 이상의 기업을 지배할 때 '기업 집단'으로 규정했고, 자산규모 4000억 원 이상을 '대규모 기업집단'으로 분류했다. 대규모 기업집단으로 지정되면 상호 지급보증 금지, 상호출자 제한 등의 규제를 받았다. 전두환 정권이 정치적으로는 비판을 받지만 이러한 정책들 덕분에 경제정책 면에서는 좋은 평가를 받고, 특히 경제 상황에 적절한 재벌 개혁 정책을 만들었다는 칭찬을 듣는다.

재벌이 왜 문제인지, 재벌을 왜 개혁해야 하는지 아직도 의문을 가지는 사람이 있을 수 있다. 재벌은 국가경제에 지나치게 큰 악영향을 끼치기 때문에 개혁해야 한다. 재벌은 내부기업들끼리 상호보증을 통해 금융대출을 하고, 그룹 내 부실기업이 발생해도 퇴출되지 않을뿐더러, 상호보증의 연결고리 때문에 한 기업의 부실이 그룹 전체의 부실로 연결될 가능성, 나아가 국가경제의 대부분이 재벌에 집중되어 있기에 국가 전체가 흔들릴 우려가 있다.

5공화국이 아무리 재벌을 개혁하려 해도 재벌들의 문어발식 확장은 계속되었다. 정권과 재벌의 정경유착 고리가 형성되어 있는 한 아무리 좋은 법과 제도를 만들어도 공염불일 가능성이 크다. 그 법과 제도를 만들 때 예외 조항과 단서 조항을 두어 피할 구멍을 만들어 놓기 때문이다. 특히 재벌에 관한 경우는 더더욱 그래왔다. 또한 그 법과 제도를 운영하고 해석하는 사람들이 재벌과 결탁되어 있을 경우, 재벌에게 유리하게 판단을 내려줘 처벌을 받더라도 솜방망이 처벌이 대부분이다.

삼성은 5공 정부로부터 율곡사업, 차세대 전투기, 반도체 등의 사업 진출에 혜택을 받고, 여덟 차례에 걸쳐 정치자금 220억 원을 헌납했다. 현대의 정주영도 220억 원, 그 외 동아 최원석, 한진 조중훈 등 여러 대기업들로부터 조성한 비자금만 수천억 원대다. 요즘의 화폐 가치로 따지면 십조 원이 훨씬 넘을 것이다. 이 자금은 경제 민주화를 외치는 노동자를 억압하고 정치 민주화를 부르짖는 학생들을 탄압하며 독재정권을 유지하는 데 쓰였다.

1987년 이병철은 사망하기 전에 그룹을 이건희에게 넘겼다. 그 어마어마한 기업을 상속 받으며 국가에 낸 세금은 얼마일까? 상속세는 단돈 150억 원이었다. 이건희는 자산가치가 천문학적인 글로벌기업 삼성을 단 150억 원만 내고 합법적으로 상속했다. 이것이 재벌공화국 대한민국의 실태다.

## 노태우와 재벌, 누이 좋고 매부 좋고

5공 때 정치자금을 상납하며 눈치를 보던 기업들의 행태는 6공에도 이어졌다. 5공과 달리 6공은 '알아서 챙겨오라'는 스타일이었기 때문에 기업들 간에 미리 적정 수준의 금액을 조절하는 경우가 많았다는 후문이다. 이런 후원을 빌미로 재벌들도 5공 시절 숨죽이고 지내던 저자세에서 '공정거래위원회 폐지'까지 요구할 정도로 6공의 정책에 압력을 가했다.

1990년 1월 22일 여소야대를 뒤집는 '삼당 합당' 후 민자당 총재를 겸임하게 된 노태우 대통령은 매월 30억 원씩 여당인 민자당에 정치자금을 내놓는다. 그뿐 아니다. 여름휴가, 추석, 창당기념일 등에 현역의원과 지구당 위원장들에게 5백만 원 정도의 '별봉'을 내려 보냈다. 당내 고위 인사들에게는 부정기적으로 수천만 원씩 활동비를 주었고, 야당의 실력자들에게도 명절에는 두둑한 봉투를 보내 성의표시를 했다.

이런 돈이 다 어디서 나왔겠는가? 재벌들의 뒷주머니에서 나왔고 재벌들 또한 그 대가로 초법적 특혜를 누렸다. 노태우 정권은 특정 기업에게 대형 정부발주 공사를 수주시켜 주는 대가로 공사비의 10%를 커미션으로 챙기기도 했다.

노태우 대통령 시절 비자금 관리를 맡았던 이현우 경호실장 등의 증언에 따르면 삼성·현대·대우·LG·롯데의 5대 그룹은 300억 원 정도, 쌍용·선경·한진·대림 등 10대 그룹은 200억 원 정도, 동부·진로·두산·동아·한국화약·풍산·삼부토건·태평양·한보·동양화학·한양 등은 150억 원 정도, 그 외 기아, 금호, 효성, 고려합섬, 한일합섬, 코오롱, 해태, 극동, 미원, 대농 등등은 100억 원 정도를 바쳤다고 한다. 자신이 '보통사람'임을 강조한 노태우 대통령은 처음부터 끝까지 재벌과의 '밀월관계'를 독독하게 유지했다.

## 좌절된 물태우의 결단, 토지공개념

1986년 '3저 호황(저달러·저유가·저금리)'과 아시안게임으로 무역수지 흑자를 내고, 88올림픽을 앞두고 자금의 유동성이 크게 증가하며 부동산과 주식시장이 사상 유례없이 급등하기 시작했다.

5공화국 내내 소비자 물가는 연평균 3.5% 이내의 상승률로 안정적이었으나 지가는 평균 10.7%의 상승률을 보였다. 1987년 10월부터는 대선전에 불이 붙으며 각종 선심성 개발공약이 남발되고 그 즉시 관련된 지역의 땅값이 수직상승하는 일이 빈발했다.

동서 고속전철, 서해안 종합개발 등의 전 국토적인 공약이 쏟아지자 전국적으로 토지 투기가 일어났다. 일례로 서해안 쪽의 평당 8000원 하던 녹지가 하룻밤 새 1만 5000원까지 올라갔다. 당황한 민정당의 노태우 후보는 1990년에 토지공개념 도입, 1991년에 금융실명제를 실시하겠다는 공약을 내놓는다. 하지만 6공화국 출범 후에도 지가 상승은 멈추지 않았다.

1988년에만 서울 28%, 6대 도시의 지가가 27% 상승했고, 아파트 평당 단가도 천만 원을 돌파하기 시작했다. 전·월세 파동이 일어나고 자살하는 세입자들이 속출하자 정부가 토지소유상한제, 개발이익환수제, 등기의무제, 과세표준 현실화 등 토지공개념의 골격을 만들고 입법화 작업에 나선다.

이 작업에 앞장섰던 당시 문희갑 경제수석은 '토지공개념은 사회주의적 발상'이라며 저항하던 기득권의 반발을 "재산권의 행사는 공공복리에 적합하도록 하여야 하고, 공공 필요에 의한 재산권의 수용·사용 또는 제한이 법률로 가능하다"는 헌법 제23조와 여론의 지지에 힘입어 제도를 추진했다. 문 수석은 아무리 자본주의라지만 같은 서울 아래 살면서 달동네는 움막집 하나에 서너 가구가 살고 삼청동, 성북동 등은 수십억 원짜리 집에서 초호화판으로 사는 격차는 줄여야 한다는 신념을 갖고 있었다.

토지공개념 입법화가 여당의 반대와 부처 내 이견 등으로 여러 번 좌초 위기를 겪다가 1989년 6월 16일 토기공개념 3법인 '택지소유상한제', '토지초과이득세제', '개발이익환수제'가 국회에서 통과되었다.

그러나 이 법이 시행되기도 전에 또 여러 장애물들이 나타났다. 정부가 재벌들에게 골프장 건설을 허가하고, 정치권에서는 연달아 토지공개념을 약화시키는 발언이 나왔던 것이다. 여론은 '재벌들의 땅투기가 골프장 사업으로 합법화되고 토지공개념은 힘없는 중산층만 적용받는다'며 들끓었다. 마침 3저 호황이 끝나고 경기하강 조짐이 나타나자 6공은 집권 초의 '분배와 형평'의 정책기조를 '성장과 효율'로 선회하게 되었다.

이런 기류에 편승해 경제 민주화를 위한 개혁 작업에 저항하는 움직임이 확연하게 나타났다. 삼당 통합과 관련해 기자 간담회를 하던 박태준 민정당 대표가 "아무리 좋은 정책도 급진적 실시는 바람직하지 않다"며 "토지공개념 관련법안 등의 시기 선택이 잘됐다고 보지 않는다"라고 했다.

이처럼 토지공개념의 정착이 흔들리고 시행 연기 또는 완화 가능성이 확연해지자 시민단체, 대학가, 교수들도 시국선언과 시위를 하며 토지공개념의 이행을 촉구했다. 정부여당이 토지공개념으로 꼼수를 부리려다가 정국이 걷잡을 수없이 시끄러워진 것이다. 문희갑 경제수석은 "만약 토지공개념을 도입하지 않으려다가는 혁명이 일어난다"고까지 했다. 결국 노태우 대통령도 연내 토지공개념을 시행하겠다고 1990년 1월에 밝혔다. 뒤이어 2월 28일 국무회의에서 토지공개념 시행령이 채택되어 3월 2일부터 본격 시행되었다.

그러나 대한민국의 기득권층이 누구던가. 조선 사대부부터 시작해 꼼수의 천재들 아니던가. 경제 민주화의 포돌이라 생각했던 토지공개념이 막상 뚜껑을 열고 보니 그저 귀여운 새끼 고양이에 불과했다. 우선 '택지소유상한제' 적용을 서울·부산·인천·대구·대전·광주의 6대 도시로만 한정하고 다른 지역은 제외해 실효성이 크게 떨어졌다. 그나마 이런 제도마저 이후 반대 세력들에 의해 차례차례 무력화 된다.

김영삼 정부시절인 1994년 7월 29일 헌법재판부는 토지초과세법에 대해 '헌법 불합치'라는 결정을 내렸다. 사실상의 위헌 결정이다. 이를 두고 경제민주주의를 추구하는 사람들은 '구사칠이구의 국치'라고도 한다. 이날은 1989년 토지공개념 제도가 만들어진 지 5년 만에 토지공개념의 3각축을 이루는 토지초과이득세가 사라지면서 토지공개념 자체가 붕괴되기 시작한 날이다.

택지소유상한법은 외환위기를 만난 1998년 부동산 수요촉진이라는 명분으로 폐지되고, 다음해인 1999년 4월 헌법재판소의 위헌판정을 받았다.

마지막 남은 개발이익환수법은 부담금을 계속 낮추고 부과율 적용대상을 점차 줄이면서 흐지부지되다가 2003년 말 효력이 자동으로 정지되었다.

무기력한 통치력으로 '물태우' 소리까지 듣던 노태우 대통령이 토지공개념을 과감하게 추진했고, 이 법안이 개혁정권이라는 김영삼·김대중 대통령의 집권 시절에 폐기되었다는 것도 의미심장하다.

'대규모 기업집단 제도'의 도입 초기 33개였던 '자산 4000억 원 이상'의 기업 수도 1992년에 이르자 78개 집단, 1056개 계열사로 팽창했다. 전경련 등에서 상/하위 재벌들의 경제력 차이가 큰데도 똑같이 규제한다고 불만을 내놓자 정부는 대규모 기업집단의 정의를 자산 4000억 원 이상에서 '자산 순위 30위'로 변경해줬다. 이 정책 역시 재벌 개혁 정책의 후퇴다.

## 권력과 비자금, 도저히 뗄 수 없는 관계인가?

토지공개념을 강력하게 밀어 붙였던 노태우 정부도 '1991년에 금융실명제를 실시하겠다'는 공약은 지키지 못했다. 실명제가 실행되면 정치자금 받기가 어려워질 것을 우려해서였다는 설도 있다.

6공 시절 대통령의 비자금은 1조7천억 원 가량으로 추정한다. 노태우 전 대통령이 회고록에서 김영삼 대통령에게 '3천억 원'대의 정치자금을 건네주었다고 폭로하기도 했다. 물론 이 엄청난 정치자금은 주로 재벌들에게서 뇌물 또는 리베이트로 받은 것이다. 수서 택지분양, 석유 비축기지 공사, 상무대 군사시설 건설, 고속전철, 동화은행 비자금, 원전 발주 등 대형 국책사업마다 뇌물 사건이 있었다.

무엇보다 율곡사업이 제일 큰 정치자금 조달처였다. 율곡사업은 1974년 박정희 대통령이 '안보는 스스로 책임져야 한다'며 자주국방을 추진하면서 건국 이후 최초, 최대의 전투력 증강사업으로 시작되었다. 이 사업이 시작된 다음 해부터 국민들에게서 방위세를 걷으며 1996년까지 투입된 자금이 총 50조 원에 가까웠으며, 매해 국방예산의 30~40% 가량이 이 사업에 투입되었다. F-16 전투기, 잠수함, 헬기 등 초고가의 무기와 장비를 구입하는 과정을 극비에 부치고 청와대가 모든 것을 직접 통제했다. 그러다 보니 엄청난 국가예산이 들어가면서도 외부의 감시나 견제가 거의 없었고, 무기거래상들의 물밑 로비와 연관 기업들의 농간으로 무기와 장비선정 과정까지 왜곡되었다.

1995년 민주당의 강창성 의원은 "차세대전투기사업KFP, 율곡사업 비리를 전면 재조사하라"고 요구하면서 "기종변경 과정에서 노태우 전 대통령이 거액의 로비자금을 받은 것이 확실하며 이 돈이 딸인 노소영의 이름으로 스위스 은행에 예치되었다"고 폭로했다. 그해 10월 19일 국회의사당에서 민주당 박계동 의원이 신한은행 계좌조회표 한 장을 흔들면서 노태우 전 대통령의 비자금 4천억 원이 여러 시중은행에 차명으로 들어 있다고 폭로했다. 노태우 전 대통령은 세상에서 가장 잘 참는 나도 더 이상은 못 참는다며 노발대발했으나, 검찰의 수사결과 폭로는 사실로 드러났다.

이렇게 해서 밝혀진 노태우 전 대통령의 비자금 수사는 재계·관계로까지 번져 삼성 이건희 회장, 대우 김우중 회장 등 재벌 총수 8명을 포함한 기업인 35명이 뇌물공여 혐의로 불구속 기소되었다. 하지만 항소심에서 대부분 집행유예와 무죄로 판결났다. 이처럼 재벌 총수들은 법 앞에서도 강자였다.

1990년 이후 10대 재벌 총수들 중 7명이 선고 받은 징역형 기간을 모두 합치면 22년 6개월이다. 이를 보도한 '재벌닷컴'에 따르면 재벌 총수들은 모두 실형 없이 사면을 받고 현직에 복귀했다. 한국은 역시 '유전무죄 무전유죄'의 나라다.

　노태우 정권하의 재벌들은 경제 권력에 이어 정치 권력까지 차지하려 했다. 대우그룹 김우중 회장은 정치인을 양성할 의사가 있었고, 현대그룹 정주영 회장은 직접 대통령 선거에 출마까지 했다.

　노태우 대통령은 퇴임 후 재벌 개혁에 대해 언급하면서 "여신 규제와 주력업종 제도를 시도했으나 학자와 언론이 재벌에게 동원되어 저항하는 바람에 성공하지 못했다"라고 했다. 그러나 그보다는 노태우 대통령 본인이 재벌들의 떡을 받아먹고 그 콩고물을 측근들에게 나눠주느라 재벌에 포섭되고 말았다.

　1995년 12월 18일, 노태우 전 대통령의 비자금 사건 첫 공판이 열렸는데, 재벌들의 돈을 받아 개인의 부동산을 구입한 이유에 대해 "돈을 불려 나라를 위한 좋은 데 쓰려 했다"고 천연덕스럽게 대답해 방청객들이 배꼽을 잡고 웃었다.

　그 다음해 2월 26일 벌어진 전두환 전 대통령의 비자금 사건 첫 공판에서 전두환 전 대통령도 정치자금을 받은 이유를 "기업인들은 정치자금을 내면서 정치 안정에 기여하는 보람을 가졌다"라며 자신이 돈을 받았기 때문에 기업인들이 마음 놓고 투자할 수 있었다고 주장해 방청객들의 폭소를 자아냈다.

**CHAPTER 03**

# 삼성 이건희, 김영삼을 꺾다

　　　　　**김영삼 정권은** 출범 이전부터 정치자금에서 자유롭지 못했다. 삼당 합당 후 집권여당의 대선 후보였던 김영삼은 대선자금을 한쪽으로는 노태우 대통령에게, 다른 한쪽으로는 재벌기업의 정치 헌금으로 충당했을 것이다. 노태우 전 대통령 비자금 문제가 공론화되자 김영삼 대통령은 "1992년 대선자금에 대한 자료가 없어 공개하기 어렵다"며 얼버무렸다.

　취임 이전부터 재벌과의 정경유착 문제를 안고 있던 김영삼 대통령은 1993년 2월 27일 취임 후 첫 국무회의에서 자신과 가족의 전 재산을 공개하고 "일체의 정치자금을 받지 않겠다"고 선언했다. 이는 정부 각료와 고위 공직자 그리고 국회의원들의 재산공개로 자연스럽게 이어졌다. 1차 재산공개를 통해 부정축재 의혹이 제기된 건설부장관, 보사부장관, 서울시장 그리고 몇몇 민자당 의원들이 사퇴했다.

　같은 해 6월 13일 재산공개의 법적근거를 마련하기 위해 김영삼 정부의 개혁법안 1호인 '공직자윤리법 개정안'이 국회에서 통과되어 4급 이상 공직자는 재산 등록을, 1급 이상 공직자는 재산

공개를 필수적으로 해야만 했다. 1983년에 이미 공직자윤리법이 만들어져 차관급 이상 공직자의 재산을 등록하기는 했으나 그동안은 비공개였다.

개정된 법에 의해 고위 공직자들의 재산이 공개되자 또다시 숙정肅正이 시작되었다. 청와대의 여러 비서관과 21명의 고위 공직자, 민자당의 두 의원이 사퇴했다. 심지어 9월 10일에는 사법부 재판관들의 부동산 과다 보유에 대한 도덕적 책임을 지고 대법원장이 물러나는 일도 벌어졌다. 이런 분위기 속에서 감사원과 검찰의 사정활동은 더욱 강화되었고, 정치인과 공직자뿐 아니라 사회전반에 걸쳐 정화의 바람이 불었다.

## YS는 못말려

개혁의 중심에 선 김영삼 대통령의 인기는 사상 최고로 높았다. 청소년들에게조차 '탤런트 최진실, 농구스타 허재'보다 더 인기를 끌어 '우상'으로까지 떠올랐다. 김영삼 대통령을 좋게 풍자해 수십만 부가 팔린 《YS는 못 말려》를 비롯한 수십 종의 김영삼 대통령 관련 책들이 출간되기도 했다.

김영삼 대통령은 서민들에게 큰 인기를 끌었으나 재벌들은 김영삼 대통령 때문에 전전긍긍했다. 당시 재계는 전두환 대통령을 축구공, 노태우 대통령을 럭비공, 김영삼 대통령을 골프공에 비유했다. 전두환은 축구공처럼 세게 나가지만 어디로 가는지 방향이 분명하고, 노태우는 처음부터 어디로 튈지, 튀다 다시 어디로 갈지 헷갈리고, 김영삼은 시원하게 창공을 나르다가 떨어지는 곳이 어딘지 예측 불가능하고, 자칫 잘못해서 골프공에 맞기라고 하면 그 기업에게는 치명적이라는 뜻이다.

이 비유가 옳았다. 공직자 재산공개 후 일부 공직자와 정치인이 사임하기는 했으나 사회 전반에 그 실효성이 퍼지려면 '금융실명제'가 뒷받침 되어야 한다는 사회적 분위기가 형성되자, 같은 해 8월 12일 김영삼 대통령은 '긴급재정경제명령 16호'로 금융실명제를 전격 실시했다. 그야말로 쾌도난마식의 사회정화 작업이었다.

금융실명제는 노태우 정권도 2기 내각 때 관철시키려 했으나, 재벌들의 반대로 실행하지 못하고 무산되었었다. 김영삼 대통령의 금융실명제 전격 실시로 지하경제의 규모는 줄어들었고, 정치자금의 추적도 용이해졌다.

이에 따라 전두환, 노태우 두 전직 대통령과 그 주변 실세들의 검은 자금이 드러나 형사처벌을 받게 되었다. 김영삼은 삼당 합당의 이유에 대해 "호랑이 잡으러 호랑이 굴에 들어간다"고 했는데, 그 말 그대로 실명제 전격 시행으로 대한민국 생태계의 포식자로 자리잡고 있던 세력의 한축을 일거에 무너뜨렸다.

김영삼 정부는 3년째인 1995년 1월 6일 새해 벽두부터 세간의 이목을 붙들어 매는 연두 기자회견을 했다.

"부동산실명제가 이미 준비되고 있으며 곧 단행될 것입니다."

지난 1993년 8월 전격적 금융실명제 시행에 허둥댔던 부동산시장은 다시 숨을 죽이며 사태의 추이에 촉각을 곤두세웠다. 언론들은 부동산실명제를 1면 톱으로 다루면서 금융실명제와 함께 경제혁명의 양 날개로 보도했다.

'명의신탁'은 일본 강점기인 1912년에 처음으로 국내에 도입되어 재산 은닉 및 분산, 조세 포탈 등의 부동산 투기에 악용되어 왔다. 1989년 조순 부총리 때도 토지공개념의 일환으로 부동산실명제를 검토하다가 재벌과 법조계 일각에서 '자유계약의 원칙'에 배치된다고 반대하는 바람에 무산되고 말았다.

그러나 김영삼 정권의 강한 의지로 부동산실명제가 실시됨에 따라 더 이상 '등기 따로, 소유 따로'의 명의신탁이 불가능하게 되었다. 이 제도가 실시된 지 2년 만에 6만5976건의 부동산이 실소유주 명의로 전환되었다. 또한 법인 명의의 부동산 1684건이 개인 명의로, 개인 명의의 부동산 1461건이 법인 명의로 전환되었다. 이는 임직원이 기업의 부동산 매입에 동원되었기 때문이다.

문민정부는 군부의 탈정치화를 꾀하는 동시에 재벌과 권력의 경제적 유착관계를 끊고자 했다. 이토록 과감한 개혁 정책은 김영삼 대통령의 독단적이고 신속한 성격에도 기인하지만 뒷받침해 주던 광범위한 민주연합세력이 있기에 가능했다. 군부세력 개혁도 성공리에 마쳤고, 재벌 개혁도 금융실명제와 부동산실명제로 불법적 정치사금의 흐름이 파악되고 차단되는 것으로 보였다. 그러나 역시 총칼의 힘보다는 돈이 힘이 더 셌다.

## 재벌의 반발과 세계화

금융실명제로 충격을 받은 재벌들이 개혁에 저항하는 세력으로 결집하기 시작했다. 이들의 금권하에 있는 매스컴들이 '지나친 개혁으로 지속적 경제성장이 어려워지고 있다'고 선동하고 '국민들이 개혁 피로증을 느끼고 있다'며 연일 떠들어댔다.

동시기인 1994년 7월 8일 북한의 김일성이 역사적인 남북 정상회담을 앞두고 돌연 사망, 7월 18일 서강대 박홍 총장의 '주사파' 발언으로 뜨거운 사상 논쟁이 일어났으며, 10월 21일에는 성수대교가 붕괴하는 참사가 일어났다.

이런 엄청난 사건들도 어떤 각도에서 보느냐에 따라 그 해석이 달라지게 마련이다. 당시 정황을 정경유착과 낡은 이념논쟁이란 시각에서 바라보며 한층 더 개혁에 박차를 가해야 한다는 의견도 있었으나 그것은 소수였고, 기득권을 중심으로 정반대의 여론이 거세게 일었다. 즉 김영삼 정부의 강력한 개혁 드라이브는 아직도 빨갱이가 설치는 남한에서 자본주의의 원칙이 심각하게 훼손될 우려가 있고, 또한 김영삼 정부는 1960년대의 혁명정권도 아닌데 번갯불에 콩 튀기듯 급진적 변혁을 꾀하고 있다는 비판이 쏟아졌다.

이처럼 개혁에 대한 강한 저항이 재벌들과 합세한 주류매체에서 들끓자 곤란해진 김영삼 대통령은 1994년 말 호주의 '시드니 구상'을 통해 '세계화 정책'을 개혁의 대안으로 내놓는다. 그해 연말부터 국민들은 정확한 의미가 무엇인지도 모르는 '세계화'란 소리를 지겹도록 들어야 했다.

이 세계화에 얽힌 웃지 못할 촌극도 있었다. 지금은 당연히 세계화에 대한 영문 표기를 'globalization'이라고 한다. 하지만 당시에는 'segyehwa'라는 영어도 아닌 이상한 표현을 고집했는데, 김영삼 대통령이 주장하는 세계화의 특성이 'globalization'이라고 표기하면 간과될 수 있다는 이유에서였다.

'세계화'와 동시에 '국가경쟁력 강화'라는 말도 광범위하게 사용되기 시작했다. 국가경쟁력이란 클린턴 정부가 미국 자본의 경쟁력 강화 차원에서 사용하면서 세계적인 유행어가 되었다.

그러나 국가경쟁력이라는 개념에 대해 노벨경제학상 수상자인 폴 크루그먼 교수는 "이론적, 경험적 근거가 없는 위험한 개념"이라고 비난했다. 경쟁력은 국가 차원이 아닌 개인 또는 기업, 더 나아가 어느 산업분야에서 성립되는 개념이다. 국가경쟁력에 대해 제일 처음 연구한 마이클 포터 교수는 한 국가의 기업들이 특정 산업에서 경쟁 우위를 창출하고 유지하는 '국가의 경쟁우위'가 가능하다고 말했다. 다시 말해 국가 차원의 경쟁력이란 국가의 생산성을 의미하는 것이지 '경쟁력 있는 국가'를 말하는 것이 아니다.

그럼에도 국가경쟁력이라는 논리를 강조한 것은 신자유주의적 세계 자본의 횡포를 국가 간의 경쟁으로 대치하고 민족주의적 감성에 호소함으로써 나라 안의 계급적 불평등을 은폐하기 위한 수단이었을 뿐이다.

## 삼성의 탐욕, 삼성자동차

"삼성은 70년대 전자, 80년대 반도체였다. 90년대는 자동차 산업으로 국가 중흥에 앞서겠다."

삼성은 이런 고상한 명분을 내세우며 노태우 정권 때부터 자동차 사업에 진출하기 위해 끈질기게 정부의 문을 두드렸다. 기존 업체들인 현대·대우·기아 등은 '한정된 내수시장에 과잉 중복투자하면 모두 죽는다'며 강력히 반대했다. 그러나 삼성의 집요한 로비 끝에 정부는 삼성으로부터 '승용차가 아닌 상용차만 만든다'는 각서를 받고 허락해 주었다.

그리고 정권이 바뀌자 승용차까지 만들기 위해 삼성은 전방위 로비를 펼치며 노력을 기울였다. 김영삼 정부의 상공부는 자동차 산업의 과잉 중복투자를 막기 위해 삼성의 승용차 사업 신규 진입을 반대하며 일관되게 사업 불허 결정을 통보했다. 그러자 삼성은 김영삼 대통령의 정치적 배경인 부산 지역에 삼성자동차 공장을 설립하겠다고 언론플레이를 하며 지역 여론을 자신들에게 유리하게 만들어 청와대에 집중 로비를 했다.

결국 1994년 12월 3일, 삼성의 승용차 사업이 승인되었고, 삼성의 자동차에 대한 탐욕 때문에 대한민국은 엄청난 국가적 손실을 입게 된다. 1997년에 기아자동차가 몰락하고 뒤이어 대한민국 경제도 몰락했는데, 이 몰락의 원인을 삼성이 제공했다고 주장하는 사람이 많다. 그 내용인즉슨 이렇다.

1997년 초에 '국내 자동차 산업의 구조 개편 필요성'에 대한 삼성의 보고서가 언론에 유출되었다. 이 보고서에는 '장기적 발전 가능성이 없는 기아차의 구조조정이 불가피하다'는 내용이 담겨 있었다. 그 후, 오비이락烏飛梨落격으로 삼성 계열의 금융사로부터 기아에 갑작스런 자금 압박이 가해지고, 정부는 그해 7월 15일 기아를 부도유예 기업으로 지정했다. 생산 능력 85만 대, '프라이드' 신화를 창조한 기아자동차가 어이없게 문을 닫으며 IMF 사태의 '결정적 기폭제'라는 오명을 뒤집어썼다.

삼성 승용차는 회사설립 3년도 채 안된 1997년 10월 자동차 형식 승인을 받고, 다음해 2월 'SM5' 시리즈를 처음 출시했으나 당시 IMF 상황 아래 급격히 위축된 내수시장을 극복하지 못하고 위기에 빠졌다. 게다가 당시 삼성이 인수하려고 그렇게 애를 썼던 기아자동차는 현대에 넘어갔다. 삼성 승용차는 1998년 12월 재벌들 간의 빅딜 대상으로 전락해 대우전자와 맞교환 대상이 되었으나 무산되고, 1999년 6월 30일 최종 부도처리를 거쳐 2000년에 이르러 프랑스의 르노가 지분의 80.1%를 인수하였다.

1994년부터 치밀하고 광범위하게 정계·관계·언론계를 망라해 벌어진 삼성의 막후공작은 아직까지도 정확한 실체가 드러나지 않고 있다.

## 1994, 재벌이라는 빅브라더의 탄생

1994년은 재벌이 국가를 접수한 해라고 해도 과언이 아니다.

헌법상 입법·행정·사법은 3권으로 분립이 되어 서로 견제하는 기능을 한다. 그러나 1994년 이전은 기형적으로 행정부에 대부분의 권한이 집중되어 있어 입법부와 사법부가 행정부의 시녀 노릇을 했었다. 1994년 이후는 언론을 장악한 재벌이 정부와 다른 부서들까지 조절하기 시작했다. 이런 확연한 증거가 이듬해인 1995년 4월 13일 삼성 이건희 회장의 북경 발언이다.

"우리나라 정치인은 4류, 행정관료는 3류, 기업은 2류다."

이건희 회장이 그날 오후 2시 북경 국빈관에서 한 발언은 대한민국을 통째로 비하하는 발언이었다. 대한민국의 각종 행정규제와 권위의식을 비판하기 위해 나온 말이기는 하지만 당시 일개 재벌 총수가 국내도 아니고 공산주의 국가인 중국에서 정부를 비판한다는 것은 예전 같으면 상상도 못할 일이었다.

이런 발언이 나와도 청와대는 불쾌하다는 반응을 보일뿐, 별다른 대책을 내놓지 못했다. 삼성의 이건희가 대통령 김영삼을 꺾어 누르는 모양새가 된 것이다.

5공 때 국제그룹의 양정모 회장이 청와대 모임에 불참하자 그 그룹은 해체되었다. 6공 시절 청와대에서 열린 폭탄주 모임에서도 평소 직언을 잘하는 ○○○ 회장이 거나하게 취한 김에 "이렇게 기업하기 어려운 환경에서는 차라리 농사나 짓는 게 더 낫겠다"고 말하자 노태우 대통령이 자리를 박차고 나가버렸다. 후에 그 회장은 노태우 대통령의 노여움을 풀기 위해 엄청난 노력을 기울이며 마음고생을 심하게 했다.

이런 시절을 겪은 국민들은 이건희의 발언에서 통쾌함마저 느꼈다. 그러나 마냥 좋아만 할 일은 아니었다. 이미 주도권은 재벌이 쥐고 있었고 정부도 그 힘에 밀려 재벌 개혁에서 손을 놓아야 했다.

## 정부의 신재벌정책 VS 재벌의 투자 파업

김영삼 정부의 재벌 개혁은 1996년 '신재벌정책(경영 투명성 제고, 기업공시 강화, 소액주주 보호, 채무보증의 단계적 해소 등)'을 추진하던 경제팀이 전격 경질되면서 완전히 좌초되었다.

그해 4·11 총선에서 신한국당이 승리한 직후 김영삼은 재벌의 경제력 집중을 막기 위해 '공정거래시책을 강화해 기업의 투명성을 제고하라'고 지시했다. 당시는 1995년 말 재벌 총수들이 연루된 노태우 전 대통령 비자금 사건이 터지면서 정경유착을 발본색원해야 한다는 국민들의 여론이 높은 때였다.

이런 흐름을 타고 김영삼 대통령이 재벌들의 '황제경영'에 손을 대려 하자 전경련을 중심으로 '경제 위기론'이 확산되기 시작했다. 마침 1994년 8.3%, 1995년 8.9%로 성장하던 경제가 1996년에는 7.0%로 주춤했다. 이를 기회로 전경련과 보수언론들이 '경제부터 살리고 봐야 한다'며 마치 재벌 개혁이 경기 하강의 주범인 양 막무가내로 떠들어댔다.

파업은 노동자만 하는 것이 아니라 재벌들도 한다. 재벌들은 정부의 개혁정책이 마음에 안 들면 '투자환경이 나쁘다'며 투자파업을 한다. 김영삼 정부도 재벌들의 신규투자 회피 앞에 결국 무릎을 꿇었다. 투자 파업이야말로 재벌들이 정부를 길들이는 가장 효과적인 압력이다.

김영삼 정부가 대기업의 선단船團식 경영(업종 간 연관이 없는 회사끼리 상호지급보증 등으로 연결해 사업을 해나가는 재벌들의 경영행태)을 막아 중소기업의 설 땅을 마련해 주겠다던 '신재벌정책'도 그 때문에 좌절되었다.

당시 정부는 권력에 사보타지(태업, 怠業)할 만큼 커질 대로 커진 재벌에게 소리 나는 채찍을 드는 대신 소리 안 나는 당근을 주어야 한다고 생각했다. 이런 '재벌 당근론'의 핵심은 재벌을 규제하기보다 주력업종 전문화로 유도한다는 것이다.

하지만 '업종 전문화 정책'마저도 '글로벌 시대에 업종 선택은 기업 자율에 맡겨야 한다'는 전경련의 반발에 부딪혔다. 결국 업종 전문화는 공기업 민영화와 맞물리며 무수한 특혜 시비만 남긴 채 시행 불가능한 정책이 되고 말았다. 이런 사태를 지켜본 〈월스트리트 저널〉의 서울 특파원 스티브 글레인은 "결국 재벌 문제가 터지면 청구서를 받아야 할 사람들은 대한민국의 납세자들이다"라 했다.

김영삼 대통령은 집권 4년차인 1996년 1월 26일 민심과 완전히 유리된 노동법 개정안을 새벽 6시 신한국당 단독으로 7분 만에 기습 처리했다. 개정된 노동법에서는 정리해고 요건을 '경영상의 필요', 즉 '경영 악화'나 '생산성 향상을 위한 구조조정', '기술 혁신', '업종 전환이 필요할 때'로 그 폭을 넓혔다. 모두 기업을 위한 조치였다. 또한 김영삼 정부는 여신규제 정책을 폐지하는 등 재벌에 대한 규제 중 공정거래법상 자산총액 한도 조항을 제외하고 직접적인 규제는 모두 풀어주었다.

## 백기 든 신재벌정책 그리고 IMF

1980년을 기점으로 정부의 재벌정책은 '보호 육성'에서 '규제 통제' 기조로 변환되었다. 이 흐름이 노태우 정권과 김영삼 정권 초기까지만 해도 잘 유지되다가 김영삼 정권 후기에 이르자 서서히 '친재벌적 규제완화'로 바뀌게 되었다. 이런 규제완화 속에서 재벌은 고삐 풀린 망아지처럼 뛰기 시작한다.

김영삼 정부는 출총제의 출자한도를 40%에서 25%로 대폭 강화했으나 오너일가가 지분율만 낮추면 출총제에서 제외해주는 예외 규정을 두어 사실상 유명무실했다. 대규모 기업집단의 대상도 '자산 순위 30위까지'는 그대로 유지했으나, 소유 분산 및 재무구조가 우량한 기업집단은 제외시켜 준다는 예외 규정을 두었다.

김영삼 대통령은 재벌의 소유 분산을 유도해 '국민기업화'하겠다며 재벌 규제정책에 다수의 예외 규정을 두었다. 하지만 재계의 호응을 끌어내지 못한 채 재벌들에게 특혜만 제공한 꼴이 되었다.

재벌이 소유 분산을 하면 약간의 혜택을 받는다. 하지만 굳이 소유 분산을 하지 않아도 법이 개정되었으니 제재를 받을 일이 없어졌다. 강제력이 결여된 정책을 과연 누가 따를까?

당시 정부는 '소유권 분산 유도'가 신재벌정책의 핵심인 양 내세웠으나 현실적으로 실효성이 전혀 없었다. 삼성은 총수가족의 지분이 4%가 안 되어도 경영권을 완벽하게 쥐고 있다. 이처럼 재벌의 소유 집중이 줄어든다고 해도 경영권 전횡專橫을 막기는 쉽지 않다.

김영삼 정부가 '신재벌정책'으로 족벌경영을 진심으로 막고자 했다면 재벌 일가의 의결권 행사를 뒷받침하는 간접 소유나 순환 소유를 금지했어야 하고, 계열사 간 상호 지급보증 제도를 폐지했어야 한다. 그러나 이런 정책들은 재벌들의 입김에 의해 현실화될 수가 없었고, 그나마 존재하던 정책에도 예외 규정을 두어 빠져나갈 구멍을 만들어 놓아, 재벌들의 문어발식 확장을 방조해 외환위기의 단초를 제공한 셈이다.

김영삼 정부는 출범 초기부터 금융산업을 방만하게 관리했다. 재벌들이 새로 취임한 김영삼 대통령을 찾아가 '투자활동을 못해 경기가 침체되었다'고 말하자, 정부는 1993년 3월 단기적 경기부양책인 '신경제 100일 계획'을 내놓았다.

신경제 100일 계획의 요점은 경기 활성화를 위해 통화 공급을 확대하고 규제를 혁파하며 돈을 풀고, 금리를 인하하겠다는 것이었다. 이처럼 기업의 투자를 유도하기 위한 규제완화와 함께 적극적 경기부양책을 쓰자 경제는 1994년과 1995년 연이어 거의 9%대에 가깝게 고속 성장했다.

이 기세를 몰아 김영삼 정부는 1996년 부자나라들의 클럽인 경제개발협력기구OECD에 가입했으나, 1997년에 이르러 기업들의 부채가 김영삼 정부 초창기에 비해 4~5배 가량 늘며 외환위기에 봉착했다.

어느 대통령이나 집권 초기에 과도한 투자와 규제완화로 경기를 부양시키고 싶은 유혹을 받는다. 이 유혹에서 6공이나 김영삼 정부 그리고 현 정부까지 자유롭지 못했다. 매 정권 초기마다 돈을 풀어 강제적으로 경기 부양을 시키고 국민의 인기를 끌었으나, 후반기에 그 후유증을 심하게 겪는 동일 패턴이 반복되고 있다. 이런 여건에서 재벌들이 정부의 주요정책에서 주도적인 역할을 하게 되었고, 1997년 1월 3일 한보철강이 부도가 나면서 김영삼 정권은 급격히 레임덕(임기 만료를 앞둔 공직자의 통치력 저하 현상)에 빠지게 된다.

이미 한보그룹은 노태우 정권 때 수서 비리사건으로 정치권과 연루된 적이 있는데 한보철강이 부도를 내자 검찰이 수사에 착수했고, 건국 후 최대의 대출비리 사건이자 권력형 금융부정 사건이 만천하에 드러났다.

한보의 자기자본은 2200억 원에 불과했다. 이런 기업이 건설에만 6조 원이 소요되는 세계 5위 규모의 제철소를 빚으로 지으려다 보니 주저 앉는 것은 당연했다. 이런 식의 간댕이 부은 경영은 한보만의 문제가 아니었다. 당시 30대 그룹의 자기자본 비율은 20%에 불과했다. 지난 30년간 정부는 마치 '대한민국 주식회사'를 운영하듯 경제정책을 펼쳤다. 이 주식회사의 '대표이사'는 정부였고 '대주주'는 은행과 재벌이었다. 정부가 재벌의 로비를 받아 재벌 중심으로 대한민국을 성장시키기 위해 은행을 수단으로 삼았다. 이렇게 대출받는 과정에 어디 한보만 로비를 했겠는가. 다른 기업들도 마찬가지지만 드러나지 않아서 넘어갔을 뿐이고, 한보는 부도를 맞아 대출과 인허가 과정에서 오간 거액의 뇌물이 백일하에 드러나게 된 것뿐이다.

재계 14위였던 한보의 부도 파장은 걷잡을 수 없이 퍼져갔다. 우선 한보철강이 발행한 어음과 수표가 부도 처리되자 22개 계열사와 850여 협력업체 등이 연쇄부도와 자금난을 겪게 되었다.

이미 국제 자본은 한보철강이 부도날 때부터 대한민국 경제를 주시하기 시작했는데, 같은 해 7월에 기아 사태가 터지자 대한민국으로의 자금 공급을 억제했고, 10월 홍콩이 금융위기에 빠지자 대한민국에 투자했던 자금을 본격적으로 회수하기 시작했다.

국제 금융시장에서의 자금 조달이 막히게 되자 외환 유동성 부족사태가 일어나 환율과 금리가 폭등하고, 반대로 주식시장은 차갑게 가라앉았다. 자금을 조달하지 못한 다른 대기업들도 하나둘 무너지기 시작해 그해 말까지 12개의 대기업이 무너졌다. 삼미,

한신공영, 진로, 대농, 쌍방울, 해태, 뉴코아, 한라 등이 연쇄부도를 냈고, 재계 8위인 기아마저도 부도유예 협상대상 기업으로 지정되었다.

이런 피 말리는 시기에 김영삼 정부는 미국과 일본에 지원을 요청했으나 미국의 클린턴 대통령에게서 'IMF와 협상해야 한다'는 전화 통보만을 받는다. 결국 국가부도라는 초유의 사태를 방지하기 위해 IMF(국제통화기금)의 긴급 자금지원을 받을 수밖에 없었다.

이러한 경제 위기에 책임을 느끼고 일선에서 물러난 재벌 총수들도 있기는 하나, 모든 고난은 결국 국민들의 몫이었다. 1996년 재벌들이 재벌 개혁만 안 하면 경제가 살아날 것처럼 여론을 선동했으나 그 1년 후인 1997년, 재벌들의 과도한 차입 경영과 문어발식 경영으로 한반도는 전대미문의 외환위기를 맞았다.

IMF 사태는 재벌들의 탐욕과 그 탐욕을 제지하지 못한 YS의 용두사미격 개혁이 불러들인 것이다. 즉 재벌들이 한보나 기아처럼 정경유착을 통해 무리한 차입금 경영을 시도하다가 연쇄부도를 맞았고, 마침 태국발 외환위기가 홍콩과 대만 등 주변국까지 번지면서 대한민국 금융시장이 견디지 못하고 무너져 내린 것이다.

## 국가적인 굴욕의 시작

12월 3일 캉드쉬 IMF 총재가 지켜보는 가운데 임창열 부총리와 이경식 한국은행 총재는 구제금융을 위한 정책이행 각서에 서명했다. 그 순간 대한민국의 경제 주권은 IMF로 넘어갔다.

김영삼 정부가 집권 후반기 OECD에 가입하려는 욕심으로 '국제화, 세계화'를 표방하면서 경제는 추락했다. OECD의 가입조건이 거시경제의 안정과 자본시장의 자유화였기 때문에 김영삼 정부는 시장 개방, 민영화, 규제완화에 드라이브를 걸어야 했다. 그 결과 '나라 곳간'은 거덜 났다.

세계적 신용평가 회사인 무디스는 그해 11월 22일부터 12월 21일까지 대한민국의 신용등급을 6단계나 낮췄다. 한 달 동안 이렇게 한 국가의 신용이 추락하기는 전 세계적으로도 유례가 없다. 그 여파는 일반 개인들에게 직격타가 되어 돌아왔다. 직장만 믿고 살던 소시민들은 하루아침에 일터에서 내몰렸고, 영세 자영업자들도 멀쩡하던 가게가 갑자기 망해 길거리에 나앉는 황망한 사태가 이어졌다.

그러나 이런 사태 뒤에 숨겨진, 미국이 IMF를 앞세워 대한민국 사회를 어떻게 바꾸려 하는지 그 흑심은 아무도 몰랐다. 그들은 우리가 동아시아적 공동체 전통을 버리고 서구적 개인주의로 거듭나기를 원했다.

개인주의 문화가 확산되고, 나만 잘 살겠다고 발버둥칠수록 재벌들의 황금성은 하늘 높이 쌓여갔다. 당시는 이렇게 될 줄 몰랐다. 그게 잘살기 위한 유일한 방법인줄 알았다. 하지만 15년이 지난 지금, 그 빈익빈 부익부의 실상을 우리가 보고 있다.

CHAPTER 04

# DJ, 신자유주의 덫에 걸리다

　　　　　　**김대중 대통령은** 취임 일성으로 "우리나라에 더 이상 재벌이란 말이 없도록 하겠다"고 했다. 그리고 이 말에 걸맞게 부채 비율 200% 축소, 계열사 간 신규 채무보증 금지, 부당 내부거래 금지 등 폭넓게 재벌 개혁정책을 선보였다. 그러나 김대중 대통령은 당선자 시절부터 이미 IMF체제하에 들어긴 국가경제를 IMF의 뜻에 맞게 관리해 주어야 할 운명이었다.

　1997년 12월 23일 대통령 당선자 김대중은 비밀리에 방한한 데이비드 립턴 미 재무차관을 만났다. 그리고 새 정부를 미심쩍어 하는 미국 정부에 IMF 협약보다 더 강도 높은 정리해고 등의 개혁을 약속했다.

　김대중 대통령은 취임 전 '국민과의 대화'에서 "국고가 텅 비었다"고 솔직하게 고백했다. 당시 국가 보유 외환은 39억 달러, 원 달러 환율 1965원, 종합주가지수는 379포인트였다. 이런 상황에서 김대중 대통령은 외환 유동성 확보에 주력하여 일단 국가부도 사태를 막아내야만 했다.

　정부의 노력으로 치솟아 오르던 환율과 금리가 서서히 내려가

자 김대중 대통령은 기업·금융·노동·공공 등 4대 분야의 구조조정에 착수했다. IMF가 내건 외환 지원 조건은 기업 구조변경, 금융 구조조정, 재정긴축과 고금리 정책이었다. 다르게 말하면 노동시장 유연성을 높이기 위해 외국인 투자자에게 국내 금융시장을 개방해 자본자유화를 촉진하고 연 18~20%의 금리도 감수하라는 것이다.

## 신자유주의라는 거악巨惡과 만나다

신자유주의 선교단체인 IMF의 핵심교리는 작은 정부, 민영화, 노동시장 유연화, 규제완화다. 그중 노동시장 유연화 정책은 정리해고제, 근로자 파견제로 나타났다. 이 내용들 모두 자본의 흐름을 원활하게 하는 데 초점이 맞춰져 있다. 이것이 '신자유주의'의 본질이다.

자유면 자유지 '신' 자유는 무엇일까? 참기름은 그냥 참기름이다. 그 앞에 어떤 글자가 붙으면 수상하다. 이미 가치를 지니고 있는 단어 앞에 자꾸 뭔가를 덧붙일 때는 어떤 꼼수가 있는 것이다. 과거의 자유가 주로 사람의 자유를 말했다면 신 자유는 '자본'의 자유를 말한다. 자유는 자유인데 신체나 사상의 자유가 아니라 돈의 자유를 말하려니 자유 앞에 '신'자를 붙여 그럴듯하게 포장한 것 뿐이다.

서구 자본주의 체제가 1970년대 장기불황을 겪으며 만난 '자본의 위기'를 타개하기 위해 만들어낸 것이 신자유주의 이론이다. 신자유주의자들의 표어는 '작은 정부 큰 시장'이다. 즉 시장을 국가의 개입으로부터 자유롭게 하고 시민사회의 문제들도 시장 자체의 흐름에 따라 조절되고 해결되도록 해야 한다는 것이다. 국가가 시장에 개입하지 않을수록 국가의 부가 확대되고 자연히 사회적 복지도 늘어나게 된다고 주장한다.

신자유주의자들은 1970년대의 구조적 불황도 케인즈주의식의 복지국가 체제에서 비롯되었다고 본다. 그래서 나온 것이 1980년대 영국의 '대처리즘'과 미국의 '레이거노믹스'다. 대처는 수상이 된 후 공기업 민영화, 세금 감면, 복지예산 감축, 노동의 유연성 확보를 통한 기업의 활성화를 추진했다. 레이건도 시장을 활성화한다며 복지·환경 예산을 삭감하고 세금을 감면했다.

항시 신자유주의자들의 공격 대상은 무리한 복지정책, 과도하게 팽창된 공공부문, 정부의 지나친 시장개입이다. 이를 세계화하기 위해 1995년 WTO가 형성된다. WTO의 표면적 최고 원칙은 자유무역이다. 이에 따라 국가 간 주요 거래품목이었던 원자재, 상품은 물론이고 생산요소인 노동과 자본까지도 어느 국경이든 자유롭게 넘나들게 되었다. 이런 신자유주의적 정책에 따라 스타벅스나 맥도날드가 세계 도처에 상점을 개설하게 되었다. 자본 앞에 경제적 국경은 모호해진 것이다.

그러나 여기서 간과해서는 안 될 것이 있다. 신자유주의의 세계화란 어디까지나 자본가들의 세계화이지 근로자나 서민대중,

복지의 세계화는 아니다. 도리어 교육·의료·복지 등 사회 공공 서비스를 자유시장 질서를 가로 막는 규제로 보고 이를 철폐하고자 한다. 이렇기 때문에 신자유주의라는 미명 아래 공공재, 공동체의 이념, 전통산업, 전통문화 등은 사라지거나 아니면 쇼윈도에 진열하는 상품처럼 규격화되고 만다.

신자유주의가 최종적으로 추구하는 것은 사회의 모든 영역을 시장 논리화시키는 것이다. 한마디로 화폐 아래 국가, 종교, 교육, 문화, 예능, 개인, 양심, 가치관까지 모든 것을 집어넣고자 한다. 돈만 많이 벌면 모든 것이 정당화되고 심지어 천국이나 극락까지도 돈으로 갈 수 있다. 이런 신자유주의적 천민 자본주의 마인드가 대한민국 사회를 본격적으로 지배하게 된 시기가 IMF 경제위기 이후부터다.

## 굶주린 이웃 앞에서 다이어트를 고민하는 재벌

김대중은 대통령 선거 직후 당선자 신분으로 재벌 총수를 만나 기업 구조조정 원칙에 대해 합의했다. 주요 내용은 '경영의 투명성 제고, 상호 지급보증 해소, 재무구조 개선, 업종 전문화, 경영진 책임강화'의 5개항이었다. 이에 따라 재벌들은 핵심 주력사업을 선정하고 나머지 계열사를 대폭 축소해야 했다.

이 조치는 재벌들의 독점 소유형태를 청산하려는 것이었는데, 실제 효과는 그리 크지 않았다. 핵심 주력업종 선정을 놓고 재벌들끼리 부실 계열사를 빅딜하면서 업종 단순화, 경영 합리화 선에 머물고 말았고, 매출 비중의 감소도 10% 미만에 그쳐 가장 중요한 경제력 집중은 전혀 해소되지 않았다. 대한민국 경제를 파탄 낸 주범인 재벌들이 IMF기에 당한 고통은 폭식으로 찐 군살을 빼는 정도에 불과했다. 하지만 서민들은 피눈물을 흘려야 했다.

대기업은 구조조정이라는 미명하에 수많은 사람들을 실업자로 만들었고, 연관된 중소기업들이 줄도산하면서 어렵게 하루씩 연명하던 노동자들도 백수가 되어야만 했다. 여러 공기업도 구조조정을 당하며 매각되거나 해외자본에 잠식당했고, 여기 속했던 많은 사람들이 우수수 길거리로 나와야만 했다. 사고 친 당사자들은 멀쩡한데 열심히 일한 죄밖에 없는 사람들은 파산, 이혼, 노숙, 자살 등 엄청난 아픔을 겪어야 했다.

1998년 5월 16일 〈워싱턴포스트〉는 대한민국의 IMF형 생존범죄를 보도하며 "절도가 50% 늘었고 생활고를 비관해 매일 25명씩 자살한다"고 했다. 그해 9월 통계청에서 발표한 자료에 따르면 공식 실업률 7.9%, 실업자 수 157만 명이었으나, 실제로는 400만 명에 가까웠다고 한다.

IMF 여파로 서울역을 비롯한 각지에 수많은 노숙자가 생겨났고, 1998년 4월 보건복지부는 노숙자의 존재를 공식적으로 인정해야만 했다. 정경유착의 폐해로 탄생한 이 노숙자들을 친재벌 정권인 이명박 정부가 서울역에서 강제 추방하는 역사의 아이러니가 10여 년 후 벌어진다.

## 금 모으기와 IMF 조기 졸업, 한숨 돌린 재벌

1998년에는 '전 국민 금 모으기 운동'도 불이 붙었다. 전국 은행마다 금붙이를 손에 든 사람이 줄을 섰다. 소중한 사연을 간직한 금반지, 금목걸이, 돌반지, 결혼반지, 할머니 금비녀, 효도반지 등등이 장롱과 책상 속에서 쏟아져 나와 나라의 빈 곳간을 채웠다. 금메달을 내놓은 운동선수도 있었고, 김수환 추기경은 추기경 임직 때 받은 십자가를 내놓았다.

전국에서 350만 명이 참여해 당시 가격으로 22억 달러 정도 되는 227톤의 금을 내놓았다. 이중 224톤을 수출했고 나머지 3톤은 한국은행이 인수했다. 전 세계 언론은 금 모으기 운동이 '우리'라는 정서를 지닌 대한민국에서만 가능한 일이라며 감동했다.

1998년 2월에는 수출이 21%나 급증하여 32억 달러의 무역흑자를 냈다. 이중 금 수출액이 10억 5천 달러였다. 그해 연간 무역수지는 390억 달러 흑자를 기록해 외환사정이 대폭 좋아졌다.

그리고 드디어 2001년 8월 23일, 대한민국은 IMF에서 빌린 돈 195억 달러를 모두 갚았다. 대출 전액상환 예정일을 2년 8개월이나 앞당긴 것이다. 대한민국은 3년 8개월 만에 IMF 관리체제에서 벗어났다. 영국 〈더타임즈〉는 같은 날 사설에서 "그렇게 신속하게 벗어난 것은 극적인 성취"라며 대한민국에 찬사를 보냈다.

그러나 IMF를 극복하면서 받은 상처는 컸고 현실은 혹독했다. 국민들의 금붙이로 일어선 대한민국 경제도, 가장 진보적이라던 김대중 정권도 지구촌을 휩쓴 신자유주의를 이겨내지는 못했다.

이겨낼 의지나 전략이 부족해 재벌들에게 끌려다녔고, 재벌체제는 더욱 공고하게 굳어졌다. 이는 김대중 대통령이 세운 민주화 업적, 남북관계 해빙과는 다른 문제로, 어쩌면 정경유착의 기나긴 역사를 지니고 있는 대한민국 정치의 업보일 수도 있다.

김대중 대통령 역시 1997년 외환위기 와중에 치러진 대선 때 엄청난 정치자금을 동원했을 것이고, 이 과정에서 재벌을 확실하게 개혁하지 못할 어떤 관계가 형성되었을 것이다. 또한 당시 긴박했던 상황도 크게 작용했다. 국내 1위 기업이라는 삼성도 흔들흔들하면서 해외자본에 넘어갈 우려가 있을 정도였으니, 다른 재벌기업은 말할 나위가 없었다.

그래서 IMF 이후 재벌 개혁 관련 법안들은 오히려 완화되기까지 했다. 김대중 정부는 정치적으로는 상당한 진보를 이루었으나 경제적으로는 신자유주의에 완전히 포섭되고 말았다.

| 출총제 폐지, 부활, 무력화

IMF는 재벌들이 무분별하게 빚을 내서 투자한 것과 그걸 방조한 정경유착 때문에 외환위기가 일어났다고 지적했다. 그래서 김대중 정부는 재벌을 개혁할 절호의 기회를 갖게 되었고, 실제로 추진도 했다.

그러나 재벌 개혁의 상징인 출총제가 IMF 외환위기를 핑계로

1998년 2월 폐지된다. 당시 재벌들은 출총제 폐지를 위해 정경관언政經官言 유착을 십분 활용했다. 재벌이 뒤에서 은밀히 움직이고, 언론이 그럴듯한 명분으로 분위기를 잡고, 정치인이 애국적 태도로 제도를 만들고, 관료가 앞장서서 실행해 주었다. 이들은 "국내 기업에만 출자총액 제한을 적용할 경우 외국 기업에 비해 역차별을 당하는 것이며 구조조정에도 장애가 된다"는 명분을 내세웠다.

출총제 폐지 후 5대 재벌이 한 해 동안 출자한 금액이 약 7조9천억 원인데 이 가운데 96%인 7조6천억 원이 계열사 출자였다. 대기업의 자금이 자신들의 그룹 내에서만 빙빙 돌며 내부결속만 더 강화하는 꼴이 된 것이다.

김대중 정권은 외국자본의 적대적 M&A로부터 경영권을 방어해야 한다는 재벌들의 읍소에 순환 출자를 이용한 가공자본까지 허용해 주었다. 이런 계열사끼리의 출자는 장부상으로만 이루어지는 숫자놀음에 불과했다.

출총제를 폐지하자 양극화 현상이 더욱 심화되었다. 외환위기의 주범이었던 재벌의 선단식 경영과 무분별한 투자가 다시 일어났고, 김대중 정부는 2차 재벌 개혁을 추진했다.

IMF 직후인 1998년 1월 재벌들과 합의했던 경영 투명성 제고, 상호 지급보증 해소, 재무구조 개선, 업종 전문화, 경영진 책임강화의 5대 원칙에 '3대 보완책'으로 '재벌의 제2금융권 지배 차단, 순환출자 억제를 위해 출총제 부활, 부당 내부거래 및 변칙 상속증여 차단'이 추가되었다. 이렇게 제시된 '5+3 재벌 개혁안'에 의해 2001년 4월 출총제가 다시 부활하였고, 지배구조 투명화 목적으로 '지주회사 제도'가 도입되었다.

그러자 재벌들은 전경련을 중심으로 '출총제가 기업의 투자를 방해한다'며 조직적으로 저항했다. 당시 한 보수언론은 "공정거래위원회 때문에 기업하기 힘들다"라 보도하고, 또 다른 유력 일간지는 "출총제는 관료와 정치인들이 기업을 가렴주구하는데 쓰는 도구에 불과하다"고까지 썼다.

정부에서 재벌 개혁 정책을 추진하려 할 때마다 재벌들이 전가의 보도처럼 꺼내드는 수법이 '경제 불안'이다. 재벌들은 김대중 정부의 출총제는 물론 빅딜, 집단소송제도, 부채비율 한도, 계좌추적권 등에 대해서 '기업에 대한 간섭과 규제'라며 비난하고, 노사정 위원회 도입, 복수노조 인정, 전교조 합법화 등은 '노동시장의 유연성을 떨어트린다'고 비난했다. 게다가 의료·복지·연금·교육에 대해서는 '사회주의의 평등사상이 만연해 투자가 위축되고 성장률과 고용이 불안정하다'며 공격했다.

경기도 빠르게 침체되고 있었다. 1999년과 2000년 9.5%와 8.5%로 성장하던 경제가 2001년에는 3.8%로 추락했다. 예상대로 전경련과 보수언론은 파상공세를 폈고, 정부는 백기를 들고야 말았다.

날씨도 맑은 날과 흐린 날이 반복되듯이 경기도 상승과 하강이 반복되기 마련인데 이런 식으로 막강 자본이 기득권 매체를 통해 여론을 조작하니 재벌 개혁은 번번이 좌초됐다. 고통스러워도 꾸준히 체질을 개선해야 몸이 건강해지듯이, 조금 경제가 힘겹더라도 국민을 설득하며 재벌의 기득권을 해체시키는 '경제 체질 개선'을 해 나갈 리더가 필요하다. 결코 쉽지 않은 이 벽을 넘어설 사람이 대통령이 되어야 한다.

그해 11월 15일 김대중 정부는 출총제의 예외를 대폭 확대하는 방안을 발표했다. 기업 구조조정 및 투자 활성화를 유도한다는 명분으로 유상증자, 신규 핵심역량 강화, 기업 구조조정, SOC 등은 예외로 정해 기업이 얼마든지 신규투자 할 수 있는 길을 터주었다. 다음 날인 11월 16일 당시 노무현 민주당 상임고문은 "정부가 일부 재벌과 한나라당의 집요한 공세에 굴복했다"는 논평을 냈다.

2002년 들어 금융보험사의 의결권 제한도 크게 완화(30%까지 허용)해 주고, 상호출자의 제한을 받는 대규모 기업집단 기준도 '상위 30위'에서 '자산 2조 원 이상', 출총제 대상은 자산 5조 원 이상으로 느슨하게 만들어 대기업에게 특혜를 주었다. 그나마 '소수주주권'과 '회계 투명성 강화'가 김대중 정부의 재벌 개혁 업적이라고 볼 수 있다.

김대중 정부의 재벌 개혁은 어디까지나 IMF의 틀 내에서만 이루어져야 했다. 김대중 대통령의 재벌 개혁이 용두사미로 끝난 이유는 대통령 당선 시부터 연대한 자민련과 공동보조를 취해야만 하는 입장, 지역감정의 포로가 된 반反김대중 정서, 게다가 재벌과 수구언론들의 집요한 여론공작 탓이 크다. 그래서인지 김대중 정권은 토니 블레어식의 '제3의 길'을 추구하면서 구조적 개혁보다는 개인의 능력향상으로 방향을 선회했다.

## 허구적 신화, 신지식인

김대중 정권은 '부가가치 창출'이라는 구호를 즐겨 사용했다. 21세기를 지식기반사회로 규정하고 이 사회의 핵심을 이루는 신지식인Homo-Knowledgian이 되려면 부단히 높은 지식을 창조하여 자신의 부가가치를 높여야 한다고 강조했다. 신지식인은 기존 사고의 틀을 벗어난 새로운 발상으로 자신이 선택한 분야에서 새로운 가치를 창출하고 자아를 실현하는 사람이다.

당시 정부는 새빌이 주도하던 사회구조에서 희생만 당하던 서민들에게 이런 신지식이 되어야만 지식기반사회의 주체가 될 수 있다고 연일 노래했다. 국가 예산운영의 방향을 정하는 기획예산위의 국정개혁보고 회의석상에서는 "4500만 전 국민을 신지식인화해야 한다"는 말도 나왔다. 그러면서 신지식인을 발굴해 시상하고 국민적 붐을 조성하겠다고 했다.

그럼 국가에서 말하는 신지식인이 되려면 어떻게 해야 할까? 시간을 관리하고, 정보를 검색하면 메모하고 기록하는 습관을 들이고, 의사소통 능력과 외국어, 특히 영어를 유창하게 해야 한다. 그리고 무엇보다 자신의 일하는 방식을 개선하는 기업가정신이 투철해야 한다.

그러나 신지식인이란 국민 모두가 따라야 할 선악의 유형이 아니다. 그것은 몇몇 특수한 사람들이나 도달 가능한 엘리트 유형이다. 엘리트 교육은 결코 대중 교육이 될 수 없고, 되어서도 안 된다.

지금 대한민국은 세계 어느 나라에서도 볼 수 없는 지나치게 높은 대학 진학률 때문에 산업현장에 필수적인 인력이 절대 부족하게 됐다. 모두가 리더가 되길 원하는 잉여인력만 넘쳐나 엄청난 사회적, 경제적 낭비를 경험하고 있다. 오늘날의 이런 현상에는 모든 사람이 세계적 수준의 통찰력과 리더십을 갖길 원했던 김대중 정부의 '전 국민의 신지식인화' 정책도 한몫 했다.

신지식인은 교육학적으로도 바람직한 인간상이 아니다. 역사의식, 문화적 소양, 각 개인이 가진 다양한 소질을 길러주는 것이 올바른 교육인데, 신지식인은 인간의 전반적 가치보다 파편화된 전문성을 지나치게 강조한다.

또한 부가가치를 중시하는 신지식인은 경제적 가치에 따라 등급이 매겨지는 물신화物神化된 인간형이다. 이런 인간들에게 자족과 휴식은 사치다. 자기 분야에서 설령 최고가 되었다 해도 거기서 만족하면 안 되고 또다른 새로운 부가가치를 창출하기 위해 쉼 없이 자신을 단련하고 개선하고 개혁해야만 한다.

소수의 지배자들 중심으로 그 주변에 신지식인들이 포진하자 다수의 주변인들은 사회적 관심의 대상에서 배제되었다. 이것이

20 : 80의 사회다. 지금은 더 심화되어 1 : 99의 사회가 되고 있다. 소수의 지배자는 이 책에서 말하는 독점자본과 초국적 자본을 가진 '재벌'들이다. 신지식인들은 이들의 이익과 반칙적 권익을 위해 일하면서 이들이 던져주는 돈다발 속에서 산다.

재벌들은 학벌사회가 파기되는 것을 결코 원하지 않는다. 학벌사회에서는 학벌이라는 간판을 달면 그 내용이 허접하든 충실하든 상관없이 최고의 인재라고 대우해 준다. 재벌들 자신은 학벌에 목맬 필요를 느끼지 않는다. 필요하면 얼마든지 돈으로 좋은 학벌 간판을 이마에 붙일 수 있으나 굳이 그렇게 하지 않는다. 필요가 없는 것이다.

이들이 학벌사회를 후원하는 이유는 딱 하나, 자신들을 대신하여 민중을 설득하고 자신들에게 유리한 논리적 관점을 끊임없이 재생산해줄 사람들이 필요하기 때문이다.

재벌들에게 반감을 가진 사람이 점점 많아진다고 치자. 이럴 때 재벌들은 어떻게 하겠는가? 아무리 돈이 많다 해도 모든 사람의 호감을 살 만큼 돈을 뿌릴 수는 없다. 이럴 때 서열화된 대학의 최정점에 있는 학벌쟁이들을 고용하여 자신들을 위해 변론하고 사회적 방어막을 치게 한다.

"학벌 그거 별 거 아니다."

"학벌 좋은 사람이란 그저 국·영·수 조금 잘한 정도일 뿐이다."

이런 말이 자연스럽게 통용되는 건전한 사회라면 학벌쟁이들의 변론도 잔소리 정도로 웃어넘기겠지만, 대한민국 같이 공고한 학벌사회에서는 일반 대중들이 다르게 받아들인다. 학벌 좋은 사람은 실력과 판단력, 통찰력을 지닌 최고로 유능한 사람이라 생각하고 무슨 말을 하든지 그 저의와 진의를 따지지 않고 그대로 수용한다. 이래서 재벌 개혁은 항상 공수표가 되고 만다.

## 교육을 삼킨 재벌

서민을 위한다는 김대중 정권이 전 국민을 재벌이 가장 좋아하는 '신지식인'으로 만들겠다고 설쳤다. 이제 자본은 교과과정 및 교육 내용까지 지배하게 되었다. 돈이 안 되는 기초과학, 인문학, 성찰적 학문은 모두 경쟁력 떨어지는 불필요한 학문이 되고 말았다.

'어떤 것이든 돈이 될 만한 한 가지에 집중하라.'

이것이 '신지식인' 교육의 핵심이다. 영어 조기교육, 체육 조기교육, 컴퓨터 조기교육 등 조기교육을 통해 아이의 특성을 발견하고 전문성을 길러주어 재벌이 원하는 부가가치를 창출하는 인재로 만들려고 했다. 결코 상품이 되어서는 안 되는 공교육에마저 경쟁을 도입하였고, 공교육이 책임져야 할 민주시민으로서의 기본자질, 예의범절, 교양 있는 국민으로 성장하도록 돕는 교과 내용은 쓰레기통에 처박혔다.

교육은 또 하나의 상품으로 전락했다. 인기 있는 상품이 되려고 학교나 교사까지도 상품화를 추구하게 되었다. 김대중 정권 시기에 학생 선발과 교육과정 편성 및 운영, 납입금 책정 등에서 자율성이 보장되는 자립형 사립고가 대폭 허가되었다. 더 이상 공교육에서 인성 교육, 공동체 교육을 찾아볼 수 없게 되었다. 오직 입시, 입시 하나에만 매달리는 것을 사회에서는 교육이라고 불렀다.

이러다보니 역설적인 현상들이 나타났다. 정부에서 부르짖은 신지식인이 되려면 새로운 부가가치를 만들 수 있는 힘인 창의력과 상상력이 풍부해야 한다. 하지만 교육을 많이 받은 사람일수록 이 창의력과 상상력이 빈곤해졌다.

재벌이 원하는 인재란 기발한 창의력과 상상력을 가진 사람이 아니다. 돈으로 현금화가 가능한 창의력, 자본의 지배를 뛰어넘지 않는 상상력을 가진 인재여야만 한다. 오직 재벌의 품안에서 재벌의 부를 늘려주고 봉사료를 받아가는 정도의 창의력만 가져야 한다. 이런 정형화된 틀에 맞는 사람이 재벌이 원하는 인재다.

이런 수준의 인재도 단숨에 만들어지는 것이 아니다. 설혹 일순간 그 반열에 올라섰다고 해도 방심하면 바로 추락한다. 이런 사람들은 평생학습 패러다임 속에 갇혀 하얀 머리의 노년이 되어도 쉬지 못하고 새벽반 영어학원에 다니거나 날밤을 새우며 논문을 쓴다. 재벌에 종속된 언론들은 이들의 학구열을 본받으라며 적극적으로 미화해댄다. 신지식인의 길을 추구하다보면 요람에서 무덤까지 한순간도 마음을 놓거나 여유를 즐기지 못한다.

이런 바람을 타고 1997년 이후 대한민국 출판가에 '자기계발서' 붐이 일었다.《부자 아빠 가난한 아빠》《누가 내 치즈를 옮겼을까》《아침형 인간》《시크릿》《긍정의 힘》 등 부가가치를 창출해 돈 잘 버는 신지식인이 되기 위한 마인드 컨트롤과 의사소통 테크닉, 시간관리를 가르쳐주는 책들이 큰 인기를 끌었다.

## 누가 내 치즈를 옮겼을까?

이 시기 국민들의 마음을 정확하게 대변해 주는 TV 광고가 있었다. 하얀 눈밭에서 스타 김정은이 손나팔을 만들고 "여러분~, 모두 부~자 되세요, 꼭이요!!"라고 희망차게 외치던 BC카드 광고다. 어둡고 긴 IMF 신탁통치의 터널을 간신히 빠져 나오자 국민 모두가 '성실하게 자기계발을 해야만 부자가 될 수 있다'고 생각하던 시기다. 너도나도 지하철, 버스, 집에서 펴본 책이 《부자 아빠 가난한 아빠》였고, 이 책을 읽으며 가난한 아빠처럼 되지 말고 부자 아빠가 되겠다는 다짐을 하고 또 다짐했다.

미국에서 태동된 자기계발서는 대체로 재벌의 구미에 맞는 내용으로 구성되어 있다. 1980년대부터 미국에서는 다운사이징(downsizing, 기업의 감량경영)의 영향으로 수천만 명이 일자리를 떠나는 가운데 많은 기업인들이 《누가 내 치즈를 옮겼을까》를 대량 구매해 직원들에게 읽혔다. 메릴린치의 부회장 레리 해리스도 '통찰력과 변화의 흐름을 알기 쉽게 설명한 책'이라고 극찬하며 모든 직상인이 읽어야 할 책이라고 적극 권했다.

이 책에서 '치즈'는 '직업과 돈, 건강, 명예' 등을 상징한다. 이 치즈가 갑자기 사라졌을 때 변화를 인정하지 않고 누가 치즈를 가져갔는지 분석을 거듭해 보지만, 원망과 분노만 쌓일 뿐 아무런 해결도 되지 않고 소용이 없다. 그러나 이 변화를 받아들이고 또 다른 미로를 헤치며 나가면 새로운 치즈 창고를 발견하게 된다.

낯익은 환경에 안주하지 말고 변화하는 상황에 맞게 대처해야 세상의 낙오자가 되지 않는다는 결론이다. 이 책의 취지는 수십 년 동안 다니던 회사에서 갑자기 해고당하더라도 부당하다고 맞서 싸우면서 시간을 허비하지 말고 재빨리 변신하여 새로운 직장을 찾아 나서라는 것이다.

신지식인은 현실에 안주하지 않고 새로운 치즈를 찾아 평생 동안 돌아다니는 유목민이다. 그래서 '신지식인'이라는 화두는 시스템의 문제를 개인의 문제로 치환해버린다. 즉 재벌들의 탐욕으로 경제 위기가 온 것인데 그 부분은 싹 감추고, 네 동료는 능력이 떨어져서 회사에서 잘렸으니 너도 퇴출당하기 싫으면 열심히 자기 계발하면서 경쟁력을 높이라는 논리다.

이 영향으로 사회의 모순을 해결해보려는 집단시위가 대폭 줄었다. 김대중 집권 직전인 1997년 13만4405발이던 최루탄 발사량이 1998년에는 3403발로 줄었고, 1999년 이후에는 최루탄 발사가 아예 없었다. 이는 구조의 변화를 시도하려는 사회적 역동성이 현격하게 줄어들고, 서민들이 종교인처럼 '내 탓'이라고 자학하는 분위기로 돌아섰다는 것을 보여주는 수치다.

## 더욱 비참해진 일반 대중의 삶

김대중 정부는 재벌·금융·노동·공공 부분의 구조조정을 통해 외환위기를 극복했다. 그러자 산업동향이나 경제성장도 개선되었고 실업률도 1998년의 6.8%에서 2001년 3.7%로 감소했다. 그러나 비슷한 기간 고용의 형태는 1997년 18만 명이던 비정규직 노동자가 1999년 96만 명으로 폭증했다. 비정규직 노동자 중에서도 임시 일용직의 증가가 대다수였다. 한마디로 대한민국 사회를 배경으로 《누가 내 치즈를 옮겼을까》의 상황이 그대로 일어난 것이다. 그 치즈는 외환위기의 주범인 재벌들이 먹어치웠다.

그렇다면 부당하다며 맞서 싸우고 재벌의 탐욕을 제어하는 장치를 마련하기보다 '새로운 치즈를 찾아' 일용직으로 떠났던 사람들의 삶은 어떻게 되었을까?

예전보다 더 비참해졌다. 1997년 228만 원이던 도시근로자 월평균 가구소득은 2002년 280만 원이 되었다. 같은 기간 소득 기준으로 상위 10%는 월 509만 원에서 687만 원으로 187만 원이나 상승했다.

그러면 하위 10%는 어떠했을까? 이들의 1997년 월평균 소득은 73만 원이었는데 2002년에 이르러 겨우 10만 원 오른 83만 원에 불과했다. 상위 10%가 187만 원 오르는 동안 전체 평균은 52만 원, 하위 10%는 10만 원 올랐다. 고소득을 올리는 상위 소득자들은 눈덩이처럼 돈이 불며 여유 자금으로 주식이나 부동산 등 재

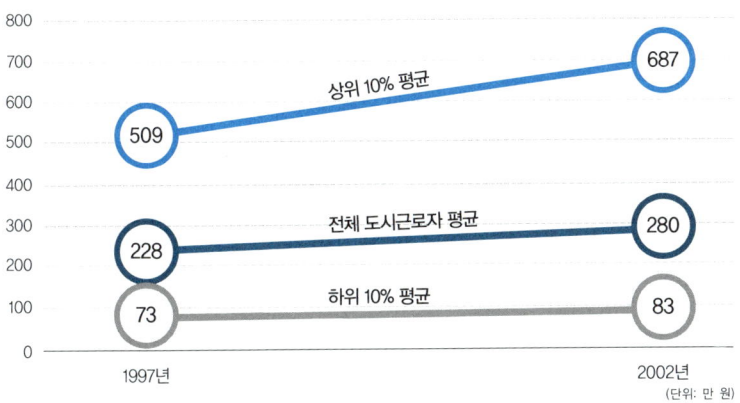

월평균 가구소득 변동 추이

테크를 통해 더 큰 부를 쌓아 갔다.

가구의 소득 수준과 관계없이 통계를 내는 전 가구의 근로소득 비중은 1997년 84.9%에서 2001년 83.4%, 2006년 78.8%로 해마다 줄고 있다. 그러나 부동산이 가구소득에서 차지하는 비율은 1997년 2.1%에서 2001년 6.8%, 2006년 7.7%로 크게 늘었다.

이는 사회가 점차 근로소득만으로는 부자가 되기는커녕 평범한 생활조차 하기 어려운 시대로 흘러가고 있다는 뜻이다. IMF는 대한민국 사회를 자산(금융과 부동산)소득이 없이 순전히 근로만 해서는 성공하기 어려운 시대로 만들어 놓았다.

이처럼 구조개혁을 등한시하고 일단 나 좀 살고보자고 모두가 새 치즈를 찾아 떠난 결과는 더 극심한 소득 양극화 현상이 되어 돌아왔다. 물론 그런 삶을 살도록 충동질한 정부와 언론, 그 뒤에 선 재벌의 책임이 더 크다.

## 아랫목만 펄펄 끓었다

김대중 대통령은 1999년 2월 21일 취임 후 세 번째 갖는 '국민과의 대화'에서 '윗목 아랫목론'을 이야기했다. 차가운 온돌방에 불을 때면 우선 아랫목에 온기가 돌고 차츰 윗목까지 따뜻해진다는 말로 대기업부터 우선 살리고 보면 나머지도 차차 좋아지지 않겠냐는 뜻이었다. 그러나 당시 경제상황은 아랫목에서 윗목으로 가는 중간의 구들장이 무너져 아랫목은 찜질방처럼 후덥지근했고 윗목은 서리가 내릴 만큼 차가웠다.

그해 고용동향은 상용근로자 비중이 29.3%로 1990년 이후 가장 낮았고, 일용직 근로자 비율은 1년 전의 28.5%에서 32.5%로 뛰어올라 서민들은 고용 불안에 시달렸다. 반면 현찰을 쥐고 있던 부유층들은 고금리와 주가호황에 힘입어 큰 수입을 올리고 있었다.

아랫목은 너무 따끈거려 명품이 날개 돋친 듯 팔리고 해외여행객을 실은 비행기는 늘 붐볐다. 그러나 신자유주의의 논리에 따라 강제 퇴출 등으로 실업자가 된 윗목 사람들은 매일매일 생계의 위협을 받으며 근근이 살아갔다.

김대중 대통령의 윗목 아랫목론은 이처럼 사회적 안전망 없이 윗목에서 추위에 벌벌 떨고 있는 사람들에게 '조금만 더 참아달라'는 상투적인 말이었다. 집권층은 이런 상투적인 말을 10여 년이 훨씬 지난 2012년 지금까지도 '낙수효과' 운운하며 여전히 써먹고 있다.

1999년 8월 26일 대우의 핵심계열사 12곳이 워크아웃되었다. 대우는 70조 원의 빚을 남기고 공중분해 되었고 김우중 회장은 해외를 떠도는 신세가 됐다. 그리고 대우가 진 100조 원 가량의 빚을 국가가 떠안으며 또 다시 수십만에 달하는 소액주주와 국민들이 유무형의 피해를 봐야만 했다.

평소 대우 김우중 회장은 '부채도 자산'이라는 지론으로 '차입경영'을 통해 세계정복을 시도했는데, 그 실체가 1998년 말부터 드러나기 시작한 것이다. 1996년 6월 대우의 장부상 순자산가치가 14조 원이라 했는데, 실사 결과 오히려 마이너스 29조 원으로 나타났다. 그동안 분식회계로 속이고 있었던 것이다. 김우중 회장을 믿고 빌려준 돈은 결국 모두 허공으로 날아가 버렸다. 부도덕한 재벌총수 한 사람이 수많은 서민을 파탄으로 몰아넣은 것이다.

## IMF는 이겨냈지만…

김대중 대통령은 국제통화기금IMF 진입 5주년을 맞이해 "지난 5년간 위기를 기회로 바꾸는 국민들의 저력 덕분에 여기까지 올 수 있었다. 구조조정 과정에서 서민층과 중산층의 생활안정이 충분치 못해 안타깝다"는 말을 남겼다.

자신의 임기와 함께 시작한 IMF는 이겨냈으나 빈부격차는 더 심해졌다. 김대중 대통령은 분명 '윗목 아랫목'에 대해서 이야기했다. 3년이라는 시간이 지났으니 윗목에도 이제는 훈기가 돌아야 하지 않을까? 하지만 여전히 차가웠다. 왜 윗목으로 지글지글 끓는 아랫목의 열기가 전달되지 않았을까?

국민의 정부는 초창기 IMF의 강요로 초 고금리 정책을 시작했고, 실업대책의 일환으로 코스닥 시장을 만들고 벤처 특별법도 제정했다. 그러자 20, 30대 창업 열풍이 불며 수많은 IT 벤처기업이 탄생했다. 이 덕분에 인터넷 가입자가 천만 명을 넘어섰고, 전자정부가 자리를 잡았으며 국내 IT산업 생산도 1997년 76조 원에서 2002년 189조 원으로 크게 늘었다.

그러나 꿀단지에 파리가 꼬이듯이 벤처 육성에 엄청난 돈이 투입되자 별의별 브로커가 끼어들어 각종 '게이트'가 터지고 정권의 신뢰도는 바닥을 쳤다. 경기를 살리고 증시를 부양하기 위해 어쩔 수 없었다던 신용 및 통화 팽창 정책은 조일 곳과 풀 곳 그리고 그 시점의 선택이 매우 중요한데, 국민의 정부는 이 운용을 적절하게 하지 못해 가진 자들에게 더 많은 부가 쏠리게 하였다.

비록 김대중 정부가 신자유주의를 수용하며 재벌들이 더 많은 부를 쌓게 하는 실책을 하기는 했으나 사회적 약자에 대한 정책도 내놓았다. 기초생활보장제도, 건강보험 등의 복지정책이 바로 그것이다. 1990년대 GDP 대비 사회복지 지출 비율이 4.25%이던 것이 김대중 정부 들어 GDP 1만 달러를 달성한 2001년에 8.7%로 증가했다.

그러나 같은 1만 달러일 때 미국은 13.49%(1978년), 독일은 22.52%(1979년), 일본은 23.96%(1984년)였다. 그리고 OECD 22개국의 평균은 20.4%다. 우리는 여기 절반도 미치지 못했다. 이 수치가 대한민국의 현주소다.

**CHAPTER 05**

# 서민을 위한 정부는 없다

"정몽준, 노무현을 버렸다."

대선 당일인 2002년 12월 19일의 〈조선일보〉 사설 제목이다. 대선 시작 직전 정몽준과 노무현은 후보 단일화에 합의하고 공동 유세를 펼쳤으나 투표를 불과 8시간도 남기지 않은 18일 밤 10시 30분, 정몽준은 '노무현 후보 지지 철회' 성명을 발표했다. 노무현과 신대위원장인 정대철 등은 급히 평창동 정몽준의 자택을 찾아갔으나 문전박대를 당했다.

당시 여론은 노무현 후보가 정몽준이 요구했던 정부 내 주요요직의 지분을 거절하며 했던 "실패한 대통령이 되느니 실패한 대통령 후보로 남겠다"는 말대로 될 것이라 예측했다. 그런데 국민들도 재벌 정몽준의 뒤를 졸졸 따라 노무현을 버렸을까?

## 서민 대통령에게 기대를 걸다

16대 대통령 노무현도 역대 대통령들처럼 후보 때는 '재벌 개혁'을 외쳤다.

노무현 대통령이 내걸었던 선거 공약은 '출총제 유지, 계열사 간 상호출자와 보증 금지, 상속증여세 완전 포괄제, 금융회사 계열분리 및 청구제 도입, 종업원 지주제와 성과배분제 정착, 비정규직과 정규직 동일대우, 7% 경제성장, 250만 개의 일자리 창출, 물가상승률 3%대 유지, 호주제 폐지, 사회적 차별금지법, 진료비 총액 상한선제 도입' 등으로 국민들에게 공감을 얻으며 큰 기대를 모았다.

당시 경실련이 주최하는 대선 후보 초청 토론회에서 노무현 후보는 "국민의 정부가 택한 재벌 개혁의 방향이 옳고 성과도 있었으나 정권 말기에 다시 과거로 회귀하는 조짐이 있다"면서 "대기업의 불공정 경쟁, 부당 세습, 왜곡된 지배구조와 불투명한 경영을 바로 잡겠다"고 했다. 그러나 대통령에 당선된 후 사석에서 "개혁의 역점은 정치에 두고 경제는 안정 위주로 가겠다"고 밝혔는데, 그 순간 한 참석자는 '경제 개혁은 물 건너갔구나'라는 느낌을 받았다고 한다.

노무현 정부의 출범도 역시 역대 정권들처럼 재벌들로부터 자유로울 수는 없었다. 재벌이 정치권에 돈을 줄때 그냥 줄 리는 만무하다. 청탁성 내지는 보험의 성격으로 돈을 건네는 것이다. 검찰이 밝혀낸 2002년 불법 대선자금이 한나라당 823억 원, 노무현 측 119억 원이었다. 이에 관련된 정치인 13명이 구속, 19명은 불구속 기소되었다.

## 만약 김종인이 노무현 옆자리에 앉았다면…

국가의 경제를 진두지휘하고 재벌 혁파 등의 개혁을 하려면 누구에게 힘을 실어줘야 할까? 대한민국의 국가원수는 대통령이다. 그 밑에 총리급인 국회의장, 대법원장, 헌법재판소장, 국무총리, 중앙선거관리위원회 위원장이 있고, 그 밑에 부총리가 있다.

부총리 제도는 MB 정부 출범과 동시에 잠정 폐지되었지만 과거 정부에서는 주요 관심사와 국정 현안에 따라 담당 부서의 장관이 겸임하도록 대통령이 지명했었다. 주로 경제가 중요했기에 경제부총리가 있었고, 시대에 따라 통일부총리, 교육부총리, 과기부총리가 있었다. 참여정부 시기에도 경제성장과 개혁에 힘을 실어주기 위해 경제부총리 제도가 있었다.

노무현 정부의 초대 경제부총리로는 처음부터 김종인이 유력했었다. 김종인이 누구던가, '헌법 119조 2항'의 김종인 아니던가!

김종인은 민정당 의원으로 경제 분과위원장일 때 경제민주화의 절대적 가치를 지닌 '헌법 119조 2항(국가는 균형 있는 국민경제의 성장 및 안정과 적정한 소득의 분배를 유지하고, 시장의 지배와 경제력의 남용을 방지하며, 경제주체 간의 조화를 통한 경제의 민주화를 위하여 경제에 관한 규제와 조정을 할 수 있다)'을 만들었다. '반 신자유주의' 성향인 이 조항을 재벌들은 '헌법 개정 때 반드시 폐지해야 할 조항 1순위'로 꼽는다. 이 헌법 조항을 근거로 국가 공권력이 시장의 경제력 남용을 방지하고 적정한 소득 분배를 유지하는 규제와 조정을 행사한다.

더구나 김종인은 한국에서 '반 재벌인사'로 가장 유명한 사람이다. 그는 1968년 독일의 학생운동이 한참 고조되었을 때 독일에서 유학하며 현장을 직접 본 경제학자다. 그리고 국내에 돌아와 서강대 교수로 재직할 때인 1977년 박정희 대통령을 설득해 '노동자 대상 의료보험'을 처음 도입하도록 했다. 노태우 정권에서 경제수석을 지낼 때는 '재벌의 비업무용 부동산 매각'을 성사시켜 전국의 투기 열풍을 잡았다. 그때부터 재벌들은 김종인을 '빨갱이'라 불렀다.

역대 정권들마다 유능하고 올곧은 김종인을 중용하려 했으나 재계 쪽에서 워낙 강하게 거부 반응을 보이는 바람에 번번이 무산되곤 했다. 그는 무엇보다 금융과 시장의 무절제가 가져올 위험성을 잘 알고 있었다. 이런 그를 재벌과 재벌의 광고로 먹고사는 일부 언론 그리고 재벌의 자금에서 자유롭지 못한 정치권에서 경제부총리가 되도록 놓아둘 리가 만무했다.

이번에도 역시 재계를 비롯한 언론계 일각에서 '김종인 불가론'이 터져 나왔다. 그렇지 않아도 투자 심리가 위축되고 있는데 재계와 불편한 강성 인물이 전면에 나서면 곤란하다는 식이었다. 게다가 희한하게도 노무현 당선자의 일부 측근까지 김종인 불가를 주장하고 나왔다. 이래서 정치인들을 믿을 수 없다.

결국 막판에 재경부 출신의 국무총리실 국무조정실장인 김진표가 성제부총리로 결정되었다. 김진표는 김종인과 달리 '재계 친화적 인물'이었다. 재계는 김진표의 등장에 크게 안도하며 환영했고, 김진표 경제부총리는 첫 일성으로 "경기를 활성화하기 위해 기업의 세금 부담을 줄이겠다"고 했다.

이때 김진표가 한 일이 '법인세 감세' 추진이다. 이는 대선 당시 한나라당 이회창 후보의 공약이었고, 노무현 후보는 "법인세를 2% 줄일 경우 세수가 1조5천억 원이 줄어드는데 이중 3천억 원 정도만 중소기업에 혜택이 돌아가고 나머지 1조2천억 원은 전부 대기업의 차지다"라고 수치까지 들어가면서 반대했다. 그랬던 노무현 대통령이 김진표 부총리의 법인세 감세안에 대해 승인을 하자 엄청난 반발 여론이 일어 결국 보류하고 말았다.

그러나 이 소동을 통해 김진표 경제팀의 대기업 친화적 정책 성향을 투자여력이 있던 사람들이 감지했고, 사상 최악의 아파트값 폭등사태로 이어졌다. 노무현 후보가 이회창 후보를 누르고 대통령으로 확정되었을 때 부동산 전문가들은 노무현 정권에서 집값만큼은 5% 이내로 안정세를 보일 것이라 예측했다. 그러나 재벌 개혁론자인 김종인이 아닌 김진표가 재정경제부 장관이자 경제부총리가 되면서 부동산 부양책을 내놓자 아파트 가격에 불이 붙었다.

김종인이 참여정부 초대 경제부총리가 되었더라면 적어도 노무현 정권의 최대 실책인 부동산 가격 폭등만큼은 없었을 것이다.

## 노무현과 삼성, 도대체 어떤 관계냐

노무현 대통령은 "삼성의 힘이 지나치게 세져 독주가 우려 된다"

고 하면서도 '삼성 프렌들리 대통령'이란 오명을 얻을 만큼 삼성 친화적이었다. '삼성의, 삼성에 의한, 삼성을 위한 정권'이라 불리는 이유가 있다.

참여정부 출범을 목전에 둔 2003년 2월, 삼성경제연구소가 입안한 '국정과제와 국가운영에 대한 아젠다'가 대통령직 인수위원회에 전달되었다. 그리고 몇 개월 뒤부터 그 안에 담긴 '동북아 금융허브 방안', '산업 클러스트 조성안', '국민소득 2만 달러 추진' 등의 내용이 착착 참여정부의 정책으로 발표되기 시작했다. 그래서 국정의 향방을 읽으려면 삼성의 손가락을 보라는 말까지 나왔다.

특히 참여정부가 '일자리 창출 및 신 성장동력'을 명분으로 적극적으로 추진했던 법이 '기업 도시법'이다. 이 법은 세계적으로 전무후무한 재벌 특혜법이라 불리고 있다. 이 법에 의하면 특정지역에 기업이 도시를 만들 경우 토지수용권, 토지처분권 등 '국가의 고유 권한'을 기업이 대신 행사할 수 있다. 즉 일정한 보상만 하면 '기업이 국민의 사유재산을 수용할 수 있다'는 법안이다. 해외에서도 기업이 도시 전체에 대해 수용권을 행사한 적은 아직 없다.

한 재벌이 도시 전체를 사유화하면 그 안의 도로, 상하수도, 주택, 학교, 병원 등을 자의적으로 계획하고 건설하고 운영할 수 있게 된다. 바로 삼성랜드, 삼성시를 지을 수 있도록 국가가 공식적으로 허락하는 셈이 되는 것이다. 삼성은 이 법에 대해 적극 환영하며 한 술 더 떠 '기업 도시 정책에만 국한하지 말고 기업 관련규제까지 과감하게 풀어주기'를 바랐다.

청와대 정책기획위원장이던 이정우 현 경북대 교수에 의하면 2005년 7월 5일 국무회의 석상에 올라온 금융산업의 구조 개선에 관한 법, 통칭 '금산법 개정안'도 '재벌 봐주기'의 의혹이 짙다고 한다. 당시 삼성이 계열 금융사를 통해 다른 계열사 주식을 취득했는데 이는 금산법 위반이었다.

2006년 12월 국회에서 금산법 개정안이 통과되었다. 이 개정안에는 재벌이 그간 그룹 산하의 계열 금융사에 맡긴 고객의 돈을 주머닛돈처럼 사용해온 관행을 막기 위해 금융자본과 산업자본을 분리하는 내용이 담겨 있다. 이에 따라 금융회사는 비금융회사 지분을 5% 이상 소유할 수 없게 되었다.

그러나 이 법에 유예기간을 두어 '삼성 봐주기' 논란이 일었다. 금융회사가 1997년 3월 이전에 동일 기업집단 내 비금융계열사의 주식을 5% 이상 취득했을 경우에는 그 초과분에 대해 5년 이내에 자발적으로 해소하도록 예외를 인정해주었다. 이로 인해 당시 삼성카드가 가지고 있던 에버랜드의 지분 25.64% 중 5% 초과분인 20.64%의 처분 시기를 2012년까지 5년간 늦출 수 있게 되었다.

삼성은 1996년 '에버랜드'를 핵심으로 에버랜드-삼성생명-삼성전자-삼성카드-에버랜드의 순환출자 구조를 완성했다. 따라서 삼성의 지주회사격인 '에버랜드'를 차지하는 사람이 삼성그룹의 지배자가 된다. 현재 삼성에버랜드의 최대 주주는 이건희 회장의 아들 이재용이다. 이재용은 1991년 삼성그룹에 입사했고 지금은 삼성전자 사장으로 삼성에버랜드의 지분 25%를 갖고 있

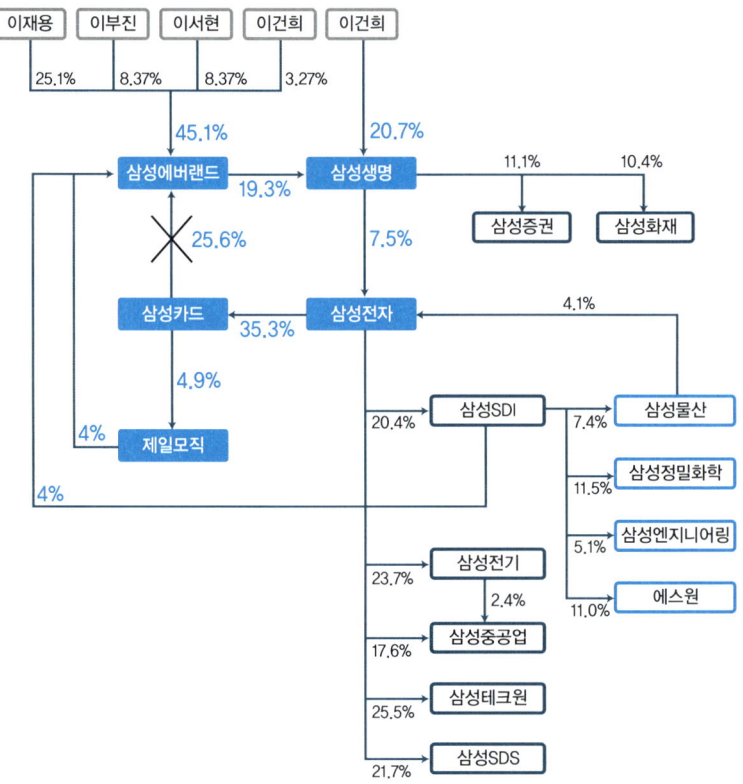

다. 이제 5년이 다 된 지금 삼성카드는 에버랜드 초과 보유 지분 20.64%를 매각해야 한다. 금융위원회는 2012년 8월 16일까지 에버랜드 초과 보유 지분을 처분하라는 명령을 내렸다. 이 조치로 순환출자 구조는 깨질 수 있으나, 이건희 일가의 지배구조에는 큰 영향이 없을 전망이다.

## 구더기 무서워서 장 못 담그다

참여정부 초기인 2003년 12월 '시장 개혁 3개년 로드맵'을 수립해 기업 지배구조 개선과 투명화, 재벌의 금융지배 차단 등을 추진했다. 정책의 예측 가능성을 높이고 시스템에 의한 국정운영을 해 시행착오를 방지하고 정책의 효율성을 높인다는 취지로 각종 로드맵을 작성했는데, 시장개혁 로드맵도 그 일환이었다. 이 로드맵에서 '출총제를 유지하되, 3년 후 기업의 소유구조가 개선되고 시장감시 장치가 정착되면 폐지 여부를 검토한다'는 여운을 남겼다.

노무현 대통령은 참여정부 초기부터 의아할 정도로 기업의 힘을 과도하게 의식했다. 단기적으로는 기업이 정부의 제약을 받으나 장기적으로는 정부정책도 기업이 움직여 갈 수밖에 없다는 시각을 내비쳤다.

기업의 투명성과 책임성은 시장의 공정성을 위한 기본이다. 이런 기본은 인센티브의 대상이 아니다. 정부는 재벌 개혁을 내세우면서도 반발하는 재벌의 눈치를 보며 각종 단서 규정으로 달래려고 애를 썼다.

2002년 경제성장률이 신용카드 남발과 부동산 경기 상승에 힘입어 7.0%로 다시 높아졌다. 이 수치는 어디까지나 빚내서 과소비한 거품 성장이었다. 결국 거품이 터졌고, 2003년 경제성장률은 2.8%로 주저앉았다. 그 고통은 모두 서민이 떠안아야만 했다.

전경련을 비롯한 여론 주도층은 '국민의 정부' 때처럼 '경제위기론'을 들먹이며 참여정부의 재벌정책을 흔들었다. 여당 안에서조차 일부가 여기에 동조했다. 전경련은 끊임없이 출총제 때문에 투자를 못한다고 주장했다.

그러나 공정위는 2004년 4월 1일 현재 재벌의 총 출자액 34조 9천억 원 중 실제 규제대상은 15조9천억 원에 불과하며 이는 순자산 141조 원의 11.3%에 지나지 않는다고 발표했다. 즉 얼마든지 출자할 수 있는 돈이 19조3천억 원이나 남아 있어서 출총제에 묶여 투자를 못한다는 주장은 사실이 아님이 드러났다.

재벌 계열 카드사가 방만한 경영을 하여 신용불량자를 양산하고 금융시장을 혼란에 몰아넣어 경기침체가 발생했음을 뻔히 알면서도, 언제나 그래왔듯이 오피니언 리더들은 재벌의 견해를 반영한 나팔수 역할을 충실히 했다. 정권은 몇 번씩 바뀌었지만 개혁 편에 서서 힘을 실어주는 아군은 언제나 극소수거나 아예 없었다.

## 노무현 대통령 탄핵과 4대 개혁입법

2004년 3월 12일 노무현 대통령 탄핵소추안이 국회에서 가결되고 말았다. 그리고 1달 후인 4월 15일 실시된 총선에서 집권여당인 열린우리당이 전체 299석 중 152석을 얻었다. 당시 소위 '탄돌이(탄핵의 후광효과 덕분에 쉽게 국회의원이 된 사람들)'라 불리는 국회의원들이 내서 탄생했다. 그리고 여당인 열린우리당과 민노당 9석을 합치면 자칭 진보개혁세력이 원내 과반수를 넘었다. 이는 노무현 대통령과 집권여당에게 하늘이 내려준 재벌 개혁의 기회였다.

그 후 5월 15일 헌법재판소에서 탄핵안이 기각되자 노무현은 대통령 직무에 복귀하면서 "개혁을 저지하고 자기에게 불리한 정책을 유리하게 바꾸려고 위기를 과장해서 주장하여 국민을 불안케 하는 일은 없어야 한다"는 대국민 담화를 발표했다. 상황의 핵심을 찌른 성명서였다. 경제위기론이 유포되고 확대 재생산되더라도 '시장 개혁 로드맵'을 밀고 가겠다는 강철 같은 의지 표명으로 국민들은 받아들였다.

5년 단임 대통령이 소신대로 일할 수 있는 기간은 기껏해야 초기 2년 이내다. 1년여를 시달렸던 야당의 탄핵 회오리를 떨친 참여정부는 2004년 17대 첫 정기국회 때부터 '4대 개혁입법(국가보안법, 사립학교법, 과거사진상규명법, 언론관계법)'을 추진했다. 이를 한나라당은 '4대 국론분열법'으로 규정하고 필사적으로 저항했다. 국회는 처음부터 파행을 거듭했다.

정부와 여당은 국가보안법은 박물관에 보내야 할 유물이니 개정 및 폐지해야 하고, 사립학교법은 학교법인 이사회에 개방형 이사와 공익 감사를 선임하고 학교법인 임원 중 친인척 비율을 4분의 1로 축소하자고 했다. 언론관계법은 시장 지배적 사업자에 한해 공정거래법상 규제 도입 등이 주요 내용이었다.

과거사법은 당초 여당의 과거사 태스크포스팀의 안보다 조사 범위가 축소되었다. 일본 강점기와 광복 후 건국까지의 공권력 피해 사건은 제외하고 1948년 건국 이후로 조사 시점을 늦췄다.

특히 현재의 재벌구도와 재벌의 고질적 문제를 잉태한 미군정하의 적산불하 문제를 제외한 것은 통탄할 일이다. 대한민국 재벌이 환골탈태하기 위해서는 반드시 이 문제를 정리해야만 한다.

4대 개혁 법안은 독재정권하에서도 정통 야당의 오랜 숙원 과제였다. 김대중 정부는 여소야대라 불가능했고 비로소 개혁 지칭 세력의 국회 과반수 확보로 입법화의 기회를 만나게 되었다.

그러나 한나라당을 중심으로 한 보수진영의 거센 저항에 부딪쳤다. 일본 강점기부터 해방 이후 근현대사까지 특권을 누려온 세력들은 4대 개혁입법이 시장경제체제와 국가안보의 근간을 흔드는 것처럼 여론을 선동했다. 국회 본회의장이 점거되는 등 온갖 진통 끝에 4대 개혁입법 중 언론관계법만 겨우 통과되었다.

군부정권과 문민정권의 50년을 거친 후 처음으로 행정부와 입법부를 동시에 장악한 개혁적 노무현 정권이라지만 뜻대로 국정개혁을 이루지는 못했다. 기득권층의 여론 왜곡과 매카시즘도 개혁 저지에 큰 걸림돌이었지만, 이런 반작용을 충분히 예견했음에도 불구하고 효율적인 대응 방안을 치밀하게 마련하지 못한 탓이 가장 컸다.

사학법 개정안은 2005년 12월 9일에 와서야 한나라당의 원천반대를 뚫고 재석在席 154, 찬성 150으로 가까스로 통과되었다. 개정안을 통해 법인이사 중 3분의 1은 외부 인사로 선임하는 '개방형 이사제'와 위법한 임원의 재신임 경과기간을 2년에서 5년으로 연장하고 재신임 시 재적이사 3분의 2의 동의를 얻도록 했다.

또한 법인 친인척의 비율도 3분의 1에서 4분의 1로 축소했고, 이사장의 친인척은 학교장이 되지 못하도록 해 '족벌 사학'의 폐해를 없애려 했다. 이런 조항들은 사립학교의 공공성을 담보하고 재단의 민주성·투명성을 강화하는 내용들이었다.

사학법 개정안이 통과되자 한나라당은 김원기 국회의장 불신임안을 제출하고, 대대적인 촛불시위를 열어 강경 장외투쟁을 벌였다. 결국 다음해 2월 사학법 재개정 협의를 약속 받고 나서야 3개월 만에 국회로 돌아왔다. 이후 1년 7개월의 험악한 협상을 거쳐 2007년 사학법이 재개정되었는데, 개방형 이사, 감사를 재단이 참여한 '개방이사추천위원회'에서 추천할 수 있게 고쳐 재단의 영향력을 강화했고, 이사장의 친인척도 학교장이 될 수 있도록 허용했다. 한마디로 2005년에 개정한 사학법의 근본취지가 무색해지고 만 것이다.

## 대의제의 약점

이처럼 사학 족벌과 재벌들은 막강한 힘을 지녔다. 이 힘은 본래적인 것이 아니기 때문에 국민적 합의만 형성되면 얼마든지 무력화시킬 수 있다. 이를 잘 아는 재벌들은 국민의 대표로 위임받은 정치인들을 온갖 방법을 동원해 회유, 매수해 버린다. 이것이 대의제의 약점이다.

정치인 중에 소수가 재벌을 개혁하겠다고 나서도 의결 정족수의 벽을 넘어설 수가 없다. 게다가 재벌은 정치인뿐 아니라 관료와 언론에도 손을 뻗치니, 재벌을 개혁하겠다고 나선 소수는 그야말로 사면초가가 되고 만다.

해방 이후 재벌과 관료들의 유착관계는 끊이지 않고 지속되어 왔다. 참여정부도 분명히 개혁 진보세력으로 출발했고, 정권 초기에는 진정성도 있었으나 점차 기득권층에 다수가 포섭 당하고, 일부는 비우호적 자본과 언론이 형성해놓은 사회적 힘의 관계에서 밀리면서 투항하고 말았다.

특히 참여정부는 행정 관료들에게 많은 것을 방치 수준으로 위임했는데, 공무원들은 여당보다는 야당인 한나라당의 말을 더 들었다. 김대중·노무현 정부로 정권이 바뀌었다고는 하지만 아직까지 사회 기득권층은 개혁세력이 아닌 보수였다. 참여정부 최대의 실책인 부동산 정책도 이런 경제 관료를 제대로 통제하지 못했기 때문이다.

## 또 다시 시작된 환율 정책

외환위기 때 2000원까지 폭등했던 환율이 위기가 진정되며 2001년 1300원대, 2003년 하반기 1100원대 후반까지 떨어졌다. 당시 정부는 경제 회복이 지연되는데도 뚜렷한 내수 진작책도 내놓지 못하던 때였다. 그런데 환율마저 급락하자 그나마 경제를 지탱하는 수출에 지장을 받을까봐 전전긍긍했다.

참여정부는 '수출기업 채산성의 마지노선은 1100원대 중반'이라며 환율 사수에 적극 나섰다. 2004년 재경부의 국제금융국 최중경 국장을 중심으로 역외선물환시장 NDF: Non Deliverable Forward에 개입해 환율 방어를 시도했으나 1조8천억 원의 손실만 내고 말았다. 정부는 연간 10조 원의 외국환평형기금 exchange equalization fund 손실을 내면서도 끝내 환율을 제대로 방어하지 못했다.

그해 11월 말 환율은 1048.2원으로 급락했고, 외국인 투기자본은 막대한 환차익을 남기고 빠져나갔다. 결국 이에 대한 책임으로 최중경 국장은 환율정책라인에서 물러나 2005년 국제부흥개발은행 IBRD 상임이사로 가야만 했다.

## 권력은 이미 시장으로

2005년 5월 16일 청와대에서 대·중소기업간 상생협력 대책회의가 열렸다. 이 자리에서 노무현 대통령은 재벌들에게 이런 말을 했다.

"권력은 이미 시장으로 넘어간 것 같다."

노무현 대통령도 후보 시절부터 "최초로 재벌 개혁에 성공한 대통령이 되겠다"고 공언했다. 그리고 대통령이 된 후 특유의 승부사 기질로 개혁을 시도했지만, 어느 덧 임기는 중반에 접어들었고, 생각만큼 개혁이 진척되지 않자 재벌들 앞에서 무심코 자신의 심경을 드러낸 것이다.

이 발언 이후 시민단체들은 '개혁 포기선언'이라고 성토했다. 노무현 대통령의 말은 자신이 대통령은 되었으나 자신의 정신과 가치를 뒷받침해줄 사회세력이나 정치세력이 너무 박약해서 힘들다는 뜻이었다.

이미 노무현 대통령은 취임 3개월 만에 5·18 관계자들을 만난 자리에서 '대통령 하기 힘들다'며 고충을 토로했었다. 이 말도 '각계에서 전부 힘으로 하자고 덤비니 대통령이 다 양보할 수도 없고…' 하는 위기감에서 나온 말이다. 이 말을 보수세력은 앞뒤 맥락 다 자르고, 거기다 어조도 '대통령 못 해 먹겠다'로 살짝 바꿔서 '대통령이 시정잡배나 하는 말을 내뱉었다'고 공박했다.

그만큼 사회적 생태계가 기득권을 옹호하도록 형성되어 있었다. 당시 언론 등을 비롯한 보수세력은 노무현을 대통령으로도 인정하지 않는 분위기였다. 그런데다가 노무현 스스로도 '제왕적 대통령 노릇'을 포기했다. 이는 보수세력마저도 '노무현의 유일한 치적'으로 인정할 정도다.

이런 정치적 환경에서 당시 한나라당 일부 의원들은 노 대통령을 개구리에 비유하며 비아냥거리기까지 했다. '올챙이 시절 생각 못한다', '시도 때도 없이 떠든다', '간혹 서글피 운다', '어디로 튈지 모른다', '모양이 똑같다'. 한 국가의 원수를 공개적으로 모독한 것이다. 과거 자신들과 밀착된 정권하에서는 상상도 못할 일이었다.

## 참여정부 최대의 실책

앞에서도 언급했지만 서민 대중을 위한다는 참여정부의 가장 큰 실책이 부동산 가격 폭등이다. 집 없는 서민들로서는 황당하기 그지없는 일이다.

임기 4년 동안 부동산 가격 상승으로 골병이든 참여정부는 마지막 카드로 총부채 상환비율 DTI, Debt To Income 카드를 꺼내 들었다. DTI란 매년 갚아야 하는 대출금의 원금과 이자가 대출자의 연소득에서 차지하는 비중을 말한다. 예를 들어 연소득 1000만 원인 소득자의 금융부채 상환액이 500만 원이면 DTI는 50%가 된다. 이렇게 되면 담보 가치가 높은 물건을 소유하고 있어도 실제 소득이 충분치 않으면 대출을 받을 수 없다. 정부는 강남 3구의 DTI는 40%, 서울지역 50%, 인천과 경기지역은 60%로 정했다.

그럼에도 불구하고 일시적으로 아파트 값이 10% 이상 급등했고 청와대는 당황했다. 민정수석실이 재경부와 금감위, 한은 등을 조사해보니 실제 은행창구에서 DTI 규제가 거의 작동되지 않고 있음을 알았다. 재경부와 금감위를 비롯한 일부 경제관료들이 경기 부양에 도움이 안 된다며 부동산 정책에 금융이 동원되는 것을 반가워하지 않았다는 것이다.

화가 난 노무현 대통령이 '일일보고'를 받으면서 매일 챙기자 그제야 강남·송파·서초·목동·분당·평촌·용인의 버블세븐 지역을 시작으로 부동산 가격이 급속도로 안정되었다. 이때부터 DTI

에 '부동산 잡는 귀신'이라는 별명이 붙었다.

당시 열린우리당 정책위 강봉균 의장이 "분배니 뭐니 거대 담론은 헛소리"라고 말했다가 호되게 공격을 받았다. 이처럼 집권여당 안에도 경제 활성화란 이름으로 재벌에게 유리한 정책을 주장하는 의원들이 있었다. 말이 여당 의원이지 가치관이 전혀 다른 의원들이 섞여 있어 일관된 개혁정책을 펼치기가 쉽지 않은 상황이었다.

## 뜨거운 감자, 분양원가 공개

참여정부 들어 정치적 민주주의는 상당부분 신장되었으나 경제적 민주주의는 재벌들의 사정을 고려해주는 행보를 보이다가 2006년 5·13 지방선거에서 참패를 당했다. 싸늘하게 식은 민심을 수습하기 위해 열린우리당에서는 그제야 아파트 분양원가 공개를 들고 나왔다.

분양원가 공개는 열린우리당이 2004년 4월, 17대 총선의 공약으로 내걸었던 것으로 서민을 위한 주택정책의 1순위로 여겨졌다. 그동안 아파트 분양가가 천정부지로 치솟은 원인은 분양가가 원가 중심으로 책정되는 게 아니라 투기 수요 중심으로 책정되어 왔기 때문이다. 만일 분양원가가 공개된다면 분양가에 낀 거품을 충분히 뺄 수 있다. 이런 기대효과에 부푼 서민들은 우선 공공부문부터 분양원가를 공개하길 원했다.

그해 6월 아파트 분양원가 논쟁이 붙었을 때 노무현 대통령이

"시장논리에 어긋난다"며 분양원가 공개를 반대하자 김근태 당시 열린우리당 의장은 "계급장 떼고 논쟁하자"며 정면으로 받아쳤다. 물론 장사 논리 운운한 노무현 대통령의 뒤에는 참여정부 출범 때부터 일관되게 분양원가 공개를 반대해온 관료들이 있었다. 국민들의 분양원가 공개 여론에도 김진표, 이헌재 경제부총리 등이 단호하게 반대해왔다. 이처럼 노무현 대통령이 공기업도 장사라며 거부하자 이후 집권당은 각종 선거에서 줄줄이 대패했다.

오히려 보수당인 한나라당이 공공부문 분양원가 공개를 적극 찬성하며 2012년 총선까지 성공하게 된다. 당시 이명박 서울시장은 "공공기관은 비밀을 지킬 필요가 없다"며 재빠르게 SH공사의 서울 상암동 아파트 단지의 분양원가를 공개했다. 그 결과 그동안 거의 40%대의 폭리를 취해온 사실이 드러났다.

40평 아파트의 경우 평당 원가는 750만 원인데 평당 분양가는 1211만 원이므로 가구당 1억5천만 원에서 2억 원 정도의 고수익을 얻었다. 공익을 추구해야 하는 공사가 이 정도였으니 민간 건설사는 어떠했겠는가?

당시 서민들은 집값 폭등으로 실의에 빠져 참여정부와 열린우리당을 원망했으나 대통령과 경제 관료들은 요지부동으로 일관했다. 2006년 7월 분양원가 공개 문제가 다시 논란의 중심이 되면서 서민들의 원성을 샀고, 9월에 이르자 노무현 대통령도 결국 고집을 꺾었다.

"국민들이 분양원가 공개를 바라니까 그 방향으로 가야하지 않을까요. 거역할 수 없는 흐름입니다."

같은 달 28일 모 방송 특집에서 노무현 대통령이 한 말이다. 그러나 이미 노무현 대통령은 물론 참여정부와 열린우리당까지 분양원가 공개 반대로 회생할 수 없는 치명타를 입은 후였다.

## 출총제 유명무실화, FTA 체결

2007년 드디어 대선의 해가 열렸다. 그해 신년 기자회견에서 노무현 대통령은 대선 구도를 예견하는 화두를 던졌다.

"다음 시대정신은 경제라고 합니다. 하지만 경제정책은 차별이 불가능합니다."

이는 당시 경제 후보의 이미지가 강한 이명박을 겨냥한 말로 해석되기는 했으나 실제 참여정부는 통치기간 내내 경제정책의 주도권을 관료들에게 일임한 대가로 권력을 상실한 종이 호랑이가 되고 말았다.

'차별 불가'라는 자신의 언급대로 재벌정책만큼은 노무현 대통령도 전임 대통령들과 똑같은 길을 걷는다. 대선 후보 때는 "경제개혁을 통해 서민들이 윤택하게 살수 있게 해주겠다"고 약속하며 초반에는 반짝 개혁이 이루어지는 것 같았으나, 임기 중반에 접어들자 경제개혁은 실종되고 민생경제가 악화되는 것을 빌미로 재벌의 논리에 따르며 성장 중심정책을 펼쳤다. 결국 노련한 관료 집단에 둘러싸이며 '안정적 경제성장'으로 선회한 것이다.

노무현 대통령은 임기 막바지인 2007년에 출총제 폐지를 원칙으로 개선안 마련에 나섰다. 4월 개정한 공정거래법의 골자는 동일 기업집단 내 타 계열사에 대한 출자총액 한도를 25%에서 45%로 대폭 올린 것이다. 이처럼 출자 규제를 완화해줌에 따라 출총제가 사실상 유명무실해졌다.

2007년 4월 2일 공정거래법이 개정되던 날 공교롭게도 한미 무역협정FTA도 타결되었다. FTA가 국가에 미칠 영향에 대해서는 입장에 따라 달리 평가하지만, 진보정권인 참여정부로서는 정체성에 큰 타격을 입을 수밖에 없었다. 무엇보다 일본과 중국을 제치고 제일 먼저 미국과 FTA를 서둘러 채결해 그동안 "반미면 어떠냐"는 발언까지 했던 노무현 대통령의 변절로까지 받아들여졌다.

노무현 대통령은 2003년 6월 1일 재벌 총수들과 삼계탕 회동을 가졌다. 이 자리에서 논의된 구체적인 내용까지 확실하게 알 수는 없지만 한미 FTA에 대한 공감대가 충분히 형성되었을 것이다. 삼계탕 회동 2달 후인 8월에 한미 FTA 추진 로드맵이 마련된다. 2006년 신년연설에서 대통령은 "개방은 거역할 수 없는 대세"라며 한미 FTA의 불가피성을 역설했다.

정부는 미국과 공식협상에 들어가려면 미국 측의 4대 선결조건인 미국산 쇠고기 수입개방, 스크린쿼터 축소, 건강보험 약값 적정화방안 추진 유보, 자동차 배기가스 기준 적용을 수용해야만 했다. 이 4대 조건은 미국이 참여정부의 협상 의지를 알아보는 리트머스 시험지였다.

노무현 대통령은 한미 FTA는 정치문제가 아닌 "먹고 사는 문제"라며 4대 선결요건을 전격적으로 받아들였다. 미국에 대한 대한민국 정부의 성의표시였으나, 이는 국내 영화인과 농민, 서민들의 희생을 의미했다. FTA가 타결되기 하루 전날 협상장이던 서울 하야트 호텔에서 택시 노동자 허세욱 씨가 분신했다.

참여정부는 당시 삼성 이건희 회장이 지적한 '일본은 앞서가고 중국은 쫓아오는' 그래서 대한민국이 가운데 '샌드위치'로 끼는 신세를 면하기 위해 낡은 일본식 법과 제도를 버리고 미국식 시스템을 받아들이고자 했다. 이를 위한 외부 충격으로 한미 FTA를 활용하고자 한 것이다. 이 선택이 옳았는지는 좀 더 후대의 역사가 우리에게 알려줄 것이다.

## 무섭다, 신자유주의와 입 진보

20세기 말부터 한반도에 불어 닥친 신자유주의 광풍이 김영삼 정부를 쓰러트리고, 김대중 정부 때는 공기업 민영화를 압박하면서 점차 자본에게 유리한 환경을 만들더니, 노무현 정부 때는 제도적 장치를 통해 교묘하게 각종 규제를 풀어가며 사회를 경쟁의 도가니로 몰아넣었다.

물론 참여정부도 국정과제로 사회복지비 지출 확대를 통한 삶의 질 개선과 양극화 해소를 제시했다. 1인당 국민소득 2만 달러를 달성한 2007년 복지지출의 비중이 GDP 대비 7.5%였다. OECD

회원국의 평균인 20.6%에는 훨씬 못 미쳐 최하위였고, 삶의 만족도도 대한민국이 최하위 수준이었다. 미국·영국·독일·프랑스 등의 국민소득이 2만 달러이던 시기의 GDP 대비 복지비 지출은 평균 13~25%였다. 우리보다 2~3배 많다. 따라서 복지비를 늘리면 선진국이 못 된다는 이야기는 새빨간 거짓말이다.

참여정부도 사회통합과 빈부격차 완화를 위해 노력을 하긴 했다. 그러나 부동산 가격의 비정상적 상승을 막지 못해 집 없는 서민들의 상대적 박탈감이 너무 컸다. 이때부터 '입 진보'라는 말이 나왔다.

이승만 정부가 1960년 처음으로 공무원연금을 도입했고, 현 국민건강보험제도의 시초가 된 의료보험도 1977년 박정희 정권 때 도입되었다. 국민연금도 1988년 노태우 정부가 시작하여 1999년 4월 김대중 정부가 '망국론' 소리를 들어가며 '전 국민 연금제도'로 확대했다. 최저임금제 역시 1988년 노태우 정부 때 처음 시행되었다.

이런 역사적 사례에 비추어 볼 때 정권을 잡을 요량으로 진보정책을 떠드는 입 진보들이 권력을 잡으면 보수들보다 더 사회적 양극화를 심화시키기만 한다. 왜 이렇게 입 진보가 많을까? 표를 얻기 위해 정치인들이 진정성 없이 겉치레로만 진보를 말해도 유권자에게 통했기 때문이다. 그래서 **'구체적 행동이 없는 선동성 구호'**가 입 진보의 특징이 되었다.

참여정부가 내세운 학벌·여성·장애인·비정규직·이주노동자

· 노인의 6대 차별해소 과제도 일부 성과는 있었으나, 구체적인 제도화가 미흡했다. 참여정부도 양극화 해소를 위해 노력한다고 말하면서 정작 재벌들의 세금을 감면해주었다. 이런 감세정책으로는 복지예산이 줄어들 수밖에 없다. 부자 감세와 복지는 분명히 상반되는 정책이다. 그럼에도 불구하고 대한민국의 진보 정권들은 감세정책을 추구했다.

김대중 정부도 2001년 기업경쟁력을 제고한다는 명분으로 법인세율을 1% 인하했고, 노무현 정부도 2003년 다시 2%를 인하하여 충분히 이윤을 내고 있는 기업들에게 또 특혜를 주었다.

소득세도 대폭 내렸다. 김대중 정부는 2001년 구간별로 10% 정도 내렸고 뒤이어 노무현 정부도 2004년 1%를 내렸다. 2004년부터 2007년까지 발생한 세수감면액만 8조3천억 원이다. 이러면서 어떻게 복지정부를 만들 수 있겠는가?

## 재벌 개혁의 핵심은 무엇인가?

재벌 개혁을 왜 해야 할까? 재벌은 부자고 부자는 나쁘니까 미운 재벌들을 때려잡자? 재벌 개혁의 핵심은 부의 편중을 막고, 중소기업도 잘되고 서민도 잘살 수 있는 기반을 마련하는 것이다. 그러나 노무현 정권에서 재벌의 중소기업 착취 구조는 더 심화되었다. 15대 재벌의 계열사 수도 2007년 472개에서 2011년 778개로 64.8%가 늘었다. 재벌들은 노무현 정권 때부터 본격적으로 영세업자의 영역을 잠식하기 시작했다.

서민들의 비빌 언덕이던 영세소매점도 1998년 13만3181개에서 10년이 지난 2007년 8만8659개로 33.4%가 줄었다. 그 대신 대형마트는 동기간 92개에서 354개로 대폭 늘었고, 기업형 슈퍼마켓SSM도 199개에서 354개로 늘어났다.

1998년부터 2007년까지를 보수는 '잃어버린 10년'이라 부른다. 그리고 서민들에게 그 10년은 '빛 좋은 개살구'에 불과했다. 김대중 정부와 노무현 정부는 옛 재경부 출신들인 친재벌 성향의 모피아Mofia의 손아귀에서 벗어나지 못했다. 노무현을 둘러싼 핵심인사들은 처음부터 '좌파적 정치, 우파적 경제'를 국정 기조로 삼았다. 그런 이율배반적 행동을 했기에 경제 대통령을 표방한 극우적 MB에게 정치 권력까지 내주고 말았다.

노무현 정부는 겉으로는 재벌들과 날카롭게 대립했으나 집권 5년 동안 실질적인 변화는 크지 않았다. 2003년에 재벌의 금융지배 차단과 기업 지배구조 투명화를 위해 '시장 개혁 3개년 로드맵'을 세웠으나, 도리어 출총제 비율이 대폭 완화되었다. 노사관계 로드맵만 남아 되려 노동유연성이 재벌 편의적으로 강화되어 더 쉽게 정리해고 할 수 있게 되고, 노동자의 파업권은 크게 약화되었다.

이처럼 참여정부의 5년은 재벌과 시장을 개혁하겠다고 소리만 높였지, 실체는 희미했다. 삼성을 위한 정권이라 불리던 참여정부는 좌측 깜빡이를 켠 채 우회전하다가 역사 속으로 사라져 버렸다.

서민들이여, 잊지 말자. 당신을 위한 정권은 없다!

CHAPTER 06

# 청와대를 접수한 재벌 회장 출신 MB

'이명박, 최다표차 대통령 당선'

2007년 12월 20일, 17대 대통령 선거가 끝난 다음날 〈동아일보〉의 헤드라인이다. 이 선거에서 이명박은 48.7%의 표를 받아 26%를 얻은 정동영 후보를 큰 표 차이로 눌렀다. 이 데이터만 놓고 보면 이명박 후보가 절대 다수의 지지를 얻어 대통령이 된 것처럼 보인다. 그러나 실상은 전혀 다르다.

이명박 후보의 득표수는 1149만2398표로 16대 대선 때 노무현 후보가 받은 1201만4277표보다 52만여 표가 적다. 이를 다시 총 유권자 대비로 따지면 노무현은 34.5%의 지지를 얻은 데 비해 이명박은 30.5%의 지지를 얻는 데 그쳤다. 총 유권자 10명 중 7명이 이명박에게 반대하거나 냉담했다는 뜻이다.

역대 대통령 선거에 비추어보아도 13대 노태우 33%, 14대 김영삼 34.5%, 15대 김대중 32.5%로 이명박이 가장 낮은 지지율로 대통령이 되었다.

이명박 후보가 역대 최저의 득표율로 역대 최다 표차로 당선된 것은 투표장에 한나라당을 지지하는 사람들은 몰려갔으나 진보

성향의 사람들은 지난 5년간에 실망해 아예 투표장에 가지도 않았다는 뜻이다. 이래서 이명박 후보를 대통령으로 만들어주는데 가장 큰 공을 세운 게 참여정부라는 소리가 나온다.

## MB, 대기업 프렌들리 대통령

노무현 정권이 삼성 프렌들리 정책을 폈다면 이명박 대통령은 현대건설 회장 출신답게 아예 전 대기업 프렌들리 정책을 폈다. 그 결과 대기업이 아닌 99%의 서민은 이전 어떤 정부보다도 비전이 보이지 않는 세월을 보내야 했다.

이명박 정부는 인권과 대북관계를 10년 전으로 후퇴시켰고, 경쟁과 효율을 중시하는 신자유주의 정책을 가속화하여 경제뿐 아니라 교육도 시장 자율에 맡겨 서민경제는 더 빠르게 악화되었다.

이명박 대통령은 이른바 'MB노믹스'인 '줄푸세 747'을 경제정책으로 내놓았다. '세금은 줄이고, 각종 규제는 풀고, 법치주의를 세우고, 성장율 7%, 국민소득 4만 달러, 세계 경제 7위'를 이룩하겠다는 공약이었다. 그리고 주가를 5000포인트까지 올리겠다고 공언했다. MB노믹스에는 성장주의와 규제완화, 감세와 같은 신자유주의와 1970년대식의 개발주의가 혼재되어 있었다. CEO형 대통령이라 불리기에 조금도 부족함이 없는 이명박 정권은 그렇게 출발했다.

## 재벌만 신난 고환율 정책

이명박 대통령은 747공약 달성을 해야 한다며 출범 초부터 투자에 초점을 맞춘 정책을 내놓는다. 당시 경제 사령탑은 기획재정부 장관 강만수, 재정부 차관 최중경, 경제수석 김중수였다. 강만수 장관은 1997년 외환위기 당시 재경원의 차관이었고, 최중경은 2004년 과도한 환율 방어로 국고에 큰 손실이 났을 때 재경부 국제금융국장이었다. 이 두 사람은 최강最强의 최강崔姜 라인이라 불리며 환율 매파(강경파)로 알려져 있다.

최강 라인은 세계적인 인플레 속에서도 수출 확대와 경제성장률을 높이기 위해 '환율 주권론'을 주장하며 강제적으로 환율을 올리고자 했다. 보통 수출이 잘되면 경제성장률 등의 지표는 그만큼 올라간다. 강만수 팀도 수출하는 대기업의 이익을 극대화시켜 외부로 표출되는 GDP 등의 지표를 좋게 하고 싶었을 것이다.

그러나 당시는 원유, 곡물 등 국제 원자재 가격이 치솟는 상황이었다. 이럴 때 환율까지 풀어놓으니 수입 물가는 당연히 크게 상승했다. 2008년 6월에 국내 소비자물가는 2005년 6월에 비해 5.5%나 올랐다. 이는 IMF기인 1998년 11월의 6.8%가 오른 후 근 10년만의 최대 상승폭이다. 이처럼 물가가 가파르게 오르자 무리한 고환율 정책으로 물가 급등을 초래한 책임을 지고 같은 해 7월 최중경 차관이 물러났다.

고환율로 수출 위주의 대기업은 엄청난 혜택을 본 반면 물가 급

등의 폐해는 서민과 중소기업의 몫이 되었고, 감세정책으로 부유층은 수혜를 보았으나 저소득층이나 취약 계층에 대한 지원은 확연히 줄어들었다. 즉 대기업 중심의 규제완화로 시장의 공정성과 형평성이 훼손된 것이다.

참여정부는 비록 형식일망정 '성장'과 '분배'라는 두 마리 토끼를 잡으려는 시늉이라도 했다. 이와 달리 이명박 정부는 출범 초기부터 성장에만 초점을 맞춰 불균형 성장을 초래했다. 이들이 내놓은 정책 중 어느 것 하나 대기업 위주가 아닌 것이 없었다. 그 대신 중소기업과 서민은 음지에서 이전 그 어느 때보다 더 추운 시절을 보내야만 했다.

특히 이명박 정권의 출범 첫해 국회를 통과한 2009년도 예산안은 대기업 프렌들리 정권의 특징을 고스란히 보이고 있다. 종합부동산세, 양도소득세 감세안이 통과되어 부유층이 혜택을 봤고, 사회간접자본SOC 예산이 24조7천억 원으로 전년 대비 26%나 증가해 토건족들은 매우 기뻐했다. 이로 인해 사회안전망 확충 예산은 재정증가율만큼도 늘지 못했다. 한마디로 저소득층, 취약계층은 안중에도 없는, 오직 재벌을 위시한 상류층 위주의 예산안이었다.

이명박 정부는 처음부터 시장의 불공정성을 확대하는 방향으로 경제정책을 추진했다. 그러자 국회에서 일부 야당의원들이 강만수 기획재정부 장관에게 "소득세와 법인세 인하가 아니라 부가가치세와 유류세를 내려야 저소득층도 더 지원할 수 있고 양극화도 해소 된다"고 지적했다. 강만수 장관은 "양극화는 시대의 트렌드"라며 "복지 지출이 국내 소비 기반의 취약으로 이어진다"고 반발했다. 이는 한 나라의 곳간을 책임지는 기획재정부 장관으로서는 대단히 무책임한 발언이다. 시대의 트렌드라서 무조건 따르겠다는 것인가? 그 트렌드가 가치중립적이 아니고 왜곡된 현상이라면 그 원인을 파악하고 고쳐야 할 것 아닌가.

기업 프렌들리 정권은 법인세와 소득세를 인하하고 각종 규제를 풀어 재벌이 수익을 많이 내면, 그 돈이 서민에게까지 골고루 떨어지는 '낙수효과'가 생긴다고 입버릇처럼 말해왔다. 하지만 실제로는 낙수효과가 아니라 응집효과가 나타나 분배구조가 더 왜곡되고 일자리도 줄어들었으며 양극화는 치유 불가능할 정도로 심화되었다.

## 낙수효과

대한민국 경제의 분배구조를 개선시키지 못하게 하는 고정관념이 '낙수효과' 이론이다. 대기업이 잘되면 모두가 잘되고 대기업이 어려워지면 모두가 힘들어진다는 이 이론을 바탕으로 박정희 대통령 시기에 '경제개발 5개년 계획'을 통해 정부가 기업집단을 선정해 전략산업을 맡기고 시중금리의 절반 정도에 정책자금을 주며, 제도적으로 독과점 이익을 보장해줬다.

이렇게 성장한 대기업이 이제는 누구의 통제도 거부하는 괴물이 되어버렸다. MB 정권 들어 이 괴물이 경제 생태계의 다양성을 초토화하여 청년실업 100만 명 시대를 여는 데 크게 일조했다. MB도 입으로는 공정사회, 공생발전Ecosystemic Development을 외친다. 원래 공정과 공생, 그리고 발전이라는 단어의 지향점이 각기 다른데, 이 서로 다른 가치관을 혼합해 사용하다보니 MB의 정책이 더욱 쇼로만 보인다.

현재 대기업의 경제력 집중은 역대 최고치다. 10대 그룹 상장회사의 시가총액이 대한민국 증시의 5%에 달했고, 재계 1, 2위인 삼성과 현대자동차그룹의 자산 규모 합계인 356조는 우리나라 1년 예산인 326조보다 훨씬 많다. 제조업의 매출도 대기업이 40%이상을 차지했다.

그러나 실업자 수는 늘고 있다. 비정규직도 581만 명으로 1700만 임금근로자의 3분의 1을 상회하고 있다. 물가상승을 감안한 실질 임금상승은 0%에 가깝다. 대한민국의 자원을 대부분 재벌들에게 몰아주었으나 그 결과는 이처럼 비참하게 나왔다. 재벌-정치인-관료의 삼각 커넥션은 어제, 오늘만의 일이 아니다.

## 앞에선 재벌 때리고 뒤에선 손 잡다

해마다 선거철만 되면 각 당은 화려한 경제 민주화 공약을 내건다. 그러나 이런 모습을 보는 재벌들은 속으로 웃을 것이다. 금배지를 위해 달려드는 무리들이 재벌들의 돈뭉치에 포획되지 않기란 어렵다는 것을 그들은 경험상 잘 알고 있다.

정치인들은 언제나 돈이 필요하다. 선거자금, 정치자금, 4년 후의 선거를 대비하기 위한 자금……. 재벌의 후원을 받아서 배지를 단 정치인들은 국가 운영사업을 항상 재벌 위주로 결정을 내리게 된다. 일부 관료들도 현직에 있을 때 재벌을 도와주고 퇴직한 후 관련회사에 취직해 엄청난 연봉을 받는다.

이런 식의 재벌-정치인-관료의 커넥션은 해방 이후 지금까지 반복되어 왔다. 선거 때만 되면 출총제 부활, 부유세 도입, 일감 몰아주기 처벌 등의 강도 높은 조치를 취하겠다고 목청을 높이다가 선거만 끝나면 재벌들과 제휴하여 개인적인 재정적 도움을 챙기며 재벌 보호자로 둔갑한다. 이런 식이니 눈먼 돈을 만진다는 공공부문의 빚과 서민의 빚만 자꾸 늘어난다.

대통령은 대기업의 곳간을 채워주고, 정치인들은 돈맛에 취해 재벌과 관료의 정치적 후견인 노릇을 하는 바람에 공공부문과 서민의 곳간은 텅 비게 되었다. MB 정권 들어 공공부문의 빚이 폭증했는데 부자 감세, 4대강과 경인운하 등 대규모 토목사업, 선심성 경기부양책이 재정을 급속히 부실화시켰기 때문이다.

MB는 재정 건전성 측면에서 '잃어버린 5년'을 만든 대통령으로 기록될 것이다. 다음 정권을 누가 잡든 MB가 물려준 빚을 갚기 위해 큰 고통을 겪어야만 한다. 이런데다가 만일 부동산 거품마저 본격적으로 파열한다면 금융 부실화를 막기 위해 대규모 공적자금을 또 투입해야 할 상황이 올 수 있다.

대한민국의 경제 민주화는 정경유착을 끊어야 가능하다. 그렇지 않으면 기업 소득, 특히 대기업이 아무리 많은 수익을 벌어들여도 가계로 흐르지 않고 정치인, 고위 관료들 사이에서만 그 돈이 빙빙 돈다. 이런 타락을 해결하는 선봉에 서야 할 사람이 대통령이다. 대통령이 정직하면 그 밑의 사람들은 절대 부정부패를 저지를 수 없다.

MB는 스스로를 '정직한 사람'이라고 자부했다. 그래서일까, 그는 대통령에 취임하자마자 과거 국민고충처리위원회, 부패방지(청렴)위원회, 빈부격차해소위원회, 행정심판위원회를 통폐합하여 '국민권익위원회'로 단일화했다. 당시 반부패운동을 하는 시민단체들이 이 통폐합으로 부패방지가 후퇴한다며 반대했지만 소용없었다.

그 후 '각 분야의 선진화'를 외치는 MB 정부 내내 대한민국의 부패지수 CPI, Corruption Perceptions Index 와 뇌물공여지수 BPI, Bribery Payers Perceptions Index 는 후진국 수준을 밑돌고 있다. 국제투명성기구가 발표한 2011년 대한민국의 CPI는 10점 만점에 5.4점으로, 1년 전 39위에서 49위로 추락했고, 아시아 최하위 수준이다. 우리의 주변국과 비교해 보면 홍콩 12위, 일본 14위, 대만 32위다. BPI는 기업을 대상으로 조사하는데 정치권과 관료 등에게 뇌물을 주는 빈도를 파악해 한 나라의 부패를 가늠하는 중요한 척도다. 작년 대한민국의 BPI는 조사대상 28개국 중 13위였다. 대한민국의 부패는 중국보다 조금 나은 정도로 태국이나 캄보디아보다도 더 심하다. 대한민국은 세계적으로 부패 공화국이라는 딱지가 붙을 정도가 되었다.

부패의 직접적인 원인은 각종 규제와 인허가, 공무원의 자유재량권 등에 따른 뇌물이고, 간접적인 원인은 정당의 자금 조달, 관료의 질 등이다. 부패의 고리가 끊어지지 않으면 사회구성원들이 정상적인 노력을 하지 않고 모든 것을 로비로 해결하려 하는 지대추구형 사회rent oriented society가 된다. 정상적인 방법이 아닌 뇌물과 야합으로 독점적 이윤이 발생하는 영역을 '경제적 지대'라 한다. 이런 사회에서는 정상적인 경제생활을 하는 사람만 바보가 된다. 비열한 꼼수와 작전으로 주가와 부동산 가격이 올라 소득 불균형이 심화되고 평범한 사회인들은 상대적 박탈감에 빠진다.

이처럼 개인의 힘으로 어찌해 볼 수 없는 사회악이야말로 사람을 가장 고통스럽게 한다. 한 연구에 의하면 대한민국 사회의 경제고통지수가 역대 어느 정권보다 현 정권에서 가장 높게 나타나고 있다. 양극화와 여기서 비롯된 사회 구성원들의 유대감 상실이야말로 우리 삶의 질을 형편없게 만들고 있다. 영화 〈도가니〉와 〈부러진 화살〉이 보여주듯 소위 사회 양심세력이어야 할 종교인들이나 법조인들이 더 앞장서서 위선과 탐욕의 늪에 빠져 허우적대고 있다. 사람들은 더 이상 어느 누구도, 어떤 기관도 신뢰하지 않는다.

정부는 경제성장만 되면 다 좋다는 성장만능주의에서 벗어나야 한다. 세계 각국의 경제정책도 성장 위주에서 고용 위주로 바꿔고 있다. 그동안은 경기가 부양되면 자연스럽게 고용은 따라온다고 생각했었다. 이런 고용지표의 경기후행 혹은 종속변수의 고정관념이 '고용 없는 성장의 시대'에는 더 이상 맞지 않는다.

요즘 경제성장은 과거와 달리 구조조정, 기술혁신 등의 요인에 의해 상품 공급을 늘리는 데 기인하고 있다. 현대는 고용지표와 성장지수가 점차 독립변수화 되고 있다. 이런 변화를 읽지 못하고 정부가 오직 성장, 성장, 성장을 외치며 대기업 이익 증대에 골몰하니 사회갈등의 골이 점점 더 깊어만 가는 것이다.

따라서 정부는 우선 고용을 늘려 소득과 소비가 동반 증가하면서 성장목표를 달성하려는 정책으로 전환해야 한다. 여기 필요한 재원은 그동안 부당한 혜택을 누리며 엄청난 현금을 쌓아둔 수출 대기업과 부유층을 대상으로 버핏세(부유세)를 부과하면 된다. 이미 미국 등 선진국은 그런 방향으로 가고 있다. 그렇지 않고는 '월가 시위'와 '런던 폭동'이 보여주듯 자본주의 자체가 존립하기 어려워진다.

## 말로만 서민 배려

이명박 정권 첫해가 숭례문이 불에 타며 시작됐다면, 두 번째 해인 2009년도 1월 20일 전국철거민연합과 세입자가 농성하던 망루가 불에 타며 시작했다. 이 불로 재개발 대상지역에 살던 사람들의 생존권 투쟁이 연기처럼 사라졌다. 이 재개발 사업에는 삼성물산, 대림산업, 포스코건설 등이 참여했었다.

그리고 3월 3일 국회 본회의에서 출총제 폐지가 담긴 공정거래법 개정안에 대해 230명이 투표하여 찬성 167, 반대 60, 기권 3으로 통과되었다. 출총제도 연기처럼 사라졌다. 출총제가 사라지자 재벌 2세, 3세들이 커피, 빵 등 소상공인들의 업종에 무차별적으로 진입을 시작했고, 이들의 막대한 자본력을 이길 수 없던 자영업자들도 몰락했다.

글로벌 금융위기가 한참이던 2009년 대한민국의 경제성장률은 0.2%를 기록했다. 이것도 경기추락을 막으려는 정부의 금리인하와 구제금융, 대대적 경기부양책 덕분이었다. 한국은행은 5.25%이던 정책금리를 2008년 8월 이후 여섯 차례에 걸쳐 2.0%까지 인하했다. 금리가 무려 3.25%나 떨어진 것이다. 게다가 경기지표를 반전시키기 위해 2009년에는 추경(추가경정예산) 편성 등으로 전년 대비 17%(38조 원) 이상 늘어난 301조8000억 원의 재정을 동원했다.

이렇게 국민들에게서 돈을 긁어다가 건설, 소비 부문에 집중 투입함으로써 마이너스 성장을 간신히 피하고 단기적으로 지표를 끌어 올렸다. 그러나 국민총소득GNI은 −0.6%로 결국 떨어졌다. 사실 일반서민에게는 국내총생산GDP보다 국민총소득이 더 중요하다.

GDP는 '한 나라의 모든 경제주체가 일정기간 만든 부가가치로 모든 최종생산물의 수량에 그 가격을 곱하여 합산한 것'이다. 이에 비해 GNI는 한 나라의 국민들이 일정기간 '실제 벌어들인 소득의 합계'다. 그러므로 GNI는 GDP에서 외국인이 벌어간 소득은 빼고, 내국인이 해외에서 벌어들여온 소득은 더한다. 따라서 GDP를 인구수로 나눈 1인당 GDP가 국제적으로 어느 나라 국민이 잘사는가를 비교하는 지표라면, 실제 개개인의 생활수준은 생산력보다는 구매력이 중요하므로 국민총생산, 즉 GNI가 더 정확한 잣대가 된다(그래서 최빈개도국 지위를 결정할 때도 1인당 GNI 지표가 사용된다).

GNI가 떨어지는 만큼 국민들의 실질 구매력이 감소하고 체감경기는 얼어붙는다. 상황이 이렇다보니 눈치 빠른 이명박 정부는 집권 중반기 국정기조를 '중도 실용', '친 서민'으로 정하고 '경쟁에 실패한 사람도 보듬고 다시 경쟁할 수 있도록 취약점을 보완해주는 따뜻한 보수'를 하겠다고 말한다. 그리고 2007년 대선 때 TV 광고에 함께 출연했던 '욕쟁이 할머니'의 포장마차를 다시 찾는다. 계란말이와 오돌뼈 볶음으로 친서민적 군것질을 하고 막걸리를 걸친 후 할머니에게 목도리를 선물한다. 보좌진에게 '가급적 자주 가서 많이 팔아주라'고 지시도 했다. 이후에도 수시로 '서민을 배려하자'는 따뜻한 구호를 외쳤다. 이 구호는 결실을 이뤘을까?

2011년 2월 25일 〈SBS 8시 뉴스〉에 욕쟁이 할머니가 다시 등장했다. 할머니는 "집세 7개월 치를 못준 건 처음이야. 주인이 나가라 그러대"라고 한탄을 했다. 이명박 정부의 경제정책이 서민들에게 어떤 효과가 있었는지에 대해 단적으로 보여주는 장면이었다. 실제 이명박 정부는 2010년도 예산안에서 비정규직 근로자와 결식아동 급식, 기초수급자 의료지원비, 저소득층 월세 지원 예산, 연탄 보조금 등등을 전액 또는 대폭 삭감했고, 그 대신 부유층을 위한 감세와 규제완화는 꼼꼼히 챙겼다. 이래서 이명박 대통령이 친서민 구호를 외칠수록 더 진정성을 의심받았다.

## 토건족만 배불린 死대강

이명박 대통령의 표리부동식 정책은 4대강 살리기 운동에서도 나타났다. 4대강 살리기의 시초는 대선 후보 당시 내건 '한반도 대운하 건설' 공약이었다. 이 공약은 대선 전에도 논란이 많았고, 대통령 취임 후에도 여전히 극심한 반대에 부딪쳤다.

환경연합을 비롯한 시민단체들이 "한반도 대운하 건설은 토건족의 삽질로 한강, 낙동강, 금강, 영산강 등 4대강 유역을 파헤쳐 한반도의 생태계 전체를 파국으로 몰아넣는다"며 비난했고 국민들도 70% 이상이 대운하에 반대했다. 미국산 쇠고기, 교육문제 등과 함께 대운하 정책을 반대하며 벌어진 6·10 촛불집회의 뜨거운 열기에 못 이겨 결국 6월 19일, 이명박 정부는 대운하 사업 포기선언을 했다.

그러나 바로 3개월 뒤부터 4대강 사업 태스크포스팀이 운영되기 시작했고 '4대강 살리기 마스터 플랜'이 발표된다. 4대강이 해마다 홍수로 4조3천억 원 가량의 피해복구비가 들어가는데, 3년 치인 22조 원만 투입하면 영구적으로 홍수도 예방하고 가뭄 문제도 해결되어 향후 국가적으로도 큰 이익이라는 주장이다.

그러나 반대하는 측은 지난 1999년부터 2002년까지 홍수 피해액 중 국가하천이 차지하는 비중은 전체의 3.6%에 불과하고 지방하천이 56.7%로 제일 크고 다음이 소하천 39.7%였다는 통계를 내보였다. 4대강은 국가하천에 속하고, 4대강의 홍수 피해액은 정부의 발표보다 훨씬 적다는 것이다. 정부에서 발표한 대로 '정말' 재해 예방이 목적이라면 국가하천이 아닌 지방하천부터 손을 봐야 했다.

4대강 사업은 처음부터 끝까지 모두 재벌이나 투기세력 등 부자를 위한 것이었다. 4대강 유역의 농부와 어부들은 생계의 터전을 잃어야 했고, 그 자리에는 수변 레저시설, 고급 빌리지, 관광복합단지가 들어섰다. 이처럼 서민을 위한 예산은 줄이고 국민이 반대하는 4대강 사업은 추진하다 보니 좀 더 그럴듯한 명분이 필요했다.

2009년 7월 6일, 이명박 정부는 녹색성장 5개년 계획을 발표했다. '2020년 세계 7대 녹색강국 진입'을 목표로 향후 4년간 녹색성장 계획에 따라 107조 원를 투입해 156만 명 이상의 일자리를 창출한다는 것이다. 여기서 4대강 사업은 녹색성장의 상징으로 칭송되고 '기후변화에 대비한 신개념 치수정책'으로 포장되었다. 이에 대해 녹색연합은 이 5개년 계획을 '토건사업 자금유입 계획'이라고 규정했다. 모든 인공시설물이 그렇듯이 4대강은 한번 정비한다고 끝나지 않는다. 4대강의 유지관리비에만 매년 1630억 원이 든다. 이 수치도 국토연구원의 추산이고 민간연구소에서는 이 몇 배의 돈이 해마다 들어갈 것이라고 추산한다.

4대강에 들어가는 예산 22조 원 플러스 알파 중의 단 5%인 4조 원만 있어도 전국의 초등학생 전원에게 무료로 급식을 할 수 있다. 그런데도 정부는 다음해 예산안에서 결식아동 지원 급식비 432억 원을 전액 삭감했다. 아이들 밥값까지 빼앗아간 그해 이명박 정부는 유달리 '국격國格'을 들먹였다.

## 복지의 탈을 쓴 망국적 포퓰리즘이라고?

이명박 정권 3년차인 2010년의 경제성장률은 6.1%로 비교적 높은 수준이었다. 하지만 통계에 속으면 안 된다. 이 수치는 기준이 되는 2009년의 경제성장률 지표가 0.2%에 불과했기 때문에 상대적으로 높게 나온 것뿐이다. 즉 '기저효과'라는 착시현상이었다.

특히 2010년 한 해 동안 공공기관들은 선진화라는 이름으로 신규 채용을 줄이고 비정규직을 크게 늘렸다. 전체 공공기관 임직원 수가 2008년 26만1984명, 2009년 24만2672명, 2010년 24만8433명이었는데, 이중 비정규직은 2008년 3만7970명으로 전체 임직원의 14.5%, 2009년 3만8536명으로 15.9%, 2010년 4만1626명으로 16.8%를 기록하면서 이명박 정부 들어 꾸준히 증가했다.

또한 정부가 노동시장을 유연화하여 일자리를 창출한다며 내놓은 공공기관의 '단시간 근로제, 유연 근로제'도 허울뿐인 제도였다. 이 제도를 처음 시행한 2010년 한 해 22개 기관에서 단시간 근로자 3356명을 채용했다. 그러나 이들 대다수는 단기간만 일을 하고 그만두게 되어 또 다시 취업시장에 나와 전전긍긍해야만 했다. 결국 이 정책도 '보여주기 식 임시방편'에 그치고 말았다.

그해 12월 3일 서울시 오세훈 시장은 기자회견을 열어 "복지의 탈을 쓴 망국적 포퓰리즘 정책은 거부한다"며 무상급식 정책에 반대했다. 그러자 여러 시민단체와 야당이 모여 서울시의회 본관 앞마당에서 친환경 무상급식 예산확보 촉구 결의대회를 열었다. 부자 감세로 날아간 세수 20조 원은 아깝지 않고 아이들에게 눈칫밥 먹이지 말고 따뜻한 점심 한 끼 주자는 돈 770억 원은 아끼려 한다고 비난했다. 더구나 이 돈은 서울시 총예산 20조 원의 0.4%에 불과했다.

무상급식은 이미 2010년 6월 지방선거에서도 정치쟁점이 되었었다. 국민들은 진보개혁 정당의 손을 들어주며 무상급식에 대해 긍정적인 의사 표시를 했다. 그런데도 이를 복지 포퓰리즘이라 우기던 오세훈 시장은 자신의 시장직을 건 도박에서 패해 결국 사퇴했고, 10월의 서울시장 보궐 선거에서도 한나라당의 나경원 후보가 박원순 후보에게 패하게 되었다.

이때부터 대한민국 정치지형의 화두가 '재벌 개혁과 경제 민주화'로 세팅되었다. 가장 친재벌적 MB 정권이 '학생 무상급식'을 막으려다가 재벌 개혁 논쟁까지 불러들인 꼴이 되었다.

## 미래에도 빚을 못 갚아

2010년 12월 8일, 2011년도 예산안이 이명박 대통령의 말 한 마디에 한나라당 단독으로 국회에서 날치기 통과되었다. 총예산은 309조567억 원이었고 이 안에는 4대강 공사예산 9조3천억 원이 포함되어 있었다.

2011년의 예산은 이명박 정부가 '서민 희망예산'으로 편성하겠다고 했었으나 노인 일자리 예산, 사회적 일자리 창출 지원금, 저소득층 긴급 복지비, 기초생활자 급여예산, 장애아 무상보육 지원금, 비정규직의 정규직 전환지원 예산, 영유아 예방접종비, 차상위 계층 의료지원 등등이 일부 또는 전액 삭감되었다.

2010년 가구당 실질소득은 2.8% 늘었으나 소비 지출은 물가상승 때문에 6.4%나 늘었다. 그만큼 서민들 살기가 팍팍해졌다. 그런데다가 2011년 1월은 구제역의 확산과 함께 100년만의 최악의 폭설과 한파가 몰려 농축산물의 공급에 차질을 빚으며 물가를 자극해 서민들의 빚도 그만큼 더 늘어났다.

가계부채가 늘어나면 부동산 경기나 내수 경기가 지체될 때 가

계파산의 위험성이 높아진다. 가계부채는 외환위기 직후인 1999년 말 213조 원 정도에서 2011년 말 912조2천억 원으로 대폭 늘었다. 지난 12년 동안의 연평균 명목성장율은 7.1%였는데 가계부채는 연평균 12.9%씩 늘었다. 같은 기간 GDP 대비 가계부채도 38.8%에서 73.3%로 높아졌다. 덩달아 가처분소득 대비 가계부채도 61.3%에서 135.9%가 되었다.

사실 가계가 빚 갚을 능력만 된다면 부채가 얼마가 되든지 상관없다. 하지만 지표가 보여주듯이 가계부채가 개인 가처분소득의 100%를 넘어섰다는 것은 현재의 빚을 미래의 현금 흐름으로도 갚기가 어렵다는 의미다.

이래도 대한민국의 대다수 서민들은 정부정책과 사회적·구조적 모순에 분노하기보다 자신이 부족한 탓이라며 자책하거나 자기 운명으로 돌리며 자포자기하는 경우가 많았다. 그러나 이런 자학적인 심성을 깨우는 사건이 외부에서 터졌다. 그것도 대한민국의 재벌과 보수세력이 앙망仰望하는 미국의 월가에서 상상도 못할 시위가 벌어졌다.

2011년 9월 27일 '고학력 저임금 세대' 30여 명이 미국의 부를 독점한 1%에 분노하는 99% 미국인의 입장을 대변하는 시위를 시작했다. '월가를 점령하라 Occupy Wall Street'는 구호와 함께 '매일 아침 일어나서 끼니 걱정, 방값 걱정 하지 않게 해달라'고 외쳤다. 이런 구호는 그동안 제3세계의 빈곤국가에서나 들을 수 있는 소리였다. 이 말이 세계 최고의 자본주의 국가인 미국의 금융도시에서 터져 나왔다. 이로써 신자유주의적 자본주의는 인간의 가장 기본적인 생활인 세끼 밥조차 해결해주지 못하고 모든 세계인들을 궁지로 몰아넣는 주범임이 밝혀졌다.

## 쪼그라든 중산층

수출 대기업들은 이명박 정부가 출범 초부터 법인세 인하, 고환율 고수, 저금리 정책을 펴온 덕을 톡톡히 누렸다. 2011년 대한민국의 수출은 자랑스럽게도 전년 대비 19%가 증가한 5565억 달러로 사상 최대를 기록했다. 수입액은 5244억 달러로 무역수지 흑자가 321억 달러였다. 삼성전자, 현대자동차 등은 해를 거듭하며 사상 최대의 실적과 이익을 남겼다.

재벌은 포동포동 살이 올랐다. 정부는 낙수효과가 나타나 서민들도 덩달아 재벌의 부를 향유하게 될 것처럼 말했다. 그러나 실상은 달랐다. 서민들의 생활은 더 어려워졌다.

MB 정권의 대한민국은 옥스퍼드 사전이 올해의 단어로 선정한 '쪼그라든 중산층Squeezed Middle'에 딱 들어맞았다. 중산층이 줄어드는 것은 신자유주의 광풍이 불고 있는 지구촌 전체의 현상이기는 하지만 대한민국은 그 속도가 유달리 더 심했다.

1990년부터 2010년까지 지난 20년 동안 GDP가 3배 이상 증가했으나 중산층 비율은 75.4%에서 67.5%로 크게 줄었다. OECD의 기준에 따르면 중산층은 처분소득이 전국 가구 소득평균의 50

~150%에 해당되는 가구들이다. 50% 미만은 빈곤층이고 151% 이상은 고소득층이다.

중산층을 가르는 대한민국의 지난해 기준은 월평균 소득 327만 원(2인 가구 기준) 정도였다. 이 기준에 자신의 소득을 비추어보면 자신의 사회경제적 위치를 짐작할 수 있다. 그러나 사람들이 자신을 중산층으로 여기는지는 소득 수준과 상관관계가 그다지 높지 않다. 경제는 무엇보다 심리가 크게 작용한다. 내일이 불안하면 오늘이 아무리 좋아도 불만을 가질 수밖에 없다. 대한민국의 중산층들이 현재 그런 불안을 느끼고 있다.

통계청이 내놓은 '사회경제적 지위에 대한 의식조사 결과'(2011년)를 보면 자신이 중간층에 속한다고 대답한 가구주가 52.8%에 불과했다. 상층은 1.9%, 하층은 무려 45.3%나 되었다. 이를 2009년의 수치와 비교해보면 상층과 중간층이 각각 0.8%, 2.1%가 줄었고 하층은 1.9%가 늘었다.

이보다 더 충격적인 답변도 있다. 전체의 72%는 '일생동안 아무리 노력해도 사회 경제적 지위가 올라갈 수 없다'고 답했다. 이런 좌절은 소득이 적을수록 더 심했다.

또한 시티은행 아시아·태평양지역 본부가 아시아 주요국의 중산층 8천 명을 대상으로 조사한 결과를 보면, 재정적인 걱정을 가장 많이 하는 국가가 대한민국이었다. 아시아 평균인 55%보다 훨씬 높은 82%가 자신의 재정상태가 불안하다고 생각하고 있었다.

중산층이 두터운 사회가 건강하고 안정적인 사회다. 그런데 대한민국 사회는 허리인 중산층이 점차 줄어들고 있으며 남아 있는 중산층들도 언제 하층으로 떨어질지 몰라 항시 두려워하고 있다. 더욱이 계층이동성이 협소한 대한민국 사회에서 한번 하층으로 떨어지면 다시 중산층으로 올라서기란 하늘의 별따기 만큼이나 어렵다.

이들에게 사다리를 마련해주는 일이 정치권의 몫인데, 정치인들 대다수가 재벌과 야합해 자기 배를 채우기에만 바쁘다. 점점 쪼그라드는 중산층, 위축되어가는 서민들의 절박한 심정을 해결해 주어야 대한민국에 미래가 있다.

## 나라의 허리가 사라지고 있다

1990년 대한민국 중산층의 전형은 고졸 학력의 30대 후반의 제조업에 근무하는 외벌이였다. 이게 2010년에 와서는 40대 후반의 대졸 맞벌이 서비스업 종사자로 바꿨다. 20년이 흐르는 동안 대한민국 사회는 혼자 벌어서는 제대로 살 수 없는 사회, 대학을 나오지 않고는 희망을 갖기 어려운 사회, 40대 중반까지는 아무리 열심히 일해도 중산층조차 되기 어려운 사회가 되고 말았다.

물론 지금도 무학이나 국졸, 또는 중졸이나 고졸 출신으로 제조업에 근무하며 혼자 벌어서 성공한 사람들도 있다. 기존 언론들과 재벌들은 이들을 띄워주며 대한민국 사회의 냉혹한 현실을 가리려고 한다. 그러나 로또를 산 사람들 중 거의 절대 다수가 로

또에 당첨되지 않듯이, 서민들이 아무리 노력한다 해도 기회와 행운을 잡은 극소수를 제외한 절대 다수는 계층이동이 현실적으로 불가능해졌다. 나라는 부강해지고 대기업의 규모도 나날이 커져만 가는데 왜 서민 가계는 불안에 떠는 나날을 보내야만 할까? 왜 이런 일이 벌어졌을까?

대한민국의 허리인 중산층이 붕괴한 가장 큰 이유는 양질의 일자리가 없기 때문이다. 대학 나온 두 부부가 '번듯한 직장'에서 죽도록 일해도 오십이 다 되어서야 겨우 중산층 반열에 올라설 수 있다. 그런데 대표적인 번듯한 기업, 즉 대기업의 고용이 늘지 않고 있다.

대한민국 대표 기업인 현대와 삼성을 살펴보자. 현대자동차의 매출은 2007년 연간 30조4891억 원이던 것이 이명박 대통령이 집권한 2008년 32조1897억 원, 2010년 66조9852억 원, 2011년 77조7979억 원으로 껑충 뛰었고, 당기 순이익만 8조1049억 원을 올렸다. 그런데 과연 직원은 얼마나 늘었을까? 2008년 5만6000명 선이던 직원이 2010년에도 5만6200명 선을 밑돌았다. 매출은 40%나 늘었지만 일자리는 3% 안팎의 미미한 증가에 그치고 말았다.

이에 비하면 삼성전자는 그나마 낫다. 삼성전자 임직원 수는 2006년 8만5813명에서 2008년 8만4721명으로 약간 줄었으나, 2011년 계약직을 포함해서 10만 명을 돌파했다. 물론 이는 삼성전자의 주력상품인 스마트폰과 반도체가 국내외적으로 호황을 누려 늘어난 매출액에 비하면 적은 수치다. 3년 만에 매출액이 2배가량 증가해 112조2494억 원에 달했으나 종업원은 약 13% 정도 증가하는 데 그쳤다. 또한 매출액 상위 100대 기업의 직원 평균 근속연수가 11년인데 비하여 삼성전자는 고작 7.6년이었다.

대기업의 이익이 급증함에도 일자리 수가 늘지 않고 정체되는 이유는 생산설비 자동화 등의 영향도 있겠지만, 대기업들이 주로 해외에 투자하며 해외 인력을 늘려가고, 국내에서는 비정규직 비중을 높여가기 때문이다. 삼성전자나 현대자동차 등 재벌이 지난 3년 동안 만든 해외 일자리 수가 국내의 2배에 이른 경우도 있다. 이 수치는 점차 증가할 것이다.

국가가 나서서 수출 대기업을 적극적으로 지원해 키워주며 국내의 고용과 분배에 대기업이 기여하기를 바랐으나, 시간이 흐를수록 정부의 의도와는 반대 방향으로 가고 있다. 대기업이 글로벌화하며 국가와 국민을 위한 기업이 되기보다 기업 자체의 이익 논리에만 집중하기 시작했다. 재벌들은 더 이상 국내 고용과 복지 향상에 대해서는 신경 쓰지 않으며 나 몰라라 하고 있다.

대한민국의 재벌들이 벌어들이는 이익은 국내의 서민들에게까지 흐르지 않고 '세계 경영'이라는 구호로 그들의 야욕을 채워주는 '그들만의 잔치'에 재투자되고 있다. 이처럼 상층부에서 빨아가는 어마어마한 돈이 하층부로 내려오지 않는 단절 현상이 생기면서 서민들의 가계부채가 위험 수준에 육박하고 있다.

## 수출보다 내수가 중요하다

2011년 12월 대한민국은 건국 63년 만에 세계무역 1조 클럽에 진입했다. 1977년 12월 수출 100억 달러를 달성했고, 11년 후 88올림픽이 있던 해에 수출이 1000억 달러를 넘어섰다. 그리고 드디어 1조 달러를 돌파한 것이다. 이로써 대한민국은 미국·중국·독일·일본·프랑스·네덜란드·영국·이탈리아의 8개 나라의 뒤를 이어 세계 9위의 무역대국이 되었다.

하지만 이렇게 수출이 급증한다고 해서 우리 서민이 마냥 좋아만 할 수는 없다. 수출이 10억 원 늘 때마다 유발되는 취업자 수를 나타내는 '취업유발 계수'는 오히려 급감하고 있기 때문이다. 1980년대 취업유발 계수는 185.4명이었으나 1990년 64.6명, 2000년 15.0명, 2009년에 이르러서는 8.2명까지 떨어졌다.

지난 10년간 대한민국 경제는 연평균 4.1% 성장했으나 일자리는 겨우 1.2% 늘었다. 이 가운데 카드대란이 있던 2003년과 글로벌 금융위기가 한창이던 2009년에는 취업자 증가율이 마이너스를 기록하기도 했다.

한국은행의 산업 연관표에 나온 이 같은 수치를 보건대 수출만 잘되면 고용시장이 저절로 좋아지리라는 기대는 환상이다. 이런 환상을 그동안 정부가 국민들에게 늘 주입해왔다. 경제성장을 통해 고용이 증대되고, 내수가 촉진되면 다시 성장하는 선순환 구조정책을 기본으로 하고 '성장'에 초점을 두느냐(이명박 정부), '분배'에 약간의 무게중심을 두느냐(김대중·노무현 정부) 정도의 차이 밖에 없었다.

'낙수효과의 신화'는 깨졌다. 오히려 그동안의 과도한 수출 의존 정책으로 내수가 장기 부진의 늪에 빠져버렸다. 그럼에도 정부는 지속적으로 수출주도형 재벌기업 위주의 경제정책을 폈고, 그나마 고용 창출 효과가 있던 내수산업이 축소되자 국내 고용 현황은 점점 악화, 노동자의 임금도 줄어들고 있다.

수출과 내수는 고용 효과에서 큰 차이가 난다. 10억 원의 상품을 팔 때 내수용 중소기업의 취업 유발계수는 15명, 수출주도형 대기업 중에서 우리나라가 강점을 가지고 있는 전기전자 계통은 고작 5명에 불과하다. 중소기업의 고용 창출 효과가 대기업의 3배 가량에 이르는 것이다.

수출로 인한 고용 효과가 줄면서 실질 국민총소득이 늘어도 고용률은 정체되고 이는 소비 부진으로까지 이어지고 있다. 지금 이명박 정부가 하고 있는 수출만을 위한 경제정책은 원화의 값어치를 떨어트리고, 수입 원자재를 비싸게 들여오며, 수출 경쟁력을 강화하기 위해 노동시장을 유연화해 수출이 백만 달러 늘어날 때마다 내수 산업의 일자리를 15개 씩 없애고 있는 꼴이다.

이러한 과도한 수출 의존적 정책은 국내의 고용상황을 악화시킬 뿐 아니라, 대한민국 경제구조를 대외적 충격에 약하게 만들어 늘 다른 나라의 부침에 신경을 곤두세워야만 하는 스트레스성 경제로 만들어 버린다.

내수산업의 위축은 그렇지 않아도 세계 각국의 경제적 커플링coupling 현상이 심화되는 글로벌 시대에 대한민국 경제의 큰 부담이 되고 있다. 커플링은 동조화를 말하는 것으로 여러 나라가 환율, 주가, 금리 등이 함께 오르락내리락하는 현상이다. 이런 커플링이 금융위기 이전에는 상호의존성이 큰 주변국들에서만 나타났으나, 금융위기 이후에는 다른 경제권에 있는 나라들끼리도 영향을 주고받고 있다. 또한 과거에는 신흥국들만 선진국 경제에 동조하였었는데, 최근에는 선진국들도 신흥국들의 경제 상황을 따라가는 순환적 동조화circular coupling 현상이 나타나고 있다. 한마디로 모든 나라의 경제가 대외적 요인의 영향을 지대하게 받고 있다는 것이다.

이런 외부적 영향을 비교적 덜 받는 탈 동조화decoupling를 유지하려면 다음의 네 가지를 갖춰야 한다. ① 내수주도로 경제 구조를 전환, ② 사회적 안전망 확충, ③ 충분한 완충 자본buffer capital을 확보, ④ 유연한 환율 운용이 그것이다.

이중 제일 중요한 것이 내수시장이다. 내수만 탄탄하면 어지간한 외부요인은 별 문제가 안 된다. 그래서 선진국이나 신흥국을 막론하고 자국의 경제적 독립과 안전성을 확보하기 위해 내수 확대정책을 펼치고 있는 것이다. 이 세계적인 흐름에서 이명박 정권만 예외다. 내수는 나 몰라라 하고 재벌들의 이익을 위해 수출에만 목매고 있다.

## 두 별세계 – 극빈층/극부층

경제성장의 과실이 서민층까지 내려오지를 않으니 가구소득이 늘기는커녕 점점 줄어들고 있다. 2011년에는 물가상승률 때문에 실질임금이 전년 대비 -4.08%로 오히려 떨어졌다. 그러다 보니 가계부채가 급속히 늘어 이제는 1000조 원까지 늘었는데, 가계부채를 인구 1인당으로 환산하면 약 2000만 원가량이 된다. 우리 국민 모두가 1인당 연봉과 엇비슷한 2000만 원의 부채를 지고 있는 셈이다. 이론적으로는 1년 간 한 푼도 쓰지 않고 돈을 모으면 빚을 청산할 수 있고, 절반을 소비하고 절반만 모아도 2년이면 부채 해결이 가능하다. 그러나 현실에서는 가계부채가 줄어들지 않고 해마다 크게 늘어나고 있다. 왜 그럴까? 그것은 아무리 개인이 내핍耐乏한 생활을 해도 사회 환경이 해마다 더 많은 비용을 지출하도록 강요하기 때문이다.

가장 큰 목돈이 드는 주거비부터 살펴보자. 부동산 정보 전문업체인 '부동산서브'의 조사 결과 수도권에서 1억 원 이하의 전셋집 물량이 4년 전에 비해 절반가량 사라졌다. 서울·경기·인천 지역의 아파트 및 주상복합 344만3666가구 중 1억 원 이하의 전셋집은 61만9686가구에 불과했다. 특히 서울은 2008년 15만5227가구에서 5만5559가구로 대폭 감소했다. 수도권 지가는 2008년 평당 414만 원에서 576만 원으로 뛰었고, 서울은 같은 기간 538만 원에서 770만 원으로 올랐다. 더구나 전셋집 자체가 점차 사라지고 월세로 바뀌고 있다.

대한민국의 독특한 제도인 전세의 시작은 1876년 강화도조약으로까지 거슬러 올라간다. 강화도조약으로 부산·인천·원산의 3항구가 개방되어 일본인들의 거류지가 조성되고, 더불어 농부들이 이주해오면서 전세제도가 시작되었다. 목돈이 아예 없던 사람들이 월세 단칸방에서 시작해 돈이 조금 모이면 전세로 갈아타고, 더 돈을 모으면 집을 사곤 했다. 이처럼 서민에게 고마운 제도였던 전세가 140년 만에 사라지고 있다.

주택임대차 가옥에서 월세집이 차지하는 비율은 2000년 28%에서 2010년 43%로 높아졌다. 주거비의 이런 가파른 상승 때문에 서민들은 더 많은 빚을 지게 되었다. 또한 외환위기 이후 소비나 저축으로 자유롭게 처분할 수 있는 '순처분 가능소득$_{NDI}$'에서 개인의 비중은 74%에서 63%로 줄었으나, 기업은 5%에서 14%로 증가했다. 그만큼 가계가 체감하는 소득 정체가 심화되고 있다.

소득 정체에 비해 지출은 큰 폭으로 늘고 있다. 통신비, 연금, 사회보험, 교육비 등이 100% 안팎의 높은 증가율을 나타내고 있고, 특히 교육비는 40대 가구주에서 여타 연령대에 비해 두드러지게 증가했다.

노후를 준비해야 할 40대가 자녀교육비 등으로 쪼들리고 있고, 가계경제에서 흑자를 내는 비율은 단 19%에 불과했다. 한마디로 5명 중 4명이 빚쟁이 인생을 살고 있는 것이다.

평균 가계대출 금리는 금융위기 이전의 최저금리인 6.05%보다 더 낮은 5.47%다. 그런데도 서민 가계에서는 가처분소득보다 이자비용 지출이 증가하고 있는데, 그 이유는 위에서 살펴본 바와 같이 주거비와 교육비, 통신비 등이 급등하면서 기본생계비 증가가 소득 증가보다 더 빠르기 때문이다.

주거비 관련 통계는 2003년부터 시작되었다. 당시 가계 총지출에서 주거비가 차지하는 비율이 9.89%였는데, 이 비율이 2007년 이후 연속으로 커지면서 지난해 11.5%까지 상승했다. 여기에 에너지 수입물가가 지난해에만 27.7% 뛰었고, 전·월세 가격지수가 4% 뛰었다. 여기에도 소득 양극화가 나타나 소득 하위 20%인 저소득 1분위 계층의 주거비 부담은 16.45%로 증가한 반면, 고소득 계층인 5분위는 8.15%에서 7.95%로 오히려 줄어들었다. 못 사는 사람의 주거비는 소득에 대비해 급상승한 반면 잘사는 사람은 주거비조차도 줄어들고 있다.

이런 영향으로 지난 2000년 260조 원이던 가계부채가 매년 25% 이상 증가하며 2002년 400조 원, 2011년 912조 원을 돌파, 이에 대한 이자 부담만 56조 원에 육박하고 있는 상태다.

서민들은 실질소득 감소와 부채 증가의 이중고를 겪고 있다. 가계부채 비율도 가처분소득 대비 140%를 초과해 OECD의 평균인 126%를 훨씬 상회하고 있다. 서민들이 이러한 상황인데도 불구하고 기업소득 증가율은 지난 20년간 6배가 늘었다.

지난해 기업소득 규모는 전년도에 비해 18.3% 증가한 280조6천억 원이었다. 동 기간 가계소득은 7.3% 늘어난 727조2천억 원으로 기업소득 증가율의 2분의 1에 불과했다. 특히 2009년도에는 가계소득 증가율이 2.9%에 불과했으나, 기업소득 증가율은 이 수치의 3배가 넘는 9.0%였다. 이뿐만이 아니다. 가계소득 증가율은 2000년부터 2010년까지의 10년을 통틀어 5.7% 증가했고, 기업소득 증가율은 무려 연평균 25.5%씩 10년간 꾸준히 증가했다.

지난 세월 대한민국의 기업들은 재벌을 필두로 계속 살이 쪘고, 국민은 상대적으로 그만큼 더 가난해졌다. 기업의 성장이 가계소득 증가로 이어지지 못하도록 국가에서 정책을 폈기 때문이다. MB 정권은 절대 다수의 고용을 창출하는 중소기업을 외면하고 재벌 중심의 수출 정책을 폈다. 그렇게 특혜를 받은 재벌에게 구걸하듯이 고용을 늘려달라며 자비를 간청했으나, 재벌들은 더욱 탐욕을 드러냈다. 대한민국의 재벌은 미국이나 일본보다 더 많은 국가적 특혜를 받아 왔으면서도 그들 국가와 비교해 고용 흡수력은 절반에도 못 미칠 만큼 미약하다. 모든 부를 재벌 혼자서만 누리고 있는 상태다.

우리 사회에 양극화의 골이 깊어가면서 극빈층과 극부층의 두 별別 세계로 나뉘고 있다. 이 두 층의 완충 역할을 하던 중산층이 대부분 신新 빈곤층으로 떨어지고 있는데, 이들의 상실감은 기존 빈곤층과 비교할 수 없으리만큼 크고 과격해 사회 불안요인이 되고 있다. 뉴욕 대학의 경제학자 루비니 교수도 이들 신 빈곤층이 중심인 '거대한 분노의 파도'가 몰려오고 있다고 말한다.

　이를 어떻게 해결해야 할까? 새로운 제도를 만들어야 한다. 그러려면 국회에 '재벌에 포섭되지 않을 사람'을 보내야만 한다. 그리고 그들이 '재벌에 포섭되지 않도록 막는 장치'도 마련해야만 한다.

# 2부

# 21세기 대한민국이 가야 할 길

CHAPTER 07

# 안철수, 주주 **자본주의**에 **한 방** 날리다

나라 곳곳에 부채가 쌓여가고 있다. 공공기관, 일반 서민 할 것 없이 빚이 늘고 있다. 정부가 '빚 권하는 사회' 분위기를 형성해놓았기 때문이다. 이렇게 빚으로 살아야만 하는 사람들이 워킹 푸어, 하우스 푸어, 허니문 푸어, 에듀 푸어, 실버 푸어 등의 다양한 이름으로 불리고 있다. 일을 해도 생활비조차 감당할 수 없어 빚, 내집 하나 장만해도 빚, 결혼도 빚, 아이들 교육시키는 데도 빚, 은퇴 후에도 빚, 심지어 부모님 장례식을 치르는 데도 빚을 져야만 인간 구실을 하는 사회가 되었다.

경제활동 인구 6명 중 1명이 대출을 받아야 겨우 생계를 꾸려 나갈 수 있고, 10가구 중 1가구는 소득의 40%를 빚 갚는 데 쓰다 보니 생활하기 위해 또 빚을 내 결국 파산의 수렁 속으로 몰리는 악순환이 나타나고 있다.

대한민국에서 이런 현상이 특히 심하지만 이는 미국과 유럽도 마찬가지다. 유럽도 경제 부진을 이유로 복지정책이 후퇴하고 노동유연성을 받아들이며 더 많은 사람들이 저임금이나 임시직의 덫에 걸려 워킹 푸어의 대열에 합류하고 있다. 물가는 올라가고 소득은 늘지 않고, 일자리도 줄어들면서 빚 없이는 살기 힘든 이런 사회는 도대체 어디서 시작 되었을까?

## 신자유주의의 탄생

자본주의는 산업혁명이 일어나 대량생산한 제품으로 부를 축적한 상인들이 출현한 시기에 애덤 스미스와 맬서스가 시장의 자유방임주의를 주장하며 시작되었다.

- 시장이 가장 합리적이다. 개인의 경제활동을 최대한 보장하면 풍요로운 사회가 되고 빈곤문제도 저절로 해결된다.
- 가난의 책임은 자신에게 있다.

이 첫 번째 자본주의 이론은 봉건주의 시대에서 나름대로 사유재산 제도의 확립과 작은 정부를 지향하는 데 공헌했다. 그 후 유럽을 중심으로 자유방임적 자본주의가 전 세계로 퍼져갔으나, 시간이 흐르면서 점차 모순이 드러나기 시작했다. 그 모순은 외부효과에서 발생했다.

외부효과란 어떤 사람의 행동이 본래 그 사람의 의도와 관계없이 제3자에게 어떤 영향을 주는 것을 말한다. 예를 들면 농부가 좋은 쌀을 거두려고 비싼 돈을 들여가며 자신의 논에 열심히 농약을 뿌렸는데 주변의 농지가 덩달아 오염되고 인근 하천의 생태계가 파괴되는 경우, 또는 초고층 빌딩을 짓자 주변건물의 조망권이 침해받고 교통 혼잡이 야기되는 경우 등이다.

이런 외부효과 중에서 제3자에게 의도하지 않은 이익이 발생하면 이를 외부 경제효과라 하고, 손해가 발생하면 외부 불경제효과라 한다. 애덤 스미스나 맬서스의 자유방임적 자본주의는 이 외부효과를 간과했다. 외부효과 때문에 시장경제가 아무리 완벽하게 자율적으로 작동한다 해도 자원의 최적 배분은 결코 일어나지 않는다.

케인즈는 '시장에서 행위자가 의도하지는 않았지만 결과적으로 타인에게 피해를 주는 외부 불경제효과까지 자유방임하면 시장경제의 균형이 깨진다'고 하면서 정부가 시장에 보다 적극적으로 개입하는 '수정 자본주의' 이론을 내세웠다.

1920년대 말에는 미국 발 세계 대공황이 있었다. 이를 극복하는 과정에서 케인즈의 수정 자본주의를 받아들인 나라는 다시 회생했고, 이를 거부한 일부 나라는 체제까지 전복되고 말았다. 이후 '소유와 이익의 공유'를 내세우는 공산주의와 경쟁하면서 자본주의는 체제의 안정을 위해서도 대중 친화적인 정책을 폈다.

공산주의가 몰락한 이후 자본주의는 '신자유주의'라는 새로운 유형으로 진화했는데, 공산주의라는 경쟁자가 사라지자 승자독식이라는 무자비한 자본주의의 본성을 드러내기 시작했다. 특히 자본주의는 속성상 '자본의 자유'가 최고의 가치이기 때문에 자본을 규제하려는 어떤 수단이든 모두 걷어내려 하고 있다.

신자유주의의 태동에는 프리드먼이 '케인즈 승수'를 비판하면서 내놓은 학설이 큰 영향을 미쳤다. 케인즈의 이론은 정부가 지출을 늘리면 그만큼 국민소득이 늘어 국민들이 소비를 하게 되고 다시 국가재정도 늘어난다는 식이다. 프리드먼은 이에 반대되는 주장을 했다.

- 정부가 지출하는 재정은 세금인데, 세금을 늘리면 통화량이 줄고, 그만큼 금리가 올라 소비가 줄고, 민간투자가 위축되는 구축효과crowding-out effect가 나타난다.
- 사하라 사막의 관리를 정부에 맡겨 보라. 5년 내에 바닥이 보일 것이다.
- 세상에 공짜 점심이란 것은 없다.

2차 세계대전 이후 황금기를 구가하던 자본주의가 1970년대 스태그플레이션으로 전대미문의 불황에 빠지자 정부재정도 파산 위기에 놓이게 되었다. 스태그플레이션은 경기 침체stagnation와 통화 팽창inflation의 합성어다. 경기는 원래 호황과 불황을 반복한다. 호황기에는 물가가 오르고 불황기에는 물가가 내려간다. 이런 일반적인 현상과 다르게 불황기임에도 물가가 오르는 경우가 스태그플레이션이다.

1970년대 스태그플레이션은 정부와 큰손의 과도한 시장개입에도 원인이 있었으나, 보다 더 큰 책임은 1960년대 세계 경제가 장기호황을 누린 후 산유국들의 담합으로 야기된 고유가, 고환율,

고금리의 삼고三高 현상에 있었다. 이를 자유주의 경제학자들은 자신들의 논리전개에 유리한 '정부의 과도한 개입'에만 주로 비난의 초점을 맞추었다. 이런 시기에 프리드먼의 이론이 각광을 받으며 1980년대 레이거노믹스와 대처리즘의 기초가 된다.

1981년부터 1989년까지 미국의 대통령이었던 레이건은 공급을 적극적으로 자극해 수요증대로 이어가야 한다면서 소득세 감세, 기업규제 완화, 안정적 금융정책, 세출 삭감정책을 폈다. 또한 외교적으로는 '파워 폴리틱'을 구사해 소련을 해체시켰다. 이로써 미국은 지구촌 유일의 슈퍼파워로 '팍스 아메리카나' 시대를 구가하기 시작했다. 미국의 자부심을 높여준 레이건을 미국인들은 역대 최고의 대통령으로 추앙한다.

레이건은 슈퍼 아메리카를 등에 업고 '복지 망국론'을 세계로 전파한 인물이다. 레이건은 각자의 이윤추구 활동이 어우러져서 전체적 이익이 된다고 보고, 감세해야 부자들이 투자하고, 일자리도 늘어 국민소득이 늘고, 정부 조세 수입도 늘어난다며 복지를 국가재정 악화의 주범으로 보았다.

레이건과 비슷한 시기에 영국 총리를 지낸 마거릿 대처도 민영화, 직접 소득세 반대, 복지 축소, 노동조합 약화, 정부지출 감소를 경제성장의 엔진으로 삼았다. 때마침 소련을 비롯해 동유럽의 공산주의가 몰락하자 레이거노믹스와 대처리즘은 불멸의 진리로 인식되기 시작했다.

## 그린스펀의 고백

레이건은 헐리우드 배우 출신의 대통령이다. 그래서인지 그의 정치적, 경제적 능력에 대해서는 사람들이 간과하는 경향이 있는데, 그가 전 세계에 뿌린 양극화의 씨앗에 대해서는 절대 가볍게 넘겨서는 안 된다.

레이건 대통령은 '작은 정부' 핑계를 대며 대내적으로는 감세, 규제철폐, 민영화를 진행하고, 대외적으로는 강한 미국을 과시하기 위해 엄청난 군비를 쏟아 부어 이후 글로벌 금융위기의 원인이 되었다. 소득세를 대폭 삭감해주면 투자가 증가하고 세입도 늘어난다고 했으나 이 이론도 거짓임이 드러났다.

레이건은 항상 농민, 노동자, 소방대원들을 언급하며 '보통사람'들을 존중하는 것처럼 행동했으나 실은 정치인 이전의 직업이 배우였던 것처럼 하나의 연기에 불과했다. 레이건이 제도화한 정책 때문에 노동계의 고임금 일자리가 없어졌고, 빈곤층을 지원하는 복지예산도 삭감됐다. 대신 금융부문의 규제는 완화하며 상류층의 몫을 대폭 늘렸다.

레이건은 냉전의 한축이자 소유와 이익의 공유를 주장하던 사회주의 진영을 무너뜨리며 일약 영웅이 되었다. 이 영웅이 빛나는 승리의 갑옷을 입고 신자유주의라는 전염병을 전 세계에 퍼트려도 이느 누구도 쉽사리 비난하지 못했다. 오히려 경쟁상대기 사라진 '승자독식 자본주의'는 인간을 자신의 발아래에 두기 시작했다. 그 결과 가족, 친구, 이웃 등 공동체나 모든 인간적 가치는 실종되고 오직 이기심과 이윤만이 절대적인 기준이 되고 말았다.

레이건은 은퇴 2년을 앞둔 1987년 자신의 경제정책을 충실히 이행해줄 엘런 그린스펀을 연방준비제도이사회FRB 의장으로 임명했다. 이후 그린스펀은 2006년까지 18년 동안 경제 대통령 노릇을 했다.

그린스펀은 취임 직후 일어난 '블랙 먼데이(증시 폭락)'와 2000년 3월에 터진 '버블 닷컴'까지 잘 수습해 '마에스트로(巨匠, 거장)'라는 칭송을 들었다. 그러나 금융 시스템을 자율규제로 놓아두고 파생상품 규제를 반대하는 실책을 하는 바람에 프린스턴 대학교수 폴 크루그먼의 지적처럼 '닷컴 버블을 집값 버블로 대체'해 놓았다.

그렇게 해서 터진 금융위기 사태 수습을 위해 열린 미 하원 청문회장에서 "지난 40년간 잘 들어맞던 이론에서 처음으로 허점이 발견되었다"며 망연자실한 표정으로 자신이 틀렸음을 시인했다. 자백과 함께 그는 조용히 떠났지만, 그가 남긴 사회적 양극화의 그늘 아래에서 저임금에 시달려야 하는 노동자들은 계속 무저갱을 헤매야만 했다.

## 미국식 자본주의의 한계

2008년 9월 14일 리먼브라더스가 파산 신청을 하고, AIG도 사실상 파산에 이르자 미국 정부가 허겁지겁 구제금융을 결정했다. 동시에 전 세계 주식시장의 주가가 곤두박질치고, 금융시장은 패닉에 빠졌다. 미국과 EU국가들이 1조 원 이상의 구제금융을 결정했으나 위기는 더 심화되었다. 이 위기에 세계 각국이 공조를 펼치며 최고 규모의 경기부양책을 내놓는 가운데 침체는 1년가량 계속되다가 2009년 말 겨우 리먼브라더스 사태 이전으로 회복하였다.

2008년 세계적 경제위기는 금융 자본주의를 통해 국가 경쟁력을 유지해오던 '미국식 자본주의'의 한계를 드러낸 것이다. 미래학자이자 정치경제학자인 프랜시스 후쿠야마 같은 이들은 "레이거노믹스와 대처리즘의 시대적 소명은 끝났다"라고 선언했다.

감세가 성장을 자극하여 세수 증대를 가져온다는 레이거노믹스는 거짓임이 이미 드러났다. 그런데도 MB가 레이건의 뒤를 따르다가 대한민국의 서민들만 엄청난 고통을 치르고 있다.

금융위기를 통해 한계가 드러난 신자유주의의 근원적 문제는 무엇일까? 그 근원적 문제를 해결해야 오늘날의 재벌 문제와 양극화를 해소할 첫걸음을 시작할 수 있다.

금융위기는 실물경제와 괴리된 금융만의 기형적인 축적 구조 때문에 생겼다. 그렇기 때문에 이번 위기에 금융산업을 중시한 미국과 유럽의 경제가 약화되고 중국과 인도 등 아시아권, 신흥 BRICS 국가들이 그나마 선진하고 있다. 대한민국은 신자유주의적 신념인 '작은 정부 큰 시장'을 고집하다가 여러 차례 위기를 만난 것이다.

자본주의의 약점을 최대한 노출시킨 것이 신자유주의인데 이 신자유주의라는 괴물은 '주주 자본주의Share-holder Capitalism'를 먹고 자랐다. 주주 자본주의는 어떤 경영자나 기업도 탐욕의 화신처럼 만들고야 만다.

우리가 열광한 '애플'의 제품을 만드는 중국 공장에서 노동자들이 얼마나 박봉에 시달리며 열악한 근로환경에서 일하는지 언론을 통해 잘 알려져 있다. 애플뿐만이 아니다. 세계 굴지의 기업 경영자들은 조금이라도 더 싼 임금과 유지비가 덜 드는 근로환경을 찾기 위해 혈안이 되어있다. 왜 이렇게 되었을까? 세상의 모든 기업과 경영자가 전부 탐욕에 눈이 먼 착취자들일까?

주주 자본주의 아래에서 기업의 존재 의의는 투자자들의 이윤 극대화다. 거기다 요즘의 주주들은 주식 보유기간이 대단히 짧다. 예전에는 평균 보유기간이 몇 년씩이었지만 지금은 장기 6개월, 중기 한 달, 단기 하루에서 보름 정도가 추세다.

이처럼 투자자들의 단기수익 지향 때문에 기업도 단기적인 성과를 내는 데에만 온 힘을 기울이고 있다. 경영자로 살아남으려면 장기적이고 과감한 투자는 피하고 금세 주가를 올려주는 단기적 이윤을 계속 창출해야만 한다. 이런 주주 자본주의의 내재적인 룰이 중소기업 납품단가 후려치기, 저임금 노동자 양산으로 이어지고 있다.

# 금융산업과 한미 FTA

대한민국에 주주 자본주의가 본격적으로 들어온 시기가 1997년 IMF 환난 때다. 그전부터 미국은 월스트리트의 금융 자본주의와 주주 자본주의를 글로벌 스탠더드라며 동아시아에 이식하려 노력했었다. 마침 대한민국이 외환위기에 빠지자 구제금융을 주는 조건으로 대폭적인 자본시장 개방과 금융규제 완화를 요구했다. 이때부터 대한민국의 시장 토양이 월스트리트의 자본이 마음껏 수익을 남길 수 있는 주주 자본주의 시스템으로 완벽하게 변했다.

그리스의 파국도 월스트리트가 주범이다. 그리스 정부는 2001년 유로존에 가입하면서 EU의 재정규율 기준에 맞추기 위해 골드만삭스로부터 파생상품 계약을 통해 28억 유로(약 4조1600억 원)의 비밀대출을 받았다. 이 자금을 국가 부채로 처리하지 않고 부외거래로 표시했는데, 미래의 재정수입을 미리 매도하는 방식이었다. 그리스는 당시 28억 유로를 대출받으며 6억 달러의 인센티브를 골드만삭스에게 주어야 했다. 이때의 국가 부채가 계속 불어나 오늘날의 재정위기를 맞게 된 것이다.

골드만삭스는 해마다 세계 경제보고서Global Economics Paper를 발간한다. 올해 발간한 자료에 의하면 대한민국 경제는 2030년까지 3.5%대 성장이 가능하다고 전망했다. 그러면서 고령인구가 증가해 금융, 헬스, 관광, 엔터테인먼트, 인터넷 소프트웨어가 성상하고 젊은 층 감소로 교육, 건설, 통신, 소매판매, 유틸리티(가스, 수도, 전기)는 부진할 것으로 보았다.

이들이 대한민국 경제를 긍정적으로 본 근거는 한미 FTA를 체결해 수출이 계속 활기를 띨 것이라고 보았기 때문이다. 이것은 골드만삭스의 견해이며, 이 시각에 노무현 정부와 이명박 정부, 그리고 기득권 언론들도 동조했다. 마치 한미 FTA가 대한민국 경제의 구세주나 되는 것처럼 찬양했다. 이 조약 덕분에 대한민국의 고질적 관행과 비합리적 규제가 타파되고 국가와 사회 시스템이 글로벌 표준으로 상승된다고 하지만, 이는 근거 없는 희망일 뿐이다.

FTA는 그 성격상 수출기업과 대기업에 유리하고 내수기업과 중소기업에 불리하다. 그렇다고 수출이 꼭 대폭 늘어나는 것도 아니다. 대한민국의 대외무역은 중동에서 원유와 가스, 일본에서 기계장비 및 핵심부품을 수입해 와 제품을 만들어 미국, 중국, EU, 동남아 등에 수출하는 구조로 되어 있다. 최근 들어 우리나라의 대 미국 경상수지 중 상품수지 흑자 규모가 크게 줄고 지적재산권 사용료, 사업서비스, 금융, 컴퓨터 및 정보 특허권, 여행 등 서비스수지 적자는 확대되는 추세다. 이에 비해 대 중국 경상수지는 상품수지와 서비스수지의 흑자가 함께 확대되고 있고, 동남아에서도 흑자규모가 크게 늘고 있다. 그러나 일본과 중동에서 적자규모가 크게 늘어나고 있다.

2010년 기준으로 대한민국의 주 거래국 40개국 중 경상수지 흑자를 낸 국가는 17개국이고 적자를 낸 국가는 23개국이었다. 흑자 규모 순서는 중국, 홍콩, 멕시코, 인도, 미국 등이며 적자는 일본, 사우디아라비아, 호주, 쿠웨이트, 독일 등이었다.

대한민국의 대외 무역구조에서 수출은 미국 위주에서 중국과 동남아 위주로 바뀌었으며, 수출이 늘수록 일본에서 들여오는 정밀기기 및 화공품의 적자가 커지고 있다. 따라서 미국과 FTA를 체결했다고 하여 수출이 크게 늘 여지는 없다. 미국도 자국 무역 비중의 2.5%에 불과한 대한민국과의 FTA로 무역에서 당장 크게 득을 볼 것은 없다. 이들은 한미 FTA를 체결함으로 엄청난 무역수지 적자를 보고 있는 중국, 일본 등을 압박해 그들과 FTA를 성사시키려는 것이다.

한미 FTA의 여파 중 가장 우려되는 점은 미국의 의료와 금융서비스의 어두운 면이 대한민국에 그대로 이식될 가능성이다. 미국 상무부의 자료에 의하면 한미 FTA로 미국 기업이 대한민국 내 의료·교육·법률·우편배달·회계·금융·통신·방송 서비스 등에 접근하기가 용이해진다고 한다. 미국의 병원들도 대한민국의 경제자유구역 내에 영리병원 진출이 가능하리라 보고 준비하고 있다.

현재 경제자유구역은 제주도를 비롯해 전국에 7곳이 있다. 이들 구역에 영리병원이 들어오면 전국이 '1일 생활권'인 한반도의 좁은 땅덩어리 전체가 영업 지역이 될 수밖에 없어서 결국 '영리병원의 전국화'가 시작된다. 이제 한미 FTA의 레칫(ratchet, 한번 시장을 개방하면 어떤 경우에도 개방 전 단계로 되돌릴 수 없음) 조항 때문에 경제자유구역 내에 설립되는 영리병원은 영구적으로 허용해야 한다.

현재도 건강보험의 재정이 좋지 않고 보장성이 떨어지는데 영리병원이 전국곳곳에 들어오면 '건강보험 당연 지정제'도 흔들리고 약값도 크게 오를 소지가 있다. 지금도 삼성생명이나 삼성화재 같은 보험사들이 영역을 확대하려는 시도를 하고 있는데, 미국의 영리병원이 들어오면 상호 결탁하여 대한민국의 공공성 건강보험 체계를 무력화하여 해체시키려 할 가능성이 크다.

이명박 대통령은 노무현 전 대통령이 시작한 FTA의 '꼭지를 따겠다'더니 완벽하게 미국에 유리한 FTA를 만들었다. 그는 한미관계가 '군사동맹'의 차원을 넘어 '경제동맹'의 세계로 들어간다고 자랑했다. 이제는 대한민국의 모든 경제정책이 한미 FTA에 위배되는지를 검토하며 결정해야 된다. 이런 조짐은 지난 2009년 미국 영리병원 트러스트인 '센츄리온'이 캐나다 건강보험의 당연지정제 법안을 투자자국가소송제ISD에 의거해 국제중재재판소에 제소한 데서 엿볼 수 있다.

미국은 자신들에게 절대적으로 유리한 국제중재제도인 ISD를 만들어 놓고 세계 각국을 차례차례 자유무역 파트너란 이름으로 묶고 있다. 우리의 공적 사회보장제도들도 역시 국제재판소에 제소될 가능성이 있다. 우리의 건강보험 지정제는 이미 지난 1988년, 2000년 두 차례에 걸쳐 대한의사협회가 헌법재판소에 '영업활동 등의 자유를 침해한다'며 헌법 소원을 냈으나 합헌으로 판결이

났다. 미국의 영리병원이 대한민국 내에서도 논란이 일던 사안이라며 국제중재재판소를 설득해 폐기선고를 받아낼 수도 있다.

미국의 금융인들도 한미 FTA를 대단히 반기고 있다. 특히 이 협상의 미국 측 단장이었던 시티그룹 수석 부회장 로라 레인은 이런 말까지 했다.

"우리가 지금까지 맺어온 FTA 중 한미 FTA만큼 미국에 만족스러운 금융서비스 조항은 없다."

금융 측면에서 한미 FTA는 명백한 친미 FTA다. 이로써 세계 각국에서 금융 버블을 일으키며 경제위기를 몰고 다니는 미국의 금융업계가 대한민국에서도 마음껏 활갯짓을 치고 다닐 수 있게 되었다.

미국이 캐나다, 멕시코와 FTA를 체결한 뒤, 두 나라에 가장 많이 진출한 업종이 금융이었다. 앞으로 대한민국에도 미국의 금융업자가 영리병원과 손잡고 온갖 희한한 상품을 화려하게 소개하며 설치고 다닐 것이다. 아무도 이해하지 못하게 복잡한 이론을 들먹이고 누구라도 현혹되게 그럴듯한 미사여구로 포장된 상품소개서를 만들어 착한 사람들의 주머니를 노릴 것이다.

이런 이유 때문에 월스트리트 굴지의 금융회사인 골드만삭스가 한미 FTA를 긍정적으로 평가하고 있다. 현재도 대한민국의 경상수지 흑자는 다른 나라에 비해 턱없이 낮은 수준이다. 중국, 대만, 싱가포르의 경상수지 흑자는 5~10%인데 대한민국은 겨우 1~2%대에 머물고 있다.

이처럼 취약한 경상수지가 조금만 아래로 떨어져도 '한국경제 비관론'이 확산되면서 외국 자본이 대거 빠져나가 다시 외환위기를 맞을 수도 있다. 그렇게 되면 신나는 곳은 월스트리트의 금융가뿐이다. 그래서인지 골드만삭스가 친절하게 대한민국에 경고성 충고를 했다.

"꾸준한 수출 증대를 통해 지속적으로 성장하고, 완만한 증세를 통해 점진적으로 조세 기반을 확충해야 한다. 복지를 확대한다고 수출기반이 약화되면 국제수지 구조가 취약해 외한위기를 초래할 수도 있다."

복지보다는 성장 위주의 정책, 과감한 증세보다는 수출 위주의 정책을 펴라는 말이 국내 재벌 관계자들의 말과 비슷하다. 골드마삭스의 충고대로 간다면 현재 GDP의 47% 수준인 수출 비중이 2030년에는 80%에 다다를 것으로 보인다. 이러면 대한민국이라는 배는 자가동력 없이 완벽하게 외풍에 의지하는 형태로 바뀐다. 월가의 잔기침 소리에도 사레인지, 감기인지, 폐렴인지 고민하며 밤잠을 설쳐야만 한다.

현재처럼 내수를 팽개치고 사회적 안전망인 복지체계를 제대로 갖추지 않고 오로지 재벌 위주의 정책만을 계속 편다면, 대한민국은 세계 금융자본의 속국이자 놀이터로 전락하게 될 것이다.

## 주주 자본주의, 금융 자본주의

미국 발 주주 자본주의는 정치적으로 다투지 않고도 자연스럽게 세계의 친미적 국가들을 미국의 경제 식민지로 만든다. 자본주의 체제에서 권력은 돈에서 탄생하기 때문에 경제 식민지가 되면 자연스럽게 국가의 주권도 넘어간다.

지구상의 어떤 나라도 미국이 주도하는 신자유주의 질서를 쉽게 거역할 수 없다. 금융시장을 개방한 나라들은 월스트리트 금융자본이 돌아다니며 금융거품을 만들고 다녔다. 한 나라에서 거품이 발생하면 자본이 빠져나와 다른 나라로 가서 또 거품을 발생시키고 단물을 뺀 다음 다시 빠져 나온다. 이런 '거품의 돌려막기' 현상은 지역뿐 아니라 업종에도 나타난다. IT에 금융자본이 몰려 활성화되다가 거품이 일면 다시 부동산으로 가서 거품을 일으키고 그 거품이 꺼질 만하면 또 다른 업종으로 몰려가 거품 형성과 파괴를 반복하고 다닌다. 그사이 거품에 혹해 쫓아갔던 일반인들만 피해를 본다.

인류가 신기술을 가장 많이 창조하던 때인 1870년부터 1930년까지 60년 동안 철도, 자동차, 전기, 비행기, 화학공업이 비약적으로 발전했다. 그 후로는 기술혁신이 좀처럼 일어나지 않아 비행기, 기차, 자동차를 대체할 새로운 이동수단도 나오지 않고 있고, 무거운 철강을 대체할 물질도 만들어내지 못하고 있다. 굵직한 신기술이 나와야 세계 경제도 통 크게 성장하는데, 미세한 잔기술만 늘어나다보니 금융자본도 장기간 투자할 대상을 찾기가 어렵다. 자본을 안심하고 투자할 곳이 마땅치 않자 기묘한 파생상품으로 변하여 연명하는 시대가 현재다. 이런 시대의 구조도 금융의 주주 자본주의화에 기여하고 있다.

미국은 일찍이 레이건 대통령 시절부터 금융시장 규제를 완화하여 고용 없는 성장시대를 자초했다. 예를 들어 서민들의 예금으로 운영되는 금융사의 경우 위험 부담이 큰 상업용 부동산 대출이나 카드 대출 같은 것은 못하도록 규제했었는데, 레이건 시절에 이를 풀어 주었다. 금융사들이 안전한 투자를 하는 대신 고위험 고수익high risk-high return을 추구하며 상업용 건물을 비롯한 부동산에 집중투자하였고, 투기 붐이 일어났다.

이때부터 미국에 고용 없는 성장이 나타나기 시작했으나 당시 연준의장인 그린스펀은 '부동산 거품은 없다'고 주장하며 계속 저금리를 밀어붙였다. 은행에서 싸게 빌린 돈으로 기업들은 설비투자 대신 빌딩을 짓거나 부동산을 매입하는 데 썼다. 설비투자를 해서 수익을 올리려면 짧게는 1년, 길게는 십수 년이 걸리지만 요지의 땅을 싸서 업무용 빌딩을 지으면 단기 수익률이 급상승한다.

이런 금융 자본주의를 막아야 할 민주당 정권의 클린턴도 오히려 월스트리트를 지나치게 옹호하며 1999년 글래스 스티걸법Glass-Steagal Act을 폐지한다. 이 법은 1929년 주가폭락과 뒤이은 경제대공황을 경험하며 방만한 상업은행에 대해 규제할 필요성이 제기되어 1933년 제정되었다. 이 법에 따라 상업은행과 증권이 분리되어 기업이 발행하는 유가증권 인수업무는 투자은행만 할 수 있게 되었다. 은행/증권/보험의 칸막이 역할을 해온 이 법이 클린턴 때 철폐되자 하나의 금융기관이 지주회사 형태로 은행, 증권, 보험, 투자를 모두 할 수 있게 되었다. 이를 주도한 로버트 루빈 재무장관은 골드만삭스에서 잘나가던 트레이더 출신이었고, 후에 씨티그룹 회장이 되었다.

루빈과 함께 스티걸법 폐지에 앞장섰던 래리 서머스 재무부 차관, 필 그램 상원의원은 2000년에 금융현대화법 제정을 주도해 파생금융상품을 규제하는 조항을 대부분 없애버린다. 금융현대화법이 제정된 이후 골드만삭스, 리먼브라더스, 메릴린치, 모건스텐리, 시티그룹 등의 초대형 금융복합체가 등장했다. 이 초대형 금융복합체들은 자본금 100억 달러의 100배에 달하는 1조 달러(약 1150조 원)를 차입해 은행업과 증권업을 넘나들며 차입금을 운용하였다.

2011년 대한민국 유가증권 시장의 시가총액은 1041조9991억 원이었고, GDP 총액도 이와 비슷했다. 한마디로 미국의 금융사 하나가 마음만 먹으면 대한민국의 상장사 전체를 좌지우지할 수도 있다는 얘기다.

주주 자본주의 세상에서 글로벌 금융회사들은 시장의 지배적 지위를 차지한다. 이는 금융회사들이 투자할 돈을 사실상 무제한으로 차입할 수 있도록 제도적으로 보장받기 때문이다. 이후 서머스는 재무장관과 하버드대 총장을 지냈고, 헤지펀드의 컨설턴

트로 변신한 그램은 해마다 수백억을 벌어들였다.

2008년 경제위기를 불러온 서브프라임Subprime 사태도 COD(부채담보부증권) 때문에 투자은행들이 증권을 남발한 것이 화근이었다. COD는 '주택담보대출을 다시 담보로 잡은 증권'이고, 신용사들이 담보를 잡으면서 신용등급을 평가할 때 최하위 신용등급이 '서브프라임'이다. 투자은행은 '신용등급이 낮은 주택담보대출을 담보로 잡힌 증권'도 팔기 위해 최상위 신용등급의 COD와 혼합시켜 AAA등급이라며 판매했다. 이 말을 믿고 AAA등급의 파생상품을 매수한 은행들이 주택담보대출을 회수하지 못하자 줄줄이 파산했다.

현재 대한민국의 자산총액기준 30대 그룹 중 외국인 지분율이 50%가 넘는 기업이 삼성전자, NHN, KT&G, 포스코 등 여러 곳이다. 이들 대기업처럼 외국인 주주 비율이 높은 경우 적대적 M&A에서 자유롭지 못하다. 금융규제를 완화한 레이거노믹스와 대처리즘의 산물이 적대적 M&A인데, 이는 대주주 이외의 제3자가 대주주와 기존 이사회, 경영진의 의사에 반하여 경영권을 획득하는 것이다.

만일 배당금을 제대로 주지 않고 장기적 프로젝트에 거액을 투자하거나, 고용조건을 개선하는 데 사용한다면 경영권이 위협받을 수도 있다. 그래서 대기업은 주주 이익 환원율을 높이는 데 전력을 기울일 수밖에 없다. 기업의 순이익 중에서 주주들에게 환원되는 비율이 얼마인가를 나타내는 주주 환원율이 좋아야 경영진이 교체되지 않고 계속 유지될 수 있다. 주주 환원율을 높이려면 두 가지 방법이 동원되어야 한다. 하나는 무엇보다 주주의 배당금을 높게 책정해야 되고, 두 번째는 주기적으로 자사주를 매입하고 소각해 그만큼 주가를 올리는 것이다.

이런 상태에서는 오랜 기간이 걸리는 성장사업에 대규모로 투자하는 것도 어렵거니와 신규투자조차도 쉽지 않다. 주주의 단기 이익에 도움이 되는 임금삭감과 정리해고 등 구조조정을 서슴지 않아야 외국 투기자본이 예뻐해준다. 안 그러면 외국 투기자본은 즉시 적대적 인수합병이라는 칼을 뽑아 기업 경영권을 뒤흔든다. 특히 국내에 들어온 외국 자본은 대부분 단기적 투기자본이다. 이들의 관심은 오로지 이윤극대화와 시세차익에 있을 뿐, 해당 국가의 안정이나 기업의 장기적 전망은 전혀 고려대상이 아니다.

이런 방식으로 큰돈을 번 사람들 가운데 한 명이 미국의 조지 소로스다. 그는 투자금을 모아 전 세계의 유망 기업에 투자해 투자자들에게 고율의 배당금을 나눠주고 고액의 수수료를 받는 펀드 매니저다.

## 소비자 자본주의, 깨어 있는 자본주의

주주 자본주의를 그대로 놓아둔 채 기업의 사회적 책임 운운은 현실을 모르는 철부지 같은 이야기다. 기업은 오직 주주에게만 충성을 다해야 한다. 그렇지 않으면 순식간에 주주의 자본이 썰물처럼 빠져나가거나 적대적 인수합병을 통해 회사를 통째로 빼앗길 수 있다.

주주 자본주의가 이대로 더 심화되면 민주주의 자체가 허울만 남을 수도 있다. 민주주의의 원리는 '1인 1표'지만 주주 자본주의의 원리는 철저하게 '1원 1표'이기 때문이다. 이미 정치에서도 '현실적으로 동등한 피선거권'은 법조문에만 있고, 실제 어떤 선출직이든 자본의 도움 없이는 힘들다. 주주 자본주의가 심화되면 될수록 전주錢主인 주주만 행복하고 소비자, 근로자, 국민 등 모두가 불행해진다.

벌써 우리는 그 현실을 목도하고 체험하고 있다. 주주 자본주의에 대한 대안으로 소비자 자본주의customer capitalism, 깨어 있는 자본주의conscious capitalism 등이 나오고 있으나 개념적 차원일 뿐 실제성이 떨어진다. 소비자 자본주의는 회사가 단기적 주가상승에만 몰두하면 회사의 장기적, 잠재적 이익에 손해이며 '고객의 행복'을 추구할 때 오히려 주주가치가 극대화된다는 것이다. 깨어 있는 자본주의는 고객을 포함한 기업과 관련된 모든 이해당사자들인 주주, 직원, 협력업체, 사회, 생태계의 이익을 극대화해야 모두에게 유익하다는 것을 강조한다.

회사와 연결된 다양한 이해관계인들의 이익을 함께 극대화하자는 데 반대할 사람은 없다. 그러나 이런 고상한 이론이 현실에 부딪치면 달라진다. 기업은 이윤이 목적이며 그 이윤을 많이 가져가기 위해 투자한다. 이런 기본 동기를 없애버리면 기업가들의 경영 의지가 꺾인다. 극히 일부의 사람만이 이타적인 일에 헌신할 뿐 이기적 동물인 대부분의 인간들은 자신에게 이익이 쌓인다고 여겨질 때 물불 안 가리고 일을 한다. 기업과 경영자에게 있어 '모든 이해당사자를 동시에 만족시켜주자'는 말은 선언적, 계몽적 의미 외에는 아무런 느낌도 없다.

## 소득 있는 곳에 과세 있다

주주 자본주의의 횡포를 어느 정도 억제할 수 있는 구체적인 제도가 필요하다. 공정경제는 단기성 투기자본인 국제금융자본을 규제해야 한다. 이들이 재벌의 뒤에서 주주 자본주의를 강화하고 있다. 이 고리를 끊어야 한다.

국제금융자본의 성격도 우리로서는 알 길이 없다. 그 돈이 야쿠자의 돈인지, 마피아의 돈인지 알 길이 없다. 일본 야쿠자는 전 세계 80여 개국에 뻗어 있으며 이탈리아의 마피아를 비롯해 러시아의 브라더스 서클, 멕시코의 로스 세타스 등의 국제적 범죄조직이 무기밀매, 마약거래, 인신매매, 매춘 등의 불법활동을 통해 엄청난 돈을 모으고 그 세력이 날로 확장되고 있다.

이들은 연간 수십억 달러를 빌어들이며 미국의 금융 시스템을 활용해 부당이득을 올리고 시장을 조작하고 있다. 그러자 미국의 오바마 대통령까지 나서서 이들과의 전쟁을 선언하며 '범죄조직 자산동결 및 금융기관 거래금지안'에 서명했지만 얼마나 실효가 있을지는 의문이다. 만일 이런 자본이 삼성, 현대, SK 등의 대기업에 숨어들어 온다면 어떻게 되겠는가? 이런 자본은 오직 단기 수익만을 노린다. 따라서 단기적 투자를 억제하고 장기적 투자long-term shareholders를 장려하면 국제적 투기성 핫머니는 들어오라고 해도 들어오지 않는다.

주주 자본주의에서 경영진은 회사의 이익을 주주의 이익으로 직결시켜 주어야만 한다. 주주에 의해 경영자가 선출되기 때문에 경영자들은 대부분 6개월에서 1년 내외에 성과가 나타나는 단기 이익을 요구하는 주주들의 압력을 이겨내기 어렵다. 그래서 경영자들이 회사의 장기적 성장을 내다보고 궁극적으로 회사 전체의 이익을 고려하기보다 단기수익과 캐시플로우cash flow에 민감한 것이다. 물론 주식 보유자 중 단기의 시세차익보다는 장기투자를 하며 회사의 미래를 믿고 기다리는 사람들도 있다. 바로 이런 주주들에게 회사 경영에 관한 발언권을 강화시켜줄 필요가 있다.

여러 나라들이 장기투자를 유도하는 제도를 고려하거나 시행하고 있다. 예를 들어 네덜란드에서 시행되고 있는 로열티 보너스loyalty bonus 제도는 주식을 일정기간 이상 보유하면 더 많은 의결권과 배당금을 준다. 유럽의 일부 국가들도 주식 보유기간에 비례하는 차등의결권 주식dual class shares을 발행하고 있다. 장기 주식 소유자들에게 우월한 의결권inferior voting right을 주어야 투기를 방지할 수 있고, 이 제도로 인해 국내외 투자자들도 장기적 투자를 선호하게 된다.

그리고 '소득 있는 곳에 과세 있다'는 세정의 대원칙을 주식시장에도 적용해야 한다. 지금까지 국내 증권업계는 '자본이득세'가 부과되면 증시를 위축시킨다며 반대해왔다. 주식이나 채권 거래를 통해 실현된 매매차익에 대해 매기는 자본이득세는 세정 형평성에도 맞고 주식의 장기투자 문화에도 크게 기여할 수 있다. 외국이 대한민국보다 장기투자가 많은 이유도 자본이득세를 납부하기 때문이다. 미국은 주식 보유기간이 1년 미만이면 자본이득세가 최대 39.6%나 부과되지만, 1년 이상이 되면 10~20%로 낮아진다.

자본이득세에 대한 부담이 없다 보니 대한민국 증시로 외국 금융회사들이 몰려들었고, 외국인 투자자들이 차지하는 비중이 점점 늘어나고 있다. 2012년 3월 기준으로 코스피 시가 총액이 1조 1681억 원인데, 이중 외국인 투자총액이 3910억 원으로 33.48%를 차지하고 있다. 이대로 가다가는 2015년쯤 50%를 상회할 수 있다는 주장도 있다.

국내 증시의 외국인 의존도가 깊어지자 외국인이 주식을 사면 주가가 올라가고, 외국인이 주식을 팔면 주가가 덩달아 내려가는 등 외국인들이 증시 흐름을 좌우하는 현상마저 나타나고 있다. 국내 증시에 자본이득세가 없고 외국자본의 유출입이 워낙 자유롭다 보니 단기 차익을 노리는 해외 금융자본의 좋은 먹잇감이 되고 있다. 이렇다 보니 국내 증시의 자립도가 떨어지고 점차 해외 변수에 더 많이 의존하는 경향이 있다. 시장은 내적요인인 상장기업의 실적이나 전망에 의해 움직여야 정상인데, 국내 증시는 미국이나 유럽, 중국들의 경제상황과 전망, 국제유가 등의 영향에 따라 언제든지 불안해질 수 있다.

국내 주식시장의 내성을 키우려면 기업이나 은행들의 단기 외화부채에 대해 패널티를 주며 동시에 자본이득세를 도입해야 한다. 자본이득세를 부과할 때에도 외국처럼 보유기간 별로 차등 부과해야 단기투자가 억제된다.

자본이득세는 일반세가 아닌 목적세로 한정해야 조세 저항을 줄일 수 있다. 일반세로 할 경우 세금을 걷어서 정치적인 목적 등으로 이용당한다는 오해를 살 수 있다. 목적세로 설정해 이 세금을 내는 사람도 혜택을 볼 수 있게 복지 관련 재원에 한정해야 한다. 대학생 반값 등록금·의료비·국민 기본소득제 등의 공공사업의 재원 마련과 결부시킨다면 투자자는 물론 국민적 공감대까지 형성할 수 있다.

주주 자본주의, 즉 금융 자본주의가 무조건 나쁜 것은 아니다. 주주 자본주의에는 사회적으로 한정되어 있는 자본을 효율적으로 사용하도록 하는 장점이 있다. 더 높은 수익을 창출할 회사에 투자함으로써 기업 간 경쟁을 유도하고 치밀하고 신속한 사업평가를 통해 효율적 경영을 유도한다. 기업은 좋은 데 만일 경영진이 무능할 경우 적대적 M&A를 통해 기업의 잠재력을 더 한층 끌어낼 수도 있다.

다만 지나치게 단기적 성과에만 의존하고, 기업의 이해관계자들보다 오직 주주에게만 이익이 집중되는 단점을 막자는 의미에서 차등화된 자본이득세 도입을 대안으로 제시했다.

금융이 '금융을 위한 금융'이 아니라 생산성 향상을 위해 사용되도록 금융시장의 과잉팽창을 막아야 한다. 그래야 제조업이 살아난다. 실물경제가 뒷받침 되지 않은 금융산업은 허공에 뜬 숫자에 불과하다. 한때 우리가 '동북아 금융 허브' 운운하며 본받자며 칭송했던 두바이, 아일랜드가 지금 얼마나 추락했는가?

지금껏 금융혁신이라는 이름으로 한 짓이라고는 규제를 완화하고 기묘한 파생상품을 개발해 신용평가를 애매모호하게 만든 것뿐이다. 미국의 연방준비제도위원회 의장을 역임한 폴 볼커도 "지금까지 만들어진 금융혁신 중 ATM(현금자동인출기)만이 사회적으로 유용하다"고 말했다.

## 출자총액제한제

금융산업이 대기업을 주식으로 좌지우지하는 시대에 단지 재벌만 개혁한다고 경제 민주화가 이루지지는 않는다. 재벌 개혁은 재벌을 없애려는 것이 아니라 재벌이 국민경제에 실질적으로 도움이 되도록 하기 위해 하는 것이다. 대한민국의 재벌은 국가와 국민이 함께 키워온 자산이다. 국민들의 희생을 먹고 자란 재벌을 개혁이라는 이름으로 금융 투기업자들에게 내줄 수는 없다.

재벌 개혁을 외치는 정권마다 빼어든 칼이 바로 '출총제'다. 대기업 집단에 속하는 회사가 국내회사에 투자할 때 순자산액의 일정비율을 초과할 수 없도록 하는 제도로, 대기업의 무분별한 확장을 막을 수 있었다. 이 제도가 여러 번 제정·폐지·개정 등을 반복하다가 기업규제를 완화하여 대기업의 글로벌 경쟁력을 강화한다는 취지로 이명박 대통령에 의해 2009년 다시 폐지되었다.

그럼 외국의 경우는 어떠한가? 미국도 한때 거의 모든 상품을 독점하는 형태의 트러스트들이 생겨나면서 경제가 소수 대기업 중심으로 재편된 적이 있었다. 록펠러의 '스탠더드오일'을 비롯한 당시의 독점 트러스트들이 미국 전체 시장의 4분의 3을 장악하고 정치권까지 매수해 무소불위의 권력을 휘둘렀던 시절이 있다.

미국 연방정부는 1890년 세계 최초의 반독점법인 셔먼법 The Sherman Act을 만든다. 그러나 대기업의 로비와 편법으로 거의 사문화되어가던 이 법을 1910년 시어도어 루스벨트 대통령이 강력하게 집행하며 JP모건, US스틸, 스탠더드오일 같은 굴지의 대기업들을 견제하기 시작했다. 특히 미국 정유업계의 거대한 독점재벌인 스탠더드오일을 30개의 회사로 해체시켰다.

그 후 1914년 기존의 셔먼법을 보완하여 더 강력한 독점규제법인 클레이턴 법The Clayton Act을 만들었다. 이 법의 핵심은 2조와 7조인데, 2조는 시장에서의 가격차별 행위를 금지하고 있고, 7조는 시장에서 경쟁을 약화하거나 없애고 독점하려는 의도의 인수합병을 금지했다. 근래에 마이크로소프트, 애플 등도 이 법 때문에 어려움을 겪었다.

이어 대공황을 겪고 나서 1933년 글래스 스티걸법Glass-Steagall Act을 만들어 상업은행, 증권, 보험을 완전히 분리시켰다. 상업은행의 방만한 경영이 대공황의 배경 가운데 하나였음을 뼈저리게 느껴 금융규제의 틀을 마련한 것이다. 그런데 이 교훈을 잊고 1999년 클린턴 행정부가 그램리치블라일리법Gramm-Leach-Bliley Act을 제정해 상업은행과 투자은행의 겸업을 허용하였다.

이런 금산분리가 완화되자 GM과 같은 미국 내의 유수한 제조업체들이 금융업에 뛰어들다가 파산하기도 했다. 이래서 월가의 시위대들이 '글래스 스티걸법'을 부활시키라는 피케팅을 하는 것이다. 일본과 독일도 2차 세계대전이 끝나고 독과점 기업을 해체하며 중소기업들이 활력을 찾고 소비자들이 혜택을 보는 시장구조를 정립하였다.

기업의 속성은 이윤이고 이윤은 결국 사회적으로 한정된 재화를 내가 더 많이 차지해야 발생한다. 그래서 기업은 덩치가 커지면 커질수록 탐욕의 무한 질주에 가속도를 내는 힘을 가지게 된다. 정치권은 대기업뿐 아니라 중소상인과 서민들까지 어울려 사는 사회환경을 조성하는 시스템을 만들어야 한다.

1차 세계대전 직후 산업혁명으로 발생한 부의 쏠림 현상 때문에 사회공동체가 파괴되자 대기업의 독과점 욕망을 제어하는 제도가 만들어지기 시작했다. 세계적으로 이런 역사를 가지고 있는데도 대한민국은 아직 시장의 공정성을 살려내려는 제도가 제대로 정착되지 않고 있다.

시장에서의 공정성이란 대기업과 중소기업이 함께 사업할 수 있는 장을 마련하는 것이다. 앞에서부터 계속적으로 언급한 '출총제'에는 대기업의 문어발식 확장을 막기 위해 순자산액의 일정 비율 이내에서만 국내 회사에 출자할 수 있다는 규정이 있다. 그 비율을 초과해서 비 계열회사는 물론 계열사의 주식을 취득하거나 소유할 수 없기 때문에 경제력 집중을 억제하는 효과가 있다.

순자산액이란 총자산에서 부채와 다른 계열사로부터 출자 받은 자금을 공제한 금액이다. 순자산을 기준으로 규제를 해야 빚을 내서 무리하게 계열사를 확장하거나 다른 계열사 자금을 차입해서 확장을 하는 행태를 막을 수 있다. 이 제도가 처음 도입된 1986년에는 출자한도가 순자산의 40% 이하였다가, 1995년 25% 이하로 강화되었다.

외환위기를 맞은 1998년 2월, 투자를 촉진해 경제를 살려야 한다며 이 제도 자체를 폐지하자마자 재벌들의 순환출자가 큰 폭으로 늘었다. 순환출자는 재벌에게 작은 지분만으로도 계열사에 대한 지배력을 확보할 수 있게 해주는 수단이다. 재벌의 A사가 계열사인 B사에 출자하고, B사가 C사에, C사가 D사에, 다시 D사가

A사에 출자해 지분을 확보한다. 지주 회사인 A사는 한 번의 출자금만으로 B, C, D사를 지배하고 다시 그 출자금이 지주회사로 돌아오니 결국 작은 자본금으로 많은 회사를 거느릴 수 있다.

이런 식으로 경제력이 몇몇 대기업에 쏠리며 사회 전반에 심각한 부작용이 나타나자 김대중 정권 말기인 2001년 4월 1일 출총제가 다시 부활(1999년 12월 법 개정, 시행은 2001년)했다. 그러나 재벌들이 출총제 때문에 투자하기 힘들다고 여론몰이를 하는 바람에 노무현 정부는 2007년부터 출자한도를 25%에서 40%로 대폭 늘렸다. 이마저도 2009년 초 명백한 재벌정권인 이명박 정부가 아예 없애 버렸다.

그 후 대한민국은 그야말로 재벌 공화국이 되고 말았다. 이미 김대중 정부시절 출총제를 폐지해 시장의 부작용을 경험해 보고도 똑같은 실수를 이명박 정부가 저지른 것이다. 출총제가 부활해야 큰 틀에서 재벌의 계열법인 출자를 제한해 무분별한 사업 확장을 막을 수 있다. 그러나 이것만 가지고 요즘 이슈가 되고 있는 재벌의 골목상권 침투를 저지하기는 어렵다.

## 안철수, 앵그리 버드를 날리다

전국의 모든 골목상권을 확보한다 해도 자산 규모가 수백조 원에 이르는 재벌들 입장에서 볼 때 큰돈이 아니다. 예를 들어 삼성 이건희 회장의 맏딸 이부진 씨가 경영하는 호텔신라는 재벌들의 골목상권 진출 논란이 불거지자 커피 베이커리 사업인 '카페 아티제'를 철수하기로 했다. 이 '아티제'를 운영하는 호텔신라의 자회사가 '보나비'다. 보나비에 출자한 돈이 197억 원인데 이는 호텔신라의 자본 총계 5800억 원의 3.3% 수준에 지나지 않는다. 보나비의 매출도 호텔신라의 전체 매출인 1조7천억 원의 1.4%에 불과하다.

그런데도 재벌 2세, 3세들이 나서서 서민업종까지 싹쓸이 하려는 이유가 무엇일까? 재벌들 후손의 숫자가 많아져 더 많은 사업 영역이 필요해진 탓도 있겠으나, 무엇보다 모든 것을 손아귀에 넣고 싶은 재벌들의 탐욕 때문이 가장 크다. 그렇기에 빵, 커피는 물론 순대, 물수건 등 영세 자영업자의 밥그릇까지 영역을 넓히고 있다.

영세 자영업자의 업종과 재벌 2세, 3세들의 업종이 겹치는 경우는 다음과 같다. LG그룹 구인회 창업주의 3남 구자학 씨의 순대·청국장 소매사업인 '아워홈', CJ푸드빌 비빔밥, 롯데 신동빈 회장의 '크리스피 크림 도넛', 롯데 신격호 회장의 외손녀 장선윤이 개장한 프랑스 베이커리 브랜드인 '포숑', 그녀의 남편 양성욱의 프리미엄 물티슈·생리대 수입판매업체 '브이앤라이프 V&Life' 등과 준 재벌급에 해당하는 대명그룹의 퓨전 떡볶이점 '베거백'이 있다. 특히 '베거백'은 대명 리조트를 운영하는 대명그룹의 명성에 걸맞게 퓨전 레스토랑을 표방하며 1인분 가격이 9300원이나 하는 떡볶이를 내놓았다. 서민 음식인 떡볶이를 시중가격의 3

~4배를 주고 누가 사먹을 수 있겠는가? 결국 강남점, 목동점이 문을 닫고 대명비발디파크점 하나만 운영되고 있다.

이렇게 재벌 2세, 3세들이 모기업의 자본과 유통망을 바탕으로 의류는 물론, 제과점, 음식점, 생활잡화까지 치고 들어오는 바람에 영세 서비스업의 자리가 위축되고 있다. 2003년 1만8000개가량이던 동네빵집이 2011년 말 4000개로 줄었다. 이 현상은 빵집뿐 아니라 다른 영세업종도 마찬가지다. 이를 두고 안철수 서울대 융합과학기술대학원장은 '대기업의 동물원'에 비유했다.

"삼성, LG 등의 동물원에 한 번 잡히면 죽을 때까지 나오지 못한다."

동물원의 사육사는 동물이 죽지 않을 만큼만 먹이를 던져주고, 지나치게 사납게 굴거나 도망치려 하면 안락사시킨다. 대기업은 모든 업종, 즉 순대, 떡볶이, 오뎅국물까지 자기 손아귀에 넣고 계열화시키려 한다. 마치 야생동물이 사육사에게 잡혀 야성을 잃고 획일화된 훈련을 받으며 길들여지는 것과 마찬가지다.

애플은 오픈된 생태계를 지향한다. 디자인과 운영체제만 애플에서 만들고 나머지 앱 등은 1인 벤처나 중소기업이 만든다. 그러나 우리나라 재벌들은 이런 산업생태계도 인정하지 않고 독점하려 든다. 그래서 안철수는 스마트한 융합 시대에 건실한 중소기업 없이 대기업만 살아남지는 못한다고 본다.

대한민국의 실체를 '삼성 등 대기업의 동물원'이라 비유한 안철수는 영·호남의 대학을 방문해 강연한 자리에서 대학생들에게

낡고 부패한 기득권을 깨야한다며 앵그리 버드Angry Bird를 던졌다. 앵그리 버드는 전 세계 앱스토어 다운로드 수 1위를 차지하며 인기를 모은 게임이다. 많은 사람들이 스마트 폰으로 버스나 지하철, 공원, 휴게실 등 장소를 막론하고 이 게임을 즐겼다.

자신들의 둥지에 있어야 할 알이 사라져 궁금해 하던 새들은 녹색 돼지들이 훔친 알을 프라이팬에서 튀기려는 것을 보고 막으려고 날아오른다. 기어이 도둑맞은 알을 되찾고 돼지들의 견고한 성을 쳐부순다는 것이 이 게임의 기본 줄거리다.

게임 속에서 새알을 훔쳐 먹는 돼지는 기득권자를 상징한다. 그들은 자신들의 튼튼한 성안에서 안주하고 있다. 늘 이들에게 당하기만 하던 순박한 새들이 기꺼이 몸을 날려 그 성을 부수고 기득권을 해체시켜 버린다. 이런 모바일 게임이 부동의 1위를 굳건하게 유지했다면 그만큼 재벌들의 독점형태에 사람들이 불만이 많다는 것이다.

때마침 박원순 서울시장도 제주 남방 큰 돌고래Indo-pacific bottlenose dolphin인 '제돌이'를 제주바다로 돌려보내면서 "동물원의 시대는 갔다"는 말을 남겼다. 희귀한 동물을 우리 안에 잡아넣고 구경하던 시대는 지났다. 동물들도 생태적 감수성을 가지고 살아갈 '동물권'이 존중받아야 할 창조적인 시대가 왔다. 하물며 인간이 자본의 노름에 지배받으며 일부 기득권층의 영리목적과 지배욕을 위해 훈육당할 수는 없다. 자연에 생태계가 있듯이 경제에도 생태계가 있다.

## 경제 생태계를 복원하라

규모가 큰 재벌들에게 적합한 업종이 있고, 규모가 작은 중소기업이 경쟁력을 발휘할 수 있는 분야가 따로 있다. 대한민국 재벌의 현재 작태는 이런 고유한 영역을 무시하고 문어발식으로 확장만 하고 있다. 먹이 사슬의 제일 아래가 무너지면 저 위의 포식자도 살아갈 길이 없어진다. 대한민국의 대기업은 중소기업이 탁월한 기술을 개발하도록 돕지는 못할망정, 기술개발을 한 중소업체를 자기 계열사로 흡수해 버린다. 이런 대기업의 무분별한 행태를 방지하고 중소기업과 대기업이 병존하는 시장구조를 만들기 위해 1979년 '중소기업 적합업종 제도'가 처음 도입되었다.

이 제도에 따라 대기업은 중소기업 고유업종으로 지정된 분야에 신규 참여가 원천적으로 금지되었다. 이처럼 좋은 제도를 2006년 노무현 정부는 상업 경쟁력을 약화시키고 국내시장이 외국 기업에 잠식될 우려가 있다며 폐지시켰다. 그러자 중소기업의 고유 영역이던 금형산업, 외식산업, 대형슈퍼마켓SSM, 기업 소모성자재MRO 등에 대기업들이 마구잡이로 밀고 들어왔다.

재벌들이 새로운 시장이나 사업을 개척하려 계열사를 늘려간다면 고무적인 일일 수 있다. 그러나 기존 소상공인들의 사업에 진출해 계열사를 늘리고 있기 때문에 민생에는 별 도움이 안 되고 정치마저 불안해지고 있다. 외환위기 이후 구조조정을 거치며 줄어들었던 대기업의 계열사가 2000년대에 조금 증가하다가

2008년 이후 크게 늘어났다.

뒤늦게 정부가 설치한 '동반성장위원회'가 '중소기업 적합업종 지정제도', '동반성장지수', '중소기업 보호업종 추진' 등을 내놓고 대기업에게 '권고'하고 있으나 법제화하지 않아 구속력과 실효성이 없다.

'중소기업 적합업종 지정제도'를 반대하는 재벌 측의 사람들은 다음의 이유를 든다. ① 시장원리에 어긋나고 중소기업의 경영혁신 유인을 감소시켜 장기적으로 중소기업의 자생력과 체력이 떨어진다. ② FTA의 ISD 조항과 충돌할 수 있다. '중소기업 적합업종 지정제도'가 법제화되면 국내 대기업에 투자한 외국인이 이를 차별정책이라며 소송을 제기할 수 있다는 것이다.

그러나 이를 법제화하지 않고 정부의 권고 정도로만 진행하면 강제력도 없거니와 설령 국내 대기업이 정부의 평가를 고려해 자제할 수 있으나, 그 틈을 타고 외국계 대기업이 들어와 시장을 잠식하면 중소기업이 별 혜택을 보지 못할 수 있다.

실제 2011년 재생타이어 분야가 중소기업 적합업종으로 선정된 후 국내 회사가 재생타이어 생산을 줄이자 외국계의 미쉐린, 브리지스톤 등의 회사가 득을 보았다.

중소기업 고유업종을 법제화해야 대한민국 주권이 미치는 영토 내에서 대한민국 재벌이나 해외금융의 투기자본이 득세하지 못한다. 이런 지원을 해줘야 중소기업들이 고유의 영역에서 선의의 경쟁을 통해 더 큰 기업으로 성장할 수 있다. 특별한 소명 의식을 갖고 일본, 대만의 가문들처럼 대대로 구멍가게나 중소기업으로 전승되기를 원하는 경우를 빼고, 세계적인 기업으로 성장하길 원하는 경우 영세업자가 중소기업으로, 중소기업이 대기업으로 성장할 수 있는 길이 열려 있어야 한다.

그러나 대한민국 경제는 동맥경화에 걸린 것처럼 대기업으로 성장할 수 있는 통로가 완전히 막혀있다. 대한민국에서는 아무리 뛰어난 인재가 세운 회사라도 미국의 '구글'이나 '페이스북' 같은 세계적인 회사로 커나가기 어렵다. 이는 재벌들의 부당 내부거래 때문이다.

달리 말하면 재벌들이 서로 자기들 계열사에만 일감을 몰아주고 상호간 거래에만 충실하기 때문에 재벌 계열사에 들어가지 못한 외부 업체는 그들과의 경쟁을 견뎌낼 재간이 없다. 설령 중소기업이 기발한 상품을 개발해도 시장의 독과점적 지배구조를 장악한 대기업이 외면해버리면 설 자리가 없다. 그런 방식으로 사라진 첨단기술이 상당히 많다. 그래서 안철수는 삼성동물원, LG동물원 같은 발언을 한 것이다.

## 부당 내부거래, 계열사 일감 몰아주기

공정거래위원회가 대기업 집단의 내부거래 현황을 분석한 결과 12.04%에 달하는 것으로 나타났다. 대기업 전체 매출액 1201조 5000억 원 중 144조7000억 원이 계열사에 대한 매출이었다. 삼성, 현대 등 총수 중심의 35개 대기업이 총수 없는 8개 대기업보다 내부거래 비중이 평균 3.3% 높았다.

내부거래 비중이 높은 기업의 순서는 23.49%의 STX, 그 다음이 21.05%의 현대자동차였다. 가장 심한 계열사 일감 몰아주기는 '광고·시스템통합SI·물류' 분야다. 이 분야는 무려 71% 정도를 계열사에 몰아주었다.

이런 계열사 간 내부거래의 88%가 수의계약(경매, 입찰 등을 거치지 않고 적당한 상대방을 임의로 선택하여 맺는 계약)으로 진행된다. 개별 중소기업은 아무리 영업을 해도 입찰의 기회조차 없다 보니 일감 확보가 사실상 불가능하다. 대기업 계열사는 내부거래로 수주한 사업을 소위 '통행세'를 챙기고 외부 중소기업에 재하청을 주는 경우가 비일비재하다. 이때 통행세는 보통 전체 금액의 10~20%에 달한다.

이렇게 큰 액수를 대기업 계열사에 '선이자'식으로 떼이고 하도급을 받은 중소업체 정규직들의 복리 후생은 대기업의 비정규직보다 열악하다. 일감 몰아주기는 중소기업의 지위를 대기업의 '시다바리'로 전락시키고, 재벌들이 기업에서 나오는 이익을 재벌 2세, 3세에게 무상으로 넘겨주는 통로가 되고 있어, 사회양극화를 심화시킨다. 이런 범죄행위를 시장만능주의의 이명박 정권은 수수방관 내지 방조함으로써 '기업은 더 부자로, 국민은 더 가난하게' 만들었다. 즉 출총제가 폐지되고 재벌기업에 대한 공시 기준이 취약해 대기업의 일감 몰아주기를 감시하고 견제할 장치가 사라진 것이다.

이명박 정권 동안 기업은 이익은 크게 늘고 부채는 줄어 건전성이 좋아져 개인에 비해 12배나 성장했다. 즉 대기업은 매출이 늘며 큰돈을 벌었으나, 그 돈이 협력업체나 직원을 통해 일반 가계로 흘러가지 못하고 재벌 일가에 부당 상속되거나, 일감을 몰아준 내부 계열사에서만 빙빙 돌고 있다는 뜻이다.

물론 동일 기업집단 소속 계열사 간의 내부거래가 모두 위법인 것은 아니다. 그 거래조건에 독립기업과 차별을 둘 때 위법이 된다. 현행 공정거래법 27조 7항에 부당거래를 '부당하게 특수 관계인 또는 다른 회사에 대하여 가지급금, 대여금, 인력, 부동산, 유가증권, 무체재산권無體財産權 등을 제공하거나 현저히 유리한 조건으로 거래하여 특수관계인 또는 다른 회사를 지원하는 행위'로 규정하고 있다.

따라서 대기업이 내부 계열사에 대해 독립기업과 달리 자금, 자산, 인력, 용역, 상품 등을 무상 또는 현저히 유리한 조건으로 거래하면 부당 내부거래로 처벌받아야 한다.

하지만 현실적으로 내부자끼리 일어난 부당행위를 가려내기가 여간 어렵지 않다. 특히 법에 '현저히'란 단서가 들어있어 어디까지가 현저히 유리한 조건인지를 판단하기가 애매하다. 역사를 되짚어보면 기득권층은 언제나 법과 제도에 이런 모호한 단서조항을 삽입해 두고 피신처로 삼아 왔다.

또한 상속증여세법에 의해 수혜법인의 세후 영업이익이 거래

물량의 30%를 초과하고, 수혜법인의 지배주주 비율이 3%를 초과할 때만 증여세가 부과되도록 규정되어 있기 때문에, 실제적으로 일감 몰아주기 비율이 30%만 넘지 않으면 아무런 법적인 제재를 받지 않는다. 거래 비율을 29%로 낮추거나 여러 개 기업 명의로 거래비율을 29%로 잘게 나누면 과세를 피할 수 있다. 이 계산 방식도 가정에 가정을 더해 놓아, 어느 각도에서 보느냐에 따라 결과가 다르게 나올 수 있어 적용대상이 뚜렷하지 않다.

따라서 '계열사 일감 몰아주기'를 근절하려면 먼저 공정거래법 27조 7항의 문구 중 '현저히 유리한 조건'의 '현저히'를 삭제하고, 재벌의 내부거래에 대한 개별적인 상세 공지와 설명을 의무화해야 한다. 공시 횟수도 현 1년 1회에서 매분기별로 늘리고 공시내용에 목적, 단가, 품목, 물량, 기간 등이 구체적으로 나와야 한다.

일감 몰아주기는 회사 기회의 유용usurpation of coporate opportunity에 해당된다. 미국도 판례법상 기업집단 내부거래를 엄벌하고 있다. 우리도 2014년 4월 15일부터 시행되는 상법 제396조 2항에 회사 기회의 유용금지 조항이 신설되었는데 그 내용은 다음과 같다.

'이사는 이사회의 승인(이사 3분의 2 이상) 없이 직무상 알게 된 회사의 정보를 이용한 사업기회를 자기 또는 제3자의 이익을 위해 이용해서는 안 된다. 이를 위반하여 회사에 손해를 발생시킨 이사 및 승인한 이사는 연대 배상할 책임이 있다.'

이처럼 이사가 직무상 알게 된 사업 기회를 사리사욕의 기회로 유용하는 것은 범죄행위다. 이 법 위반에 따른 법적다툼이 벌어진다면 필시 고액의 변호사를 선임한 재벌 쪽이 '사업 기회'의 범위를 자신들에게 유리하게 해석할 소지가 크다. 따라서 지나치게 사법부의 재량권을 넓혀주는 법적문구는 피해야 하며, 어느 독립 중소기업이든 대기업의 부당 내부거래로 피해를 입은 경우 경쟁제한의 '입증책임' 없이도 얼마든지 손해배상을 받을 수 있도록 해야 한다.

## 담합, 시장경제의 공적

대기업의 내부거래 못지않게 사회경제적 양극화를 심화시키는 것이 재벌들끼리의 고질적인 담합談合, Cartel이다. 담합은 둘 이상의 다수사업자가 공동으로 부당경쟁을 꾀하기 때문에 '카르텔' 또는 '부당 공동행위'라고도 한다.

담합은 자본주의 시장경제의 근간인 자유경쟁을 훼손하고 직접 일반소비자에게 큰 피해를 준다. 현행 공정거래법상 담합의 유형은 8가지로 '가격 제한', '판매 제한', '생산 및 출고 제한', '거래 제한', '설비 신·증설 제한', '상품 종류 및 가격 제한', '회사설립 제한', '사업활동 제한'이다.

800년 전인 1215년, 영국이 대헌장Magna Carta에서 처음으로 담합을 규제한 이후로 담합은 '시장경제의 공적'으로 취급 받고 있나. 이후 자본주의 국가들은 모두 담합에 대해 엄격한 제재 조치를 취하고 있다. 재벌들은 경제 개혁방안이 논의될 때마다 반 시장적이라고 반발하면서도 유독 담합에 대해서만큼은 공개적으로 반발하지 못한다.

1602년 영국 여왕 엘리자베스가 친척들에게 33년간 카드를 독점 생산하고 수출입할 권리를 부여하자 법원이 '독점부여는 전 국민의 자유와 이익에 배치된다'며 무효 판결을 내렸다. 산업혁명 이후 대기업들이 출현하며 담합과 독점을 일삼자 미국을 비롯한 각국이 특별법까지 만들며 규제하기 시작했다.

소비자들이 대기업들의 담합으로 입는 피해는 상상을 초월한다. 2011년 1년간 재벌들의 담합으로 소비자가 입은 피해액이 최소로 추산해도 14조 원이나 된다. 재벌 계열사 매출액 93조1117억 원의 15%가 넘는다. 이러고도 소비자에게 입힌 피해액의 5.5%에 불과한 7638억7500만 원의 과징금만 납부하고 끝났다.

공정위는 삼성생명, 대한생명 등 재벌계열사들의 주도로 16개 생명보험회사가 2001년부터 6년 동안 보험상품의 예정이자율을 담합했음을 밝혀내고 과징금 3653억 원을 부과했다. 그러나 이들 생보사의 담합으로 실제 소비자가 입은 피해는 17조 원이 넘을 것으로 추산된다.

국내 가전시장을 사실상 독점해온 삼성전자, LG전자도 담합을 통해 세탁기, 노트북, TV의 소비자가를 여러 차례 유지, 또는 인상해 온 사실이 적발되었다. 양사는 이윤이 적은 모델은 단종 시키고, 할인율과 장려금을 낮추는 방식으로 판매가를 올렸다. 부담은 소비자에게, 이익은 대기업에게 돌아갔다. 공정위는 삼성에

258억1400만 원, LG에 188억3300만 원 등 총 446억4700만 원의 과징금을 부과했다.

그런데 리니언시leniency라는 제도가 있다. 담합했다고 '자진신고'하면 과징금을 면제해 주거나 감면해 주는 제도다. 담합 사실을 제일 먼저 신고한 업체는 과징금을 100% 면제해 주고 두 번째 신고한 업체는 50%를 면제해 주는데, 웃기는 것이 조사 개시 이후에도 이 원칙이 적용된다는 점이다.

그래서 LG는 1순위 자진신고자라며 100%, 삼성은 2순위 자진신고자로 50% 감면을 받는다. 이런 제도를 만든 정치인이나 이것을 무기로 단속한다는 당국도 한심하기 그지없다. 아마 그래야 정치인이나 관계당국과 돈 많은 재벌이 모종의 타협을 할 여지가 생기는 모양이다.

삼성 등 대기업들은 수십 차례의 담합을 하다가 적발되어도 리니언시를 통해 과징금을 면제받거나 감면받는다. 과징금을 다 낸다 해도 담합을 통해 얻는 이익이 더 크기 때문에 담합을 그치지 않을 것이고, 자진신고하면 면제까지 해 주는데 어떤 기업이 담합의 유혹에서 벗어날 수 있겠는가? 이 리니언시가 기업의 도덕적 해이를 부추긴다는 비난을 받자 리니언시 혜택을 받은 기업이 5년 안에 같은 제품을 반복해 담합할 경우 자진신고를 하더라도 면제 또는 감면 혜택을 주지 않기로 정했으나, 기업은 이를 또 교묘히 피해갈 것이다.

담합을 근절하기 위해서는 우선 리니언시 제도를 엄격하게 강화하고, 과징금을 대폭 올려야 한다. 공정위는 담합이 적발되면 해당제품 매출의 10% 내외에서 과징금을 정하는데, 실제로 부과되는 비율은 매출의 2~3% 수준이다. EU는 전 세계 매출액의 10%를 과징금으로 부과하고, 미국은 담합으로 얻은 부당이익의 2배와, 담합으로 피해 받은 액수의 1배 중에서 더 큰 금액으로 부과한다.

이쯤 되면 어느 기업이든 망할 각오를 하지 않는 이상 담합을 저지르기 어렵다. 담합으로 인해 피해 입은 소비자들의 집단소송도 사회적으로 적극 장려해야 한다. 마침 공정위도 대기업 상대의 소비자집단소송을 지원할 움직임을 보이고 있어 고무적이다.

CHAPTER 08

# 복지가 성장이다

　　　　　　**사람들은 제각기** 자기 시각으로만 세상을 보고, 그렇게 본 세상이 전부라고 우기며 산다. 시장에 대한 시각도 보수와 진보가 다르다. 보수는 시장을 적자생존의 논리로 보며 자유방임 경제정책을 옹호한다. 이들은 큰 시장과 작은 정부를 선호하며 자유로운 시장에서 열심히 일한 사람이 더 많은 부를 가지고, 게으른 사람은 가난하게 사는 게 당연하다고 말한다. 하지만 이런 보수적인 시각이 정당성을 가지려면 먼저 두 가지 조건이 충족되어야 한다.

　첫째, 모든 사람에게 균등한 기회가 주어져야 한다. 100미터 달리기를 할 때 출발선이 같아야 결과에 승복할 수 있다. 그러나 대한민국에서는 태어날 때부터 금수저를 문 아이와 모래알을 쥔 아이로 이미 나뉘고 있다. MB의 어린 두 외손주는 각각 9억 원씩의 주식을 보유하고 있고, 그의 형 이상득의 외손주는 무려 40억 원대의 주식을 보유하고 있다.

　둘째, 일하고 싶을 때 일할 수 있는 여건이 형성되어 있어야 한다. 일을 하고 싶어도 마땅히 할 일이 없거나 일자리가 있더라도 아무리 열심히 일해도 가난의 굴레를 벗을 수 없는 열악한 자리만 있다면 MB식 보수적 시장경제정책은 몰락할 수밖에 없다.

그래서 진보는 시장의 공정경쟁을 위해 규제가 필요하다고 보고 큰 정부와 작은 시장을 추구한다. 즉 지나치게 많이 가진 사람에게 더 많은 부가 몰리는 것을 막고 공평하게 나누기 위해 정부가 시장을 규제해야 한다고 말한다. 공정한 사회가 되려면 기회의 평등(경쟁 절차의 공정)과 결과의 평등(소득 분배의 공정)을 같이 추구해야 한다. 이것이 소득재분배 정책이다.

그러나 능력주의와 성과주의에만 매몰되면 승자와 패자 사이에 소득의 불평등한 분배가 심화된다. 바로 이런 방향으로 MB 정부가 국가경제를 이끌어갔는데, 소득재분배와 반대인 부자 감세, 고환율 등의 정책을 밀어붙여 서민들의 지갑을 털어 수출대기업을 도와주었다.

사회와 경제가 발전하려면 경제 영역에서 보수적 가치의 성과주의에 입각해 발전을 추구하고, 정치 영역에서 진보적 가치인 소득재분배 정책을 펴 성장과정에서 나타난 양극화의 문제점을 해결해 주어야 살 만한 세상이 된다.

## 잔여적 복지, 능동적 복지

《도덕의 정치》를 쓴 조지 레이코프 George Lakoff는 그 책에서 "보수가 엄격한 아버지라면 진보는 너그러운 어머니"라며 둘 다 필요하다고 했다. 이 말대로라면 보수는 질서와 도덕, 진보는 사랑과 이해, 돌봄이어야 한다.

서양의 진보는 집단을 우선하고 보수는 개인의 자유와 책임을 중요시한다. 그러나 대한민국의 보수는 유교의 영향을 받아 가족주의가 바탕이며, 여기서 비롯된 연줄문화에서 자유롭지 못하다. 또한 해방 이후 북한과 대치하고 한국전쟁을 거치면서 대한민국 보수는 반공이 최우선이라, 보수의 생명인 도덕성은 그다지 중요하지 않게 되었다. 또한 대한민국의 보수들은 강력한 반공정권인 박정희 대통령 아래서 정경유착과 부동산 투기 등으로 집약적 경제성장의 혜택을 톡톡히 누렸다. 그러면서 '재벌의 이념'에 사로잡혀 복지란 말만 나오면 공산주의라 비난했다.

재벌들이 투자를 많이 해야 고용이 늘고 국가가 잘된다는 것이 '재벌 이념'이다. 박정희 시절에는 적어도 표면적으로는 그렇게 했다. 그러나 실상은 재벌의 자생적 힘으로 투자했다기보다 정부의 특혜로 투자했다. 거의 무상에 가까울 만큼 정부의 전폭적인 지원을 받아 기득권으로 성장한 보수층들이 무상 복지 이야기만 나오면 '빨갱이'라고 매도한다.

아직도 일각에는 그런 부류가 여전히 남아있기는 하다. 하지만 우리 사회의 빈부격차가 워낙 커져 공동체 자체가 붕괴될 지경에 이르자 이제는 보수정당까지 '복지정당'을 자임하고 나서게 되었다. 이런 급진적 변화의 제일 공로자는 MB다. 그가 지나치게 펼친 재벌중심 정책의 반동적 결과로 복지가 대한민국 사회 최대의 화두가 되었다. 정부가 시장을 이대로 방치해 빈부격차가 더 심해지면 중산층이 사라져 소비가 줄고, 경기는 침체, 결국 재벌도 함께 망한다.

　시장경제의 활성화를 위해서도 수출 중심의 대기업보다 내수 중심의 중소기업을 육성해야 하고, 부자 증세를 통해 중산층을 두텁게 해야 한다. 복지는 재원의 문제가 아니라 의지의 문제다. 현재 복지에 가장 적극적인 통합진보당의 정책을 실행하려면 5년간 약 300조 원이 필요하다. MB 정부는 이 큰돈을 어떻게 마련하냐며 결국 퍼주기 식의 복지 때문에 나라가 망한다고 주장한다.

　2007년 21%였던 조세부담률이 MB 정부 출범 후 부자 감세의 효과로 19.3%대로 떨어졌다. 기획재정부가 발표한 내용에 따르면 OECD 34개 회원국 조세부담율이 평균 24.8%인데 비해 대한민국은 5% 이상 낮았다. 이에 따라 사회보장 부담률도 5.85%에 불과해 OECD 평균인 9.72%보다 4%나 적었고, 소득 불평등도 OECD 평균보다 훨씬 높고 빈곤율은 15%를 상회하고 있다.

　복지재원 마련은 OECD 평균만큼만 부자 증세를 해도 어느 정도 해소할 수 있다. 조세부담률이 2% 오를 때마다 세수가 연 25조 원 늘어난다. OECD 평균인 24.8%에 맞춰 조세부담률을 올리면 해마다 63조 원이 더 걷히고 5년이면 300조 원이 훨씬 넘는다.

　복지의 형태에는 두 가지가 있다. 하나는 미국식의 '잔여적 복지'로 시장에서 낙오된 사람들만 굶어죽지 않을 만큼 지원해주는 방식이다. 이런 선별식 복지는 주는 측에게 우월감을, 받는 측에게 낙오자라는 심리적 낙인stigma이 찍힐 수 있다. 경제는 심리인데 이런 오만과 낙오감이 뒤섞였을 때 국가 경제도 병들 수밖에 없다.

MB 정권이 표방한 '능동적 복지'라는 용어도 굉장히 오만불손한 표현이다. 복지 대상자들도 수혜를 최소화하고 근로의지를 발휘하여 자활을 추구해야 한다는 것이다. 이런 정권이니 초등학교 보편적 급식에 기를 쓰고 반대할 수밖에 없다.

현대는 과거와 달리 개인의 노력만으로 발전해가는 사회에 적응하기가 어렵다. 여기 적응해 신기술과 신지식을 갖추려면 국가적 후원이 없이는 불가능하다. 스웨덴이나 독일처럼 촘촘한 사회적 안전망을 짜놓은 나라들은 실업수당은 물론이고 전업이나 이직을 위한 비용도 충분히 지원해 준다. 이것은 잔여적 복지국가인 미국에서 주는 실업수당과는 다르다. 기업에서 퇴출당했을 때 받는 실업수당은 생계비 정도에 머물고 만다.

MB의 능동적 복지의 함정은 변화하는 미래 시대에 맞게 충분히 업그레이드 시켜주는 복지가 아니라, 현 상태에서 당장 소모적인 노동이라도 찾아서 입에 풀칠이나 하며 살라는 데 있다. 대통령은 재벌 총수가 아니다. 재벌은 기업의 이익이 우선이지만 대통령이라면 국민들의 자존감을 살려주고, 서로 존중하는 분위기를 만들어주어야 한다.

## 생산적 복지, 보편적 복지

영미식 선별복지에 반대되는 개념이 북유럽의 '생산적 복지' 또는 '보편적 복지'다. 여기서는 극빈자뿐 아니라 좋은 직장을 가진 사람들까지도 모두가 골고루 혜택을 받는다. 영국이나 스웨덴의 의료도 조세를 재원으로 하는 보편적 복지이고 의사는 공무원화되어 있다.

잔여적 복지는 분배만 있을 뿐 생산에는 도움이 되지 않는다는 비판을 받는다. 대한민국은 IMF 사태 직후 김대중 정권 때부터 본격적인 사회복지 정책이 시작되었다. 당시 김대중은 '좌파'라 매도되고 있던 때라 '보편적 복지'는 엄두도 내지 못했고 '잔여적 복지'만 도입해 2000년 10월 '국민기초생활보장제'를 실시했다. 이 경우 소득과 재산조사를 통해 복지 수요자를 선별해 혜택을 준다.

국민연금도 소득과 연계한 보험료를 부과하고 수령연금의 액수가 정해지는 선별적 복지다. 그러나 스웨덴의 기초연금제도는 모든 국민이 일정 연령이 되면 동일한 보험료를 내고 은퇴 후 동일한 연금을 지급받는 보편적 복지제도다.

보편복지제를 반대하는 사람들은 보편복지를 하면 국가재정이 파탄난다고 주장한다. 보편복지를 주장하는 정치인들에게는 표를 얻기 위해 복지 포퓰리즘을 남발한다고 비판하고 복지가 갈급한 서민들에게는 파이를 키울 생각은 않고 나눠 먹으려고만 한다고 비난한다. 이 비판과 비난이 미국 식 '잔여복지'에는 어느 정도

들어맞지만 실제 '보편적 복지'는 정반대다.

스웨덴과 핀란드는 국민 전체소득에서 복지가 차지하는 비중이 미국의 2.5배다. 그런데 2차대전 이후 이 두 나라의 경제성장률은 미국보다 훨씬 높다. 신자유주의의 대변인격인 '다보스 포럼'에서는 매년 기업하기 좋은 나라를 선정하는데, 북유럽 국가들이 매년 1위부터 싹쓸이하고 있다. 보편적 복지에 가까운 나라일수록 경제성장률도 높고 기업하기도 수월함이 이처럼 통계로 나타나고 있다.

〈한겨레〉가 IMF의 2007~2011년 통계자료를 바탕으로 분석한 결과에 의하면 국가 재정지수는 노르웨이를 비롯한 보편적 복지국가가 평균 2.15%로 제일 좋았고, 다음이 독일 등의 보수·조합주의형으로 −3.55%, 그리고 제일 열악한 나라가 미국 등 선별적 복지국가로 −3.91%였다. 이들 국가 중 보편복지를 대표하는 노르웨이는 13.85%였으나 선별복지를 대표하는 미국은 −8.59%였다.

미국의 국가재정은 워낙 부실해 국제 금융시장에서 투자를 꺼리는 수준까지 되었다. 미국의 재정은 부시가 대규모 감세정책을 펴고, 이란과 아프가니스탄 전쟁에 엄청난 전비를 쏟아 부으면서 급속도로 악화되었다.

현실이 이러한데도 재벌과 그 주변세력들은 보편적 복지는 곧 망국의 지름길이라고 보수언론을 통해 국민들에게 으름장을 놓는다. 이런 여론 공세로 국민 사이에 갈등과 불화가 유발되어 보편적 복지에 대한 합의가 어려워진다. 현대 보편적 복지의 모델이 되고 있는 스웨덴으로 눈을 돌리면 '복지 포퓰리즘 공세'가 얼마나 어처구니없고 국가공동체에 해악이 되는지를 알 수 있다.

스웨덴도 우리나라처럼 내수시장이 작은 수출의존형 국가이며 전체 수출 중 대EU 수출이 10%를 상회한다. 그런데도 그리스에 이어 아일랜드까지 구제금융을 받으며 유럽 전역이 경기침체와 재정적자에 흔들리는 상황에서 스웨덴은 지속적인 성장세를 보이고 있다. 오히려 경기과열이 우려되어 기준금리를 0.25%에서 1.25%로 인상하는 등 4차례의 금리조정을 했다. 무엇이 스웨덴을 주변국의 불황에도 불구하고 안정적인 성장세를 유지하게 했을까? 바로 보편복지와 안정된 재정 그리고 대기업의 이익환원 구조다.

스웨덴도 1930년대 세계 대공황을 겪으며 알콜중독자와 이혼율이 늘면서 전통적 가정이 붕괴했다. 이때 사회민주당 의장이었던 페르 알빈 한손Per Albin Hansson이 '국가는 곧 국민의 집이며 국민 모두는 이 하나의 가정에 속해있다'는 복지 이념을 내놓는다. 그는 시장경제를 맹신하는 사람들은 교조적 공산주의자들과 비슷하다며 그들은 오늘의 열악한 현실을 참으며 언젠가 다가올 '미래의 유토피아'를 기다린다고 했다. 한손 의장은 그런 환상 속의 유토피아를 버리고 현실 속에 '잠정적 유토피아'를 만들어냈다. 그것이 신별적 경제정책이며 포괄적 보변복지성책이다.

스웨덴 총리가 된 한센은 1938년 살트쇄바덴에 노동자, 정부,

기업을 모아 정부는 기업을 잘 도와주고, 노동자도 기업이 어려워지면 해고를 수용하고, 대기업은 세금을 더 잘 내며, 국가는 그 돈으로 교육·의료 등 국민 개개인의 모든 어려움을 부모처럼 보살핀다는 보편적 복지에 대한 협약을 맺는다. 이후 사민당은 44년 동안 국민들의 절대신임을 받으며 장기집권했다. 이런 '국가가 국민의 집'이라는 개념이 오늘의 스웨덴을 만들었다. '모든 아이는 모두의 아이'라 여겨 모든 아이에 대해 보육과 급식이 지원되고, 어떤 병에 걸려도 1년에 50만 원 이상의 의료비는 내지 않는 나라가 되었다.

대한민국은 '국가는 재벌의 집'이고 나머지 국민들은 거기서 하인 노릇이나 해야 하는 분위기다. 이런 나라에서 재벌과 그 주변인물이 아닌 다음에야 누가 자식을 낳고 싶을까? 그래서 출산율이 자꾸 떨어지는 것이다. MB 정부가 아무리 낙태 시술을 금지하고, 종교단체에서 나서서 출산을 장려한다고 해도 출산율은 절대 높아지지 않는다.

이 땅에 태어날 때 어느 집안에서 태어나든지 인간으로서의 기본적인 존엄성을 지니고 살 수 있도록 환경을 만들어 놓으면 출산율은 자연히 회복된다. 복지는 시혜도 아니고 낭비도 아니다. 그 자체가 국가의 경쟁력이며 효율적 시장경제를 꽃 피우는 여건을 조성하여 기업경영에도 큰 도움이 된다.

대한민국의 냉전사고 cold war mentality와 맞물린 보수우파들은 복지를 가난한 사람에게 베풀어주는 시혜라고 착각한다. 이런 선별적-잔여적 복지조차도 껄끄러워 하는 이기적 인물들이 사회권적 시민권인 '보편복지'를 이해하기란 어려울 것이다. 사회구성원이 누려야 할 당연한 권리조차 이해 못하는 사람이 정치인, 관료, 언론인이라고 설치고 있으니 나라가 화합하지 못하고 시끄러운 것은 당연하다.

그들의 주요 논리는 어려운 사람 도와주면 자활의지가 꺾이고 나라 전체적으로 경쟁력이 떨어진다는 것이다. 그러면서 자기 자식들에게는 원정출산, 편법증여, 기여입학 등의 온갖 부당한 특혜를 주려고 발버둥친다.

## 교육과 경제성장은 비례하지 않는다

대한민국 국민으로 태어났다면 한 인간으로 누려야 할 기본적인 권리가 있다. 헌법도 보장하는 이런 기본 권리를 위한 보편적 복지의 주요 내용은 기본소득, 의료권, 교육권 등이다. 인간은 누구나 그 사회에서 필요로 하는 문화적 소양과 산업 기술을 배울 수 있는 학습권이 있다.

학벌사회는 이 권리를 제한하려는 자본의 기획이다. 현재 대한민국은 대학을 나와야 그나마 사람대접이라도 받고 명문대 타이틀은 따야 목에 힘을 줄 수 있다. 태아 때부터 고등학생 때까지 오직 서울대에 들어가기 위해 전력을 기울인다. 영국의 경제주간지 〈이코노미스트〉는 이런 대한민국을 '한 방 사회 One Shot Society'라고 비꼬았다.

자녀교육에 드는 돈 때문에 부모의 노후가 불안한 나라는 전 세계에서 대한민국밖에 없다. 작년 초·중·고등학생들의 사교육비 규모는 20조 1천억 원으로 1인당 24만 원 수준이었다. 사교육비를 많이 투자하는 지역인 강남 3구(강남·서초·송파)의 서울대 합격률은 다른 지역의 20배 이상이었다. 결국 학벌도 부모의 소득에 따라 세습되고 있으며, 돈 놓고 돈 먹는 형식이 되었다.

공교육비의 개인 부담 비율도 EU 27개국은 14%, 대한민국은 40%였다. 대한민국 정부는 EU 가입국들에 비해 공교육 부담비용을 개인에게 3배 이상 전가시키고 있다. 그러나 이렇게 많은 돈을 들여 좋은 스펙을 가지더라도 모두 취직이 되는 것은 아니다. 취직을 못하면 그야말로 '스펙 푸어'가 된다. 스펙 푸어의 아픔을 아는가? 남들이 알아주는 대학 간판과 어학연수, 자격증까지 큰 돈을 들여 땄으나 사회가 받아주지 않으니 사회에 대한 적대감과 사회 부적응자라는 자괴감으로 얼마나 괴로운지 당해 보지 않은 사람은 모른다.

설령 대기업에 정규직으로 들어간다 해도 평균 근속연수가 11.6년에 불과하다. 이래서 유명 공대에 합격하고도 치과대학으로 가고, 유명대학 명문학과를 나오고도 로스쿨에 들어가려 한다. 평생직장이 무너진 사회이니 고급 라이선스 하나를 따야 그나마 장기간 일할 수 있다는 믿음 때문이다.

그렇다면 빛의 속도로 변해가는 현 시대에 과연 앞으로도 대학의 위상이 지금처럼 굳건할까? 물론 아니다. 봉건주의 시대에는 왕이 힘을 가졌다. 산업화 초기시대에는 국가가 힘을 가졌고, 상공업시대에는 기업, 정보화시대인 지금은 그 힘이 개개인에게로 넘어가고 있다. 이 흐름 속에서 대학은 상공업시대까지는 정보를 혼자 독점했다. 엘리트(인재)가 되려면 특별한 경우를 제외하면 무조건 상아탑에 가서 교수에게 도제식 교육을 받아야만 했다. 하지만 지금은 교통·통신의 발달로 시공간의 경계가 사라지고, 실제와 가상의 구분이 모호해지는 디지털 혁명이 일어나 불변의 진리라는 것이 무너지면서 대학의 진리와 정보 독점도 맥없이 무너졌다.

이래서 대한민국의 기업들도 학벌 중심의 인재 선발에서 점차 벗어나고 있는 것이다. 그런데도 아직 대한민국의 학부모들은 산업화시대의 논리에 젖어 명문대 간판만이 자녀의 미래를 보증해 준다고 굳게 믿는다.

부모 입장에서는 자녀의 한정된 시간을 오로지 대학입시 준비에만 몰두시켜야 하기에 자녀를 24시간 관리할 수밖에 없다. 여기서 '초식학생'이라는 신조어까지 나왔다. 초식학생은 성인이 되어서도 누군가 자기를 돌보고 지시를 해주어야 마음이 편한 수동적이고 온순한 '초식인간'이 된다. 심지어 요즘 초등학생 중에는 학교에서 쉬는 시간에도 부모에게 핸드폰을 걸어 '뭐해야 돼?'라고 묻는 아이도 있다고 한다.

이렇다보니 머릿속에 인풋은 잘해 학교성적은 탁월해도 스스로 문제를 해결하는 능력과 창의력이 떨어진다. 달리말해 이렇게 길들여진 사람들은 자기 머릿속에 차곡차곡 챙겨 넣기는 잘하지만 그 두뇌에서 뭔가를 창발創發, emergent적으로 끄집어내지를 못한다.

부모가 매니저처럼 모든 것을 관리하고 체크하면 아이는 스스로 무엇을 할 기회를 갖지 못해 사고력, 문제해결력, 자발적 계획력 등의 고차원적 기능을 담당하는 전두엽이 제대로 발달하지 못하게 된다. 요즘은 자녀가 성인이 된 후에도 그 주위를 맴도는 '헬리콥터 맘'도 생겼다. 대학에 들어간 자녀의 성적, 전공, 취업 그리고 맞선과 데이트 코스 등, 자녀와 관련된 일이라면 만사를 제쳐 놓고 관리한다. 그런 부모의 자녀도 과잉보호를 받는데 익숙해져서 어엿한 성인이 된 후에도 지시받고 관리받아야 마음이 편하다.

현대에 필요한 인재는 에디슨, 스티브 잡스 같은 호모 디아볼루스Homo diabolus다. 라틴어 디아볼루스는 '말썽꾸러기'라는 뜻이다. 에디슨과 잡스는 모두 기존 교육을 거부했다. 남이 만들어놓은 길을 따라가지 않고 자신이 좋아하는 길을 자신의 능력으로 새로 열고 갔다.

체면치레를 좋아하는 대한민국 사회에서 디아볼루스는 부조화적 인간이라며 소외 당한다. 현대경제연구원은 "대한민국의 지난 50년간은 다른 선진국의 뒤를 따라간 덕에 빈곤에서 벗어날 수 있었으나 이제는 독창적인 길을 개척해야 하고, 반드시 부조화적이고 창의력을 지닌 인재에게 더 많은 기회를 주어야 한다"고 연구보고서에서 주장했다.

싱가포르 난양이공대의 총장 버틸 앤더슨도 제주에서 열린 한 세미나에서 "대한민국 대학이 미래의 인재를 키우고 싶다면 연단부터 없애라"고 했다. 그는 실제로 총장에 취임하면서 대형 강의실부터 없앴다. IT는 이미 쌍방향으로 소통하고 있는데 강단에 서서 오래된 지식을 획일적인 방식으로 내리꽂는 일방적인 강의야말로 학생들의 창의력을 죽이는 일이다. 그래서인지 세계적인 대기업들은 아시아 출신의 채용을 꺼린다. 창의력은 꾸준히 스스로 질문하고 스스로 해답을 찾아야만 길러진다. 아시아 출신들은 이 부분이 상대적으로 약하다.

대학은 말 그대로 학문을 위해 가는 곳이어야지 취업이나 출세를 위해 가는 곳이 되어서는 안 된다. 대학진학률이 올해 처음으로 전년 82%에서 72.5%로 급감했다. 만일 이 추세가 이어진다면 대학진학 거품은 곧 꺼질 것이다. 살인적인 등록금을 내고도 졸업 후에 취직이 안 되는 현실 등이 결정적인 요인으로 작용하고 있다. 그러나 아직도 미국의 64%, 일본의 48%, 독일의 36%에 비교하면 지나치게 높은 수치다.

독일, 네덜란드, 일본 등 외국처럼 우리도 대학 졸업장과 관계없이 얼마든지 취업도 하고, 살아가는데 월급 차이 등의 아무 지장이 없어야 한다. 이런 사회를 만들어야 한다는데 반대하는 사람은 없다. 그러나 학벌사회를 깨는데 가장 앞장서야 할 관료집단, 정치인, 심지어 진보인사들까지 그동안 소위 명문대 간판 덕을 톡톡히 본 사람들이다. 이들은 굳이 나서서 자기의 사회적 상징자본을 허물려 하지 않는다.

학벌로 덕을 보려는 사람에게는 불이익을 주고 학벌사회를 해체시키려는 사람을 선호하는 사회적 분위기가 형성된다면 개인의 이익에 민감한 기득권층들이 앞장서서 학벌사회를 해체하려 할 것이다. 이미 현 교육체계가 지나치게 입시교육에만 매달리게 짜여져 있어 능동적인 인생을 개척할 여지를 빼앗는다는 연구결과도 나와 있다.

공부 많이 하기로 유명한 대한민국 학생들의 평일 학습시간은 470분으로 일본의 321분보다 2시간 30분이나 길다. 그래서 대한민국 학생들이 '과학올림피아드' 같은 국제대회에서 상위권을 휩쓸고 있으나 성인이 된 후는 완전히 달라진다. 노벨상 수상자의 경우 자연과학 분야에 일본은 13명인데 우리는 0명이다. 가드너 국제의학상도 일본은 9명, 대한민국은 0명이다. 창의력을 요구하는 분야에 가면 일본에 비해 형편없이 뒤지고 있다.

학벌공화국에서 길들여진 사람들은 정답을 맞히는 시험에는 강할지 모르나 스스로 문제를 정의하고 그 문제의 답을 찾아야 하는 현실에는 약하다. 제도권 학교에서 배우는 교육이 노동생산성에 기여한다는 증거는 거의 없다.

학교에서 배우는 문학, 역사, 철학 등 인문학과 국가 경쟁력은 그다지 큰 관계가 없다. 이런 배움을 통해 자신의 정신세계를 풍요롭게 하고 세계시민으로서의 안목을 기르는 정도다. 또한 이런 과목들은 굳이 학교에 가지 않아도 본인의 의지에 따라 인터넷이나 서적을 통해 충분히 익힐 수 있다.

하버드 대학의 랜트 프릿챗Lant Prichett 교수가 수십여 나라를 22년간 연구한 결과, 한 나라의 번영은 수학성적이나 학력에 의해 좌우되는 것이 아님을 밝혀냈다. 교육을 더 많이 받는다고 하여 경제성장이 촉진되지는 않는다는 것이다. 프릿챗 교수는 그 내용을 《교육은 모두 어디로 사라졌는가Where has all the education gone》란 책에 담았다.

우리는 교육과 경제성장은 비례한다는 굳건한 신념을 지니고 있다. 그러나 실제로 국가의 번영은 구성원의 교육수준이 아니라 생산성에 달려있다. 대학에 가야만 한다는 분위기가 한 사회에 형성되면 가지 않은 사람에게만 사회적 기회가 봉쇄되기 때문에 자연히 학벌사회로 흘러간다.

그럼 어떻게 해야 할까? 답은 간단하다. 학벌로 사람을 평가하면 반인권적 모독죄로 엄하게 다스리며 동시에 학벌 표기 금지법안을 제정하면 된다. 이미 국회에 '학력·학벌에 의한 차별금지 법안'이 발의되어 있다. 이 법을 어길 경우 최대 2년 이하의 징역이나 최대 3000만 원의 과태료를 부과한다. 이처럼 강제성을 띠고 있는 법안을 여야는 처리하지 않고 있다. 그들 가운데에서도 학벌 기득권을 놓고 싶지 않은 사람이 많은가 보다.

스펙이 휴지조각이 되는 날이 분명히 온다. 벌써 IT의 발달 덕에 어느 분야든 최고의 강의를 시공간을 초월해 들을 수 있게 됐다. 굳이 먼 거리에 있는 학교까지 찾아가 강의실 안에 앉아 있을 필요가 없다. 이미 MIT는 전 세계를 대상으로 인터넷에서 무료로 강의를 공개하고 있다. 그 뒤를 따라 세계 각 대학들도 인터넷 공개강좌를 열고 있다. 이에 따라 교실 수업은 낡은 교수법이 되어가고 있고 교과서도 사라지는 추세다.

5년 내에 한국도 강의실에서 직접 수강하는 학생은 전체 수강생의 10%에도 미치지 못하리라는 예측이 나오고 있다. 스마트폰 등을 이용해 가능해진 원격교육으로 교육의 패러다임이 달라지고 있다. 이로 인해 세계 대학이 극소수의 연구대학 몇 군데와 나머지 대다수의 대중대학Mass university으로 나뉠 것이다.

그리고 대학 졸업장이나 변호사, 의사, 회계사 등 한 번 라이선스를 따면 평생 수입을 보장받던 그런 스펙은 앞으로 휴지조각이 될 것이다. 과거 소수 학자들이나 접할 수 있던 고급 정보들이 이제는 마음만 먹으면 누구나 탐독할 수 있게 되어 굳이 교수 등 전문가들의 필요성이 크게 줄어들었다. 용도 변경된 대학 캠퍼스도 휴양지로 거듭나게 될 전망이다.

중국 은殷나라 탕湯왕은 매일 아침 세수할 때마다 세숫대야에 새긴 일신우일신日新又日新이라는 경구를 보며 마음을 다졌다. 바로 지금 시기가 그와 같다. 남들이 가려고 서 있는 길을 벗어나 자기만의 새 길을 개척해야 한다.

## 너를 이겨야 내가 산다 VS 네가 살아야 나도 산다

천민 자본주의는 탐욕을 먹고 산다. 탐욕은 끝이 없다. 그래서 자본주의는 성장률에 목을 맨다. 매월, 매분기, 매년 성장하지 않으면 곧 파멸될 것처럼 불안해한다.

자본주의는 지구촌에 나타난 이념 중에 가장 급진적이다. 사람의 삶의 터전과 오래된 기존 규범까지 완전히 뒤바꿔 놓아, 자본주의는 곧 경제이며 정치이고 도덕이며 윤리가 되었다. 이런 급진적 이념의 출발지인 영국은 상업적 목적으로 식민지 쟁탈에 나섰고, 20세기 들어 미국이 세계대전을 통해 자본주의의 본산이 되면서 신자본주의로 업그레이드되었다.

미국 발 신자유주의는 미국식 금융 시스템을 세계 각국에 강매하며 노동 유연성이란 이름으로 정리 해고, 직장의 자유란 이름으로 복지시스템의 폐지, 공공영역의 민영화를 강요한다. 신자본주의는 무엇보다 양적 성장인 수치에 민감하다. 이런 성장지상주의의 중심에 재벌이 있다.

재벌 법칙 1조 1항은 '너를 이겨야 내가 산다'이다. 이런 승자독식의 문화가 모든 분야의 공공성公共性을 질식시키고 있다. 이런 흐름의 문제를 파악한 미국이나 서구국가들은 지금이라도 공공성 회복을 위해 노력하고 있는데, MB 정권은 공공성의 무차별적 피괴가 선진화라 착각하고 있다.

외국계 금융자본 맥쿼리가 대주주로 참여하고 공공사업을 민영화해서 크게 논란이 있었던 '지하철 9호선'과 '우면산 터널' 등의 사업에 '최소 운영수입 보장MRG'이라며 막대한 금액을 세금으로 지원하는 정책도 MB가 서울시장 시절에 체결되었다. 이런 사람이 대통령이 되고 나니 국가가 책임져야 할 철도와 도로, 의료, 교육, 수도, 가스, 공항 등 모든 공공영역을 민영화privatization하려고 난리다. 그 민영화의 혜택은 고스란히 재벌들의 몫이 된다.

MB의 '자원외교 1호'라고 요란하게 홍보하던 이라크의 유전 개발도 감사원이 조사한 결과 총체적 부실임이 드러났다. 애초 이 사업은 원유 19억 배럴을 확보함과 동시에 21억 달러의 사회간접자본SOC 건설도 함께 따낸 일석이조의 성과라고 현 정부의 자랑이 대단했다. 그러나 객관적 근거 없이 매장량이 부풀려졌고, 계약체결과 동시에 지급한 4억 달러와 그 외 부담해야 할 이자 탓에 온통 부실덩어리였다고 감사원은 지적했다.

이처럼 한 나라의 정권이 재벌처럼 '성과'에만 집착하면 눈이 멀어 뻥튀기에 속는 일이 다반사다. 재벌은 자전거처럼 쉼 없이 앞으로 나아가야만 쓰러지지 않고 버틸 수 있는 속성이 있다. 끊임없이 땅을 파고, 산을 허물고, 강을 메우고, 사방을 시멘트로 발라야 한다. 과연 그 성장이 어디까지 지속될 것이며, 그 성장의 대가로 무엇이 사라지는지에 대한 진지한 성찰이 결여되어 있다.

왜냐하면 성장의 주역이 재벌이고, 성장을 멈추면 수명이 다하는 재벌은 주변을 돌볼 여력이 없기 때문이다. 자본주의 국가에서 성장률은 정권의 운명과 직결된다. 성장율을 전년도에 비해 높이기 위해서라면 지구의 허파인 아마존의 나무도 베어내고 돈 되는 어떤 일이든 감행한다. 왜 이렇게 현대 인류는 자연을 파괴할까? 신자유주의의 첨병인 재벌의 법칙과 자연의 법칙이 상극이기 때문이다.

자연의 법칙 1조 1항은 '네가 살아야 나도 산다'이다. '너를 이겨야 내가 사는' 재벌의 속성이 이런 자연을 그냥 놓아둘 리 없다. 그래서 자연을 소유하고, 자연에 값을 매겨 수탈하려 한다. 얼핏 보기에 재벌이 자연을 개발하면 자연의 가치가 상승하는 것처럼 보인다. 그러나 그 반대다. 개발로 올라가는 가격은 '이용 가치'일 뿐이다. 사람은 이용당할 때 감정이 상한다. 그러나 대기업의 개발론자들은 생태계는 당연히 돈벌이에 이용되는 물건에 불과하고 심지어 사람도 일회용 반창고처럼 소득을 올리는 수단으로 본다.

사람이나 생태계나 이용가치가 올라갈수록 그 본래가치는 하락한다. 예를 들어 모 재벌이 광활한 녹지를 사들여 관료들에게 뒷돈을 주고 형질 변경을 받아 개발한다고 치자. 평당 몇십 원도 못 받던 땅값이 아파트와 빌딩들이 들어서면서 천만 원 가까이 오른다. 그러나 땅은 이미 시멘트에 질식되어 훼손되고 본래의 기능은 마비되고 만다. 그리고 세월이 흐를수록 그 땅 위 건물들이 낡게 되고 언젠가는 폐기물만 남게 된다.

네가 살아야 나도 사는 자연을 우리는 '약육강식의 세계'로 오해하고 있다. 만일 자연계가 약육강식으로만 움직였다면 지구 위에는 냉수만 가득하다가 인간이란 종은 발생하기도 전에 자연만물이 사라졌을 것이다.

자연의 먹이사슬은 오늘날의 신자유주의와는 다르다. 절대강자를 허락하지 않고 평형체계를 유지하며 공생한다. 자연계는 '약육강식'이 아닌 '상육상식'의 평등을 유지한다. 탈냉전 이후 신자유주의자들이 사회도 적자생존에 따라 진화하는 유기체라고 주장하면서 의료나 교육 같은 공적인 사회 서비스조차도 시장화를 추진하고 있다. 이로써 자연의 정글에 존재하지도 않는 약육강식이 '시장의 정글'을 지배하게 되었다. 시장 정글에서 맹수는 자본이다. 자본만이 마음대로 이 정글을 활보하고 인간은 하수인 노릇을 한다.

한국도 1997년 외환위기 이후 '자본 이동의 자유화'가 절대 가치가 되고 말았다. 자본의 자유가 '절대 선'이 되기 이전의 경제는 인간의 행복과 만족을 위한 '효용$_{utility}$'을 추구했다. 그러나 금융화가 세계적으로 확산되면서 자본의 자유가 경제의 목적이 되고 말았다. 국경을 뛰어넘어 돌아다니는 국제 자본이 한국의 자본시장에도 예고 없이 출몰하고 있다. 마치 숲속에 맹수가 느닷없이 나타나듯 말이다.

금융감독원에 따르면 2012년 4월 외국인 주식보유 규모가 400조 원을 돌파했고 채권보유도 88조5천억 원을 기록했다. 3개월간 외국인들이 매수한 주식규모만 11조 원이 넘는다. 이로써 외국인 주식보유 비중이 31%에 이르렀다. 특히 유럽의 아일랜드, 룩셈부르크, 프랑스 등의 단기성 자금이 주로 유입되었다. 같은 기간 미국은 5027억 원을 매도했고 그 뒤를 싱가포르와 영국이 이었다. 글로벌 금융위기가 터진 2008년 한 해 동안 외국인이 순매도한 주식총액이 43조2천억 원이었다.

현재 한국의 자본시장은 외국인의 매수와 매도에 따라 춤을 추고 있다. 외국자본의 유입은 비교적 점진적이나 유출은 순식간에 일어날 수 있어 항시 불안에 떨어야 한다. 외국발 금융변동에 대처하기 위해 국내에서 '외국인 지분율 제한', '단기성 투자자본에 대한 거래세', '외환 파생상품의 규제'를 도입해야 한다는 의견이 높아지고 있다. 그러나 정부는 자본통제에 대해 소극적이고 선진국들도 미온적이다. 이런 상황이라 국제통화기금IMF 같은 곳에서조차 '자본통제가 무조건 나쁜 것만은 아니나, 실제 효과가 의문스럽다'라는 말을 하고 있다.

신자유주의는 철저히 자본시장 만능주의다. 이런 인식이 승리에 대한 탐욕과 집착의 뿌리가 되어 모든 합리적 논의와 사회적 호혜관계, 그리고 자연 생태계마저 해체시키고 있다.

## 공유지의 비극을 멈추려면

지금처럼 경제가 성장 중심의 패러다임을 버리지 않으면 2050년경 지구 생물종의 30%가 멸종된다고 한다. 올해 상반기에만 기상 이변으로 전 세계가 입은 경제적 손실이 약 2850억 달러에 달한다. 이를 미국 UCSB 생물학과 교수인 가렛 하단은 공유지의 비극The Tragedy of the Commons이라는 개념으로 설명했다.

이 말은 '공동체가 공유해야 할 자원, 즉 초원, 공기, 호수, 바다, 지하자원, 어족, 동식물 등을 시장논리에 맡겨 두면 사적이익을 위해 개인들이 남용하면서 금세 고갈된다'는 것이다. 예를 들어 양 100마리 정도를 기를 수 있는 어떤 목초지가 있다. 공짜인 이 공유지를 이용하려고 축산업자들이 너도 나도 수백 마리의 양을 끌고 나오면 이 목초지는 금세 황폐해진다. 결국 이 공유지에서 더 이상 양을 기를 수 없게 되어 모든 축산업자들이 다 손해를 보게 된다. 가렛 하딘은 이를 막기 위해 이해당사자들이 모여 사회적 합의를 이끌어내야 한다고 주장했다.

이 '공유지의 비극'이란 개념을 복지 정책을 반대하는 보수주의자들도 애용한다. 그들은 공유지를 '국가 재정'으로 설정하고 사회구성원들이 너도 나도 '공짜'라는 심리로 마구 갖다 쓰면 금세 고갈된다고 말한다. 얼핏 그럴듯해 보이나 원래 '공유지의 비극'은 개인의 이익추구에 의해 전체의 이익, 즉 환경이 파괴된다는 뜻이다. 개인의 탐욕을 제어할 공공의 영역을 보존해야 하는데도 불구하고 모두 시장논리에 내맡기는 것이 공유지의 비극이다.

오늘날 환경을 누가 파괴하는가? 독점자본을 앞세운 대기업들이다. 재벌들 간의 담합, 중소 협력사에 대한 횡포, 계열사 일감 몰아주기, 탈세, 국내 상품과 수출품의 가격차이 등등 많지만, 그 중 제일 큰 잘못은 환경오염이다. 경제오염은 인간에게 국한된 것이지만 환경오염은 하나뿐인 지구를 망가뜨린다. 세계의 대기업이나 한국의 재벌들도 수시로 폐수나 유해가스를 무단 방출해

수질과 대기오염 등 환경오염을 일으켜 왔다.

환경오염은 시장에서 각자 자신에게 이익이 되는 대로 행동하면 전체적으로 효율적이 된다는 애덤 스미스의 '보이지 않는 손'을 쫓아 무한경쟁을 벌였던 탓에 발생했다.

- 우리가 맛있는 식사를 하는 것은 제빵사의 자비로움 때문이 아니라 그가 자기 이익을 위해 정성스럽게 빵을 만들었기 때문이다.
- 꿀벌은 꽃에서 꿀을 따먹기 위해 이 꽃, 저 꽃 옮겨 다닌다. 이런 꿀벌의 이기적 행동 때문에 꽃가루가 이 꽃, 저 꽃으로 옮겨가 수정이 되고 열매를 맺는다.

애덤 스미스의 이 예화는 꿀벌의 이기적 동기로 자연이 혜택을 보고, 제빵사의 이타적 동기가 아닌 이기적 동기로 사회적 이익이 나는 것처럼 자본주의에서 동기는 필요 없고 결과만 중요하다는 것이다. 즉 개별경제의 합리성과 사회경제의 합리성은 언제나 일치한다. 이런 미시적 관점을 추종하는 신고전 경제학파는 '개인은 이기적으로 행동하라. 그 결과 사회는 발전하고 모든 사람이 풍족해질 것이다'라고 말한다.

그러나 케인즈는 애덤 스미스의 개념을 부인하며 '구성의 오류 fallacy of composition' 이론을 내놓았다. 개인에게 합리적인 행동이라도 전체로 모이면 비합리적일 수 있다는 이 개념은 당장 우리나라의 경우에 적용이 된다. 대기업의 이기적 동기를 만족시키기 위해 대기업 프렌들리 정책을 폈더니 대기업 곳간에 돈은 쌓여 가는데 주머니가 빈 서민들이 소비를 줄여 경제가 하락한다.

한국은행은 2012년 경제성장률을 3.7%로 전망했다가 3.5%, 3.25%로 계속 낮추고 있다. 왜일까? 경기 둔화로 인한 민간소비 위축 때문이다. 모든 개인이 이기적 동기로 행동하면 그 총계가 효율적이 되기는커녕 모두가 망하게 된다. 극장에서 관객 한 사람이 무대가 잘 안 보인다고 일어서면 모두가 일어서게 되고, 결국 모두가 무대를 잘 보지 못하게 된다.

이처럼 이윤과 효용의 극대화를 추구하는 개별 경제의 합리성이 자원의 최적 배분이라는 사회경제적 합리성과 일치하지 않는 경우가 허다하다. 여기서 합리성이란 일반적으로 말하는 보편타당성이 아니라 개인의 이기적 동기다.

또한 합리적 개인이 언제나 경제적 개인은 아니다. 지름신이 강림하여 과소비를 하거나 분수에 넘치는 명품을 소비하는 것만 보아도 개인이 늘 합리적으로 자신의 경제적 이익에 따라 움직이지는 않는다.

그런데도 개별적으로 자유로운 이익추구를 극대화하면 전체 사회경제적으로 이익이 된다는 개념은 거짓이다. 주류 미시경제학이 된 애덤 스미스의 결과지상주의는 시장에서 개별행위자들을 관리하고 제어하는 법적·제도적 장치에 무관심하고, 또 기존의 장치마저도 해체하려 든다. 이 때문에 케인즈는 구성의 오류를 통해 모든 개인들이 이기적으로 행동하면 일단은 그 개인들이 잘살 수 있을지 모르나 궁극적으로 그 개인들도 몰락하게 됨을 밝혀냈다.

이처럼 세상을 보는 방식에 따라 행동양식이 달라진다. 레이건이나 대처, 그리고 현 MB 정부처럼 미시적으로 시장의 자유가 절대선이라고 믿으면 자본시장의 자유화를 추구하게 되고, 모든 공공 서비스 영역에 경쟁의 원리를 도입하여 민영화하려 든다. 애덤 스미스의 후예들은 대표적 공공요금인 지하철, 철도, 버스, 통신, 전기, 가스 등 국민생활에 지대한 영향을 끼치는 분야까지 재벌들에게 넘기고 그 과정에서 그에 상응하는 대가를 챙긴 것으로 의혹을 사고 있다.

2012년 4·11 총선 이후 정부가 KTX를 민영화하려고 서두르자 큰 논란이 일었다. 14조 원이나 투입되었고 흑자로 운영되는 사업을 정부는 재벌에게 통째로 넘겨주려 했다. 정부 논리는 KTX를 경쟁체제로 만들어 요금을 내리겠다는 것이지만, 대체제가 없는 유일 노선이라 경쟁할 대상이 없다. 민간 자금으로 건설된 지하철 9호선도 서울시와 시민들의 반대에도 불구하고 요금을 50% 올리겠다고 발표했다가 철회한 사건이 있었다. 9호선의 주주는 맥쿼리한국인프라, 로템, 현대건설 등 14개 회사로 구성되어 있고, 프랑스의 베올리아사가 운영을 맡고 있다.

외국의 민자사업은 그야말로 거의 100% 민자로 진행된다. 그러나 다정다감한 대한민국 정부가 추진하는 민자사업의 경우, 지하철 9호선을 보면 사업비 3조 원 가운데 민간사업자가 20%, 세금이 80% 투자되었다. 과연 이런 것을 민간자본 사업이라고 불러도 되는지 의문이다. 그리고 '최소 운영수입 보장MRG, Minimum Revenue Guarantee 제도'를 만들어서 시민의 이용이 적어 목표한 수익이 나지 않으면 정부나 지자체에서 재정보조금을 준다. 지금도 9호선 등 공공분야의 민자사업에 막대한 국민의 혈세가 계속 투입되고 다국적 기업의 이윤으로 이전되고 있다.

한국의 민영화 정책은 다국적 기업들과 재벌들에게 땅 짚고 헤엄치기식의 편한 사업이다. 이익이 남으면 투자자들이 고스란히 가져가고 손해가 나면 국민의 세금으로 보전받는다. 그야말로 무위험 고수익, '제로 리스크-하이 리턴 사업'이다.

지난 2009년 말 조사에 따르면 전국적으로 운영 중인 민자사업이 총 116개나 된다고 한다. 이중 MRG 방식은 70여 개다. 서울 지하철 9호선 운영사에 지급되는 손실보전금이 2009년 142억 원, 2010년 323억 원, 2011년 400억 원으로 해마다 늘고 있다. 용인 경전철과 부산-김해 경전철, 의정부 경전철도 거액의 추가 손실보전금을 주어야 할 것으로 추산된다.

2010년 6월 감사원이 전국 29개 민간투자사업 운영실태 감사 결과를 발표했다. 이들 사업에 2001년부터 2009년까지 세금으로 보조해준 돈이 2조2천억 원이다. 이 추세대로라면 2040년까지 약 18조8천억 원의 세금이 더 투입될 것이라고 전망했다.

2000년대에 와서 민자 고속도로가 전국 곳곳에 개통되었다. 그러나 흑자를 내는 구간은 아직 없다. 이중 인천공항 고속도로에 가장 많은 보전금이 들어갔다. 현 통행량이 원래 예측의 42.5%에 불과해 작년까지 9천억 원이 보조되었으며 앞으로 더 많은 재정을 보조해야 한다. 한마디로 한국의 민자사업은 '세금 먹는 하마'다. 수요 예측기관의 엉터리 숫자놀음에 국민의 세금이 어마어마하게 낭비되는데도 책임지는 사람은 아무도 없다. 기업가와 보수적 정권의 이기적 행동이 사회를 그릇된 방향으로 이끌고 있다.

민자와 같은 시장의 실패 사례는 금융시장의 투기 버블, 의료보험이 절실한 환자가 도리어 혜택을 보지 못하는 경우, 대기업의 독점과 담합의 반경쟁적 행태 등에서도 고스란히 나타나고 있다. 이런데도 지난 40여 년간 보수적 경제학자들은 오직 이윤 창출, 혁신, 자원의 효율적 배분에만 매달렸다.

지금은 같은 양의 상품을 만드는 데 1970년대에 필요했던 노동력의 5분의 1이면 된다. 그러나 2030년대가 되면 '노동 없는 생산의 시대'에 접어들고 드디어 1%의 초거대 자본이 첨단 자동생산 시설을 장악한다. 나머지 99%는 1%의 자비심에 기대어 살아야 한다. 한국 사회도 그런 방향으로 재편되고 있다. 한국조세연구원이 2006년 국세 통계연보를 분석한 결과, 상위 1%의 연간 수입이 38조4790억 원으로 전체 소득 231조9580억 원의 6분의 1을 차지했다. 올해는 그보다 더 높아졌을 것이다.

OECD 19개 국가 중 한국보다 부의 편중이 심한 나라는 미국 하나뿐이다. 미국은 상위 1%의 소득이 전체 소득의 17.7%를 차지하며, 평균을 내보면 1인당 연소득 3억8천만 원 이상을 올린다. 한국의 상위 1%의 소득도 미국과 비슷하다. 3위가 영국의 14.3%이며 OECD 평균은 9.7%다. 초부유층을 포함할 경우 한국의 소득 불균형은 이미 위험수준에 도달했다.

이처럼 거시적 안목에서 한국과 미국을 포함한 세계 경제를 바라보면 역시 케인즈의 이론이 옳았음이 증명된다. 경쟁, 경쟁, 경쟁의 노래를 부르면 부를수록 빈부격차는 사회폭동이 일어나야 해결될 수준으로 확대된다. 케인즈도 경쟁의 필요성에 대해서는 안다. 경쟁이 있어야 더 빨리 발전한다. 그러나 그 경쟁이 과도하면 지금처럼 사회와 자연에 재앙이 된다. 사회와 자연에 해가 되지 않고 효율적으로 경쟁하려면 사회적 안전망 그리고 생태적 안전망을 갖춰야 한다.

## 인구 증가와 임금 구조

해마다 전 세계적으로 늘어나는 인구를 수용하기 위해 대규모 신도시 1500개씩을 필요로 한다. 여기에 건설사들의 무한한 성장 가능성이 있다. 그러나 마냥 좋아할 일만은 아니다. 이 추세로 진행된다면 2050년에는 인구가 90억 명을 넘어설 전망이며, 경제성장 때문에 온실가스 배출량은 지금의 2배로 늘어날 전망이다.

인구가 90억 명이 되면 곡물이나 육류 등 식량생산이 지금보다

70% 이상 늘어야 한다. 그러려면 이미 한계에 다다른 지구의 환경이 더 이상 회복이 불가능한 상태가 되고 만다. 경제성장률 1%가 올라갈 때마다 그만큼 삼림이 파괴되고 토양이 오염되며 대기는 뜨거워진다.

따라서 지속가능한 경제성장을 추구해야 한다. 지속가능한 성장이란 양적 수치의 상승이 아니라 삶의 질과 만족도의 상승을 말한다. 지구온난화를 막기 위한 여러 방법들이 모색되고는 있으나 대부분 수치적 경제성장을 포기하지 않는 범위 내에서 논의되고 있기 때문에 별다른 효과가 없다.

지금까지 지구온난화의 주범은 선진국들이었다. 이들은 전 세계 인구의 4분의 1에 불과하면서 전 세계 온실가스의 4분의 3을 방출하고 있다. 근래에는 신흥 경제대국으로 떠오른 중국이 전 세계 온실가스 배출량의 24%를 차지하면서 1위가 되었고, 다음이 미국 18%, 인도 6%의 순이다. 선진국의 초국적 대기업들이 탐욕을 버리지 않는 한 환경오염은 더 악화된다. 그런데도 온난화 방지를 위해 만들어진 '교토의정서'에 미국이 자국산업 보호를 이유로 서명을 거부했고, 캐나다마저 작년 말에 탈퇴하면서 유명무실해지고 있다.

만일 수치적 성장을 포기하고 질적 성장으로 전환한다면 대기업은 엄청난 타격을 받는다. 지금의 경제성장은 육식, 개인용 승용차 그리고 낭비적인 미국의 생활양식을 표준으로 삼고 있다. 따라서 그들과 유착관계인 정치권이 교토의정서 같은 조약을 따라갈 리 만무하다. 질적 성장은 과소비주의를 버려야 가능하다.

영국의 스턴 경Lord Stern은 지구온난화를 막기 위해서는 전 세계 GDP의 1% 정도인 약 700조 원 정도가 필요하다고 했다. 그러나 이를 방치할 경우 비용이 20%까지 증가하고, 더 오래 방치하면 지구에 GDP란 용어 자체가 사라지게 될 것이다.

지구온난화에 대한 가장 막중한 책임이 재벌에게 있음은 누구나 인정한다. 재벌이 앞장서서 이 문제를 해결해야 하는데 재벌의 속성이 이와 배치된다. 온난화 해결의 처음과 마지막은 '인구감소'다. 그러나 재벌을 비롯해 기득권은 누구도 쉽게 이 말을 하지 않는다. 인구감소야말로 환경보호를 위한 최고의 약이지만 재벌들에게는 최고의 독이기 때문이다.

재벌은 인구가 감소하면 생산인력이 줄고 자산 가격이 급락하며 여기에 대출해준 금융회사가 부실해지고 유동성 함정에 빠지는 악순환이 발생한다고 생각한다. 그러나 서민 입장에서 보면 인구가 줄어드는 것보다 늘어나서 받는 장기적 고통이 더 크다. 부동산 가격은 천정부지로 올라가는데 노동인구는 늘어 수입은 더 줄고, 그 이익이 상위 1%에게만 몰려 상대적 박탈감과 절대적 빈곤이 심화된다.

지구라는 한정된 땅덩어리에 인구가 늘어날수록 초대형 재벌들만 독버섯처럼 자라기 쉽다. 그래서 그들과 밀착한 정치권력과 언론은 계속 인구증가만이 경제가 살아날 길이라고 말한다. 만일 인구가 준다면 물론 일시적으로 서민에게도 경제적 침체로 인한 피해는 있겠으나 장기적으로 충분히 보상받는다. 땅값이 떨어지고 주거문제로 인한 고통은 사라지고 원하는 일자리를 얼마든지 얻으며 구직시장도 고용주 위주가 아니라 구직자 위주로 재편된다. 이는 중세 유럽의 역사에서 이미 충분히 확인되었다.

14세기 중반 전 유럽을 페스트가 휩쓸었다. 당시 유럽 인구의 3분의 1 정도가 죽어 '가득 찬 유럽'에서 '텅 빈 유럽'이 되고 말았다. 대략 2500만 명의 유럽인이 페스트로 죽었으며 어떤 마을은 통째로 사라졌다. 단기간에 급속히 인구가 감소하자 제일 당황한 계층이 영주를 비롯한 지주들이었다. 이들은 당장 장원을 경작할 일손이 부족하자 임금을 2배로 올리고 집세까지 면제해 주면서 서로 농부를 모셔가려 했다. 또한 농산물의 수요가 감소해 가격이 내려가자 영주들이 곤란하게 되었다. 이 과정에서 중산층이 생겨나 양극화가 해소되고 봉건제도까지 점차 소멸하게 되었다.

## 북유럽에 꽃 핀 보편복지와 남유럽의 재정위기

유럽하면 제일 먼저 떠오르는 말이 '요람에서 무덤까지'일 정도로 유럽은 복지의 천국이었다. 그 유럽의 여러 나라가 요즘 재정위기로 휘청대고 있다. 그러자 마치 기다렸다는 듯이 대한민국의 보수 인사들은 복지 때문에 유럽이 망한다고 선동하고 있다.

그런데 자세히 들여다보면 유럽 중에 지금 곤경에 처한 나라들은 대부분 남유럽에 속해있다. 그리스, 포르투갈, 스페인, 이탈리아 등 지중해를 끼고 있는 남유럽 국가들은 주로 감성적이며 여유를 부리는 라틴 계열 인종으로 구성되어 있다. 춥고 습한 북유럽의 스웨덴, 핀란드, 덴마크, 노르웨이 등은 이성적이며 비교적 무뚝뚝하고 고지식한 게르만 계열이다. 이번 유럽발 경제난은 주로 선별복지의 나라들인 남유럽 국가들에게서 시작되었다. 보편복지를 시행하고 있는 북유럽은 글로벌 금융위기 가운데도 굳건하게 서 있다.

유럽의 이야기를 하기 전에 잠시 우리의 국민연금에 대한 이야기를 하자. 국민연금의 고갈시기에 대해 정부는 2060년, 일각에서는 2040년까지 당겨 잡는다. 그러나 이것도 불확실하다. 더 빨라질 수도 있다. 국민연금은 새로운 가입자가 들어와야 유지되는 일종의 다단계와 비슷하다. 지금까지는 연금수혜자는 적고 새로운 가입자는 점차 늘어나는 구조였다. 그러나 곧 상황이 바뀐다. 가입자 수는 정체 내지 감소하고 수혜자는 눈덩이처럼 불어난다.

현재 국민연금의 수혜를 받는 가입자들은 가입 액수에 비해 받는 혜택이 최대 8배에 이르지만 앞으로 이 혜택은 급속도로 축소되며 동시에 현재 가입자 기준 소득액의 9%대인 보험료도 점차 높아져 20%까지 올라갈 수 있다. 지금은 주부 등 장년층들도 뒤늦게라도 연금에 가입하고 있지만, 시간이 흐를수록 신규로 연금에 가입하기를 꺼리게 될 것이다.

우리와 비슷한 연금구조를 가지고 있는 일본은 이미 청년들 4분의 3 가량이 연금 가입을 회피하고 있다. 2011년 합계 출산율(여성 1명이 평생 동안 낳을 수 있는 평균 자녀 수)이 1.24명에 불과해 인구도 점차 주는데다가 새로 국민연금에 가입해야 될 사람들마저 가입을 꺼린다면 연금 고갈 시기는 상상 외로 앞당겨질 수 있다. 이처럼 국민연금도 노후에 기댈 수 있는 언덕이라고 확신하기는 어렵다.

그렇다면 보편복지 국가인 스웨덴의 연금은 어떨까?

스웨덴은 일본, 스위스, 덴마크, 독일 다음의 초고령사회다. 스웨덴은 보편복지의 나라답게 전혀 연금을 내지 못한 채 65세가 되더라도 누구에게나 최저보장연금은 준다. 그 액수는 최저생계비보다 60% 가량 더 높게 책정되어 있는데, 최근의 수령액을 우리나라 돈으로 환산해보면 140만 원 가량이다. 물론 일하는 동안 연금을 낸 사람은 더 많은 액수를 수령한다. 한마디로 스웨덴 국민이라면 누가 됐든 최저생계비 이상은 <u>국가가</u> 책임져 준다. 그리고 그 이상의 여유와 소비는 본인의 노력에 달려 있다.

'국가는 국민들을 위한 좋은 집'이 스웨덴의 국가경영 철학이다. 이 철학 아래 모든 국민들이 잘살 수 있도록 돌보고 삶의 조건을 끊임없이 개선하려 노력한다. 이런 보편과 평등의 원칙이 스웨덴을 장수 복지국가로 지켜주고 있다. 물론 스웨덴이라고 글로벌 경제체제 속에서 혼자만 독야청정 하기는 어려우나 위기를 만난 남유럽의 나라들보다는 훨씬 대처를 잘하고 있다.

이렇게 되기까지 스웨덴도 여러 번 경제위기의 고비를 넘겨야 했다. 특히 1990년대 초반부터 중후반까지 대공황 이후 최대의 위기를 겪었었다. 스웨덴은 1990년까지는 실업률이 제로에 가까운 완전고용의 나라였는데, 1991년부터 실업률이 서서히 늘더니 1992년 5.2%, 1993년 8.2%까지 증가했다.

당시 스웨덴의 경기가 급격히 침체됐던 배경에는 1985년도의 금융자유화 조치가 있었다. 이 조치가 내려진 이후에 가계대출이 급등해 매년 신용대출이 20%씩 늘었다. 신용으로 대출받은 돈이 부동산으로 몰리며 주택과 상가, 금융자산 등이 급등하자 건설사들도 엄청난 물량의 주택을 지었다. 국민들의 가계저축률은 마이너스로 돌아섰고, 총 가처분 소득보다 많은 소비를 했다.

이처럼 경기가 지나치게 과열되던 1989년, 스웨덴 정부가 외환시장마저 완전히 개방하자 외환유출이 승가했다. 그리고 부동산 거품이 꺼지면서 주택 미분양이 속출하고 부동산과 금융자산가치가 폭락했다. 여기에 담보대출 등으로 금융권이 부실해지면서 1990년대에 금융위기가 왔고, 크로나화(스웨덴의 통화)를 30% 평가절하해 수출을 늘리고 정부지출을 감축하는 등 긴축 내핍정책을 폈다. 그리고 부실 금융기관을 국유화한 다음 부실자산을 말끔히 정리한 후에 민영화했다.

스웨덴은 이때의 뼈아픈 경험으로 지금까지 독립적 통화정책을 유지하고 있으며, 아무리 경제가 어려워져도 재정 안정성을 해치면서까지 재정지출을 하는 경기부양은 하지 않는다. 이처럼 지속적인 재정 안정정책을 유지하자 투자자들과 소비자들이 정부를 신뢰하게 되고 최근 유로존 재정위기 속에서도 스웨덴의 무역수지는 연속 흑자 행진을 보이고 있다.

국제아동보호기구가 전 세계에서 '엄마와 아이가 가장 살기 좋은 나라'로 스웨덴을 선정했다. 스웨덴의 모든 교육은 대학원까지 교재비를 포함 거의 무상이다. 병원비 본인부담 수준도 진료비나 약값 등을 모두 합해 1년에 50만 원을 넘지 않아 사실상 무상의료다.

스웨덴처럼 공공 의료서비스 체제일 경우 의료의 질과 서비스가 떨어질 것이라고 생각하면 큰 오산이다. 세계보건기구 보고서에 의하면 무상의료 국가인 스웨덴 국민의 의료 만족도가 영리병원 국가인 미국 국민보다 월등히 높다. 의료 기술과 경쟁력은 한국보다 더 높다. 그리고 무엇보다 무상의료를 실시하는 스웨덴이나 영국 같은 나라에서는 어떤 병이든 돈 때문에 치료를 포기하는 일은 없다.

보편복지의 나라 스웨덴에도 대기업이 많다. 그러나 '발렌 베리' 같은 재벌은 한국의 재벌과 달리 국민들로부터 깊은 사랑과 신뢰를 받고 있다. 이런 보편복지를 시행하면서도 스웨덴이 꾸준히 안정적으로 성장하는 이유 중의 하나가 '동일노동 동일임금 제도' 덕분이다. 같은 일을 하면 정규직, 비정규직에 관계없이, 어느 회사 소속이냐에 관계없이 똑같은 연봉을 받는다. 예를 들면 삼성에서 선반공을 하든, 하청업체에서 선반 일을 하든 월급이 같다는 것이다. 이런 구조이기 때문에 스웨덴의 노동임금은 그다지 높지 않다. 그래도 그들은 지구상 어느 나라보다 행복한 삶을 살고 있다.

스웨덴은 1990년대의 금융 위기 속에서도 보편복지의 큰 틀은 바꾸지 않았다. 지금도 스웨덴의 조세부담률은 GDP 대비 50% 수준이다. 한국의 조세부담률은 32%로 OECD의 평균인 45%에도 못 미친다.

20세기 중반을 석권한 케인즈식 경제의 뒤를 이은 신자유주의가 미국의 레이건 시대부터 시작해 지금까지 30년간 세계 경제를 지배하고 있다. 신자유주의는 특히 금융부문에서 규제완화, 민영화, 큰 시장과 작은 정부를 강요하며 지구촌 곳곳에 작고 큰 금융 버블을 터트리고 다닌다.

1980년 남미의 외채위기, 1987년 미국의 블랙먼데이, 1990년대 멕시코 외환위기와 북유럽의 가계부채위기, 일본의 장기불황, 1997년 동남아시아 외환위기 그리고 2010년부터 지금까지 터지고 있는 남유럽의 정부부채위기 등이 모두 신자유주의적 금융 효율성 및 과도한 수익을 추구하며 일어났다.

이런데도 신자유주의적 보수층은 이 모든 위기가 과도한 복지 지출 때문이라고 비난한다. 2012년 남유럽에 속하는 스페인의 국가신용등급이 강등당하자 MB는 기다렸다는 듯이 한마디 거들고 나섰다.

"그리스나 스페인 등 유럽 국가들을 반면교사로 삼아야 한다."

그 나라 꼴 되지 않으려면 재정 건전성을 유지해야 하고 그러기 위해선 보편복지를 할 수 없다는 뜻이다. 재정 건전성 악화는 부자 감세나 금융기관의 악성 파생상품이 원인인데 엉뚱하게 보편복지로 책임을 돌리고 있다.

과연 '무적함대 스페인'을 침몰로 몰고 간 원흉은 누구인가? 그것은 이명박의 기대처럼 보편복지가 아니라 신자유주의였다. 보편복지의 나라 스페인도 1980년대의 글로벌화 되어 가던 신자유주의를 거부하지 못하고 노동유연화를 수용했다. 또한 정경유착으로 부자들이 감세 혜택도 받고 조세 회피가 용이해지면서 재정이 고갈되기 시작했다. 그때부터 비정규직과 아르바이트가 늘어나 현재 청년 실업률 45%, 평균 실업률 21%에 이르렀다.

그래도 2000년 초까지만 해도 스페인은 보편복지의 힘으로 다른 유럽 국가들보다는 비교적 고성장을 해왔다. 그러나 2004년 총선에서 사회당이 정권을 잡자 상황이 더 악화됐다. 사회당은 정부조직을 대폭 늘렸다. 더욱이 2008년 총선 승리 후에 곧바로 부유세를 폐지했다. 여기서 연간 14억 유로(약 2조 원)가 빠져나갔다. 정부 재정이 계속 악화되자 공무원 임금과 출산수당을 삭감하는 등 복지 예산을 줄였다. 그러나 45%의 청년을 포함한 전 국민의 21%에 해당하는 실업자들은 복지 없이 생계를 잇기 어려웠다. 결국 이들은 거리로 나와 '재정 긴축과 예산 삭감'에 반대하는 시위를 벌였다.

스페인의 위기는 저축은행들의 무분별한 부동산 대출에서 비롯되었다. 이로 인해 부동산 경기가 과열되며 집값이 수직상승했다가 하락하면서 민간의 부실부채가 커졌다. 지금 스페인의 부동산 가격은 2007년 최고점 대비 반 토막이 됐다. 수많은 군소은행들이 부동산 버블 파열의 직격탄을 맞았고 구조조정을 받아들여야 할 처지가 되었다. 이 지경이 된 배경에는 정경관政經官의 유착이 있다. 돈이면 다 되는 신자유주의의 덫에 저축은행을 감독해야 할 공무원들이 걸려들어 양심이 마비된 것이다.

스페인의 가장 큰 도둑은 은행과 정치인들이다. 이들로 인해 금융위기가 초래되었고 긴축정책을 펼 상황이 왔으며 그 피해는 서민들이 보고 있다.

복지의 나라 스페인을 비롯한 남유럽의 여러 나라들이 성급하게 자본의 자유화를 수용해 중산층이 무너져 2차 세계대전 이전의 양극화 사회로 가고 있다. 그러나 대한민국은 스페인처럼 제대로 된 복지도 한 번 못해 본 채 박승 전 한은 총재의 말처럼 '빈곤화 성장'만 추구하고 있다. 전 세계에서 유례가 없을 만큼 대한민국의 '빈곤화 성장'이 빠르게 진행되고 있다. 박승 전 총재는 그 원인을 '대기업 중심의 정책', '완전 개방체제', '저임금 구조인 중국경제의 직접 영향권'으로 보았다.

정부는 연일 GDP도 늘고 국민소득도 늘었다고 자랑한다. 그러면서 가계소득이 정체 내지 마이너스로 돌아선 것에 대해서는 별말이 없다. 이런 흐름은 쉽게 개선되지 않을 것이다. 현금을 쌓아

둔 재벌들이 돈을 잘 풀지 않기 때문이다. 가장 좋은 방법은 증세인데, 이 방법은 제쳐두고 정부는 대기업들에게 '고용 없는 성장시대'인데도 고용을 늘려 달라 애걸하고, 국내 투자가 한계에 이르러 해외투자를 하고 있는데도 투자를 늘려달라고 하소연만 하고 있다. 이런 모습이 서민들의 눈에는 정치적 쇼로만 보인다.

북유럽은 분배를 통해 중산층을 두텁게 하고 있다. 고용 없는 성장시대, 빈곤 성장시대를 맞아 중산층을 두텁게 하는 방안으로 스웨덴처럼 기본소득제基本所得, basic income guarantee, citizen's income 외에는 다른 대안이 없다.

## 문제는 GDP다

노벨경제학 수상자인 캘리포니아 대학의 조지프 스티글리츠 교수는 "단기 경제성과만을 측정하는 국민총생산GDP은 지속가능성을 설명해줄 수 없다"며 금융위기의 원인도 부동산 거품을 기초로 계산된 GDP 때문이라고 지적했다.

아프리카 대륙에 속한 나라들의 GDP는 국민총소득GNI보다 훨씬 높다. 국가는 부강한데 국민은 헐벗고 있는 것이다. 아프리카의 무궁무진한 지하자원을 개발하는 수많은 광산이 대부분 백인 등 외국인의 소유다. 이 광산에서 벌어들이는 수입이 GDP에는 삽히나 거의 전액이 본국으로 송금되어 실제 아프리카인들에게는 큰 도움이 되지 못한다.

미국 경제도 GDP로만 보면 별 문제가 없어 보인다. 그러나 금융위기 앞에서 모두 허구로 드러났다. 미국의 GDP는 15조 달러를 상회한다. 이중 70%인 10조 달러가 서비스업 관련 자금으로, 이 돈은 자본수지 측면에서의 수입일 뿐 실제 생산과는 관련이 적다.

GDP라는 지표에는 실제적 재화 생산이 아닌 허구가 많이 포함되어 있다. 미국은 1980년대 이후 지금까지 근 30년간 무역수지 적자가 계속되고 있다. 지난해 적자규모는 5580억2000만 달러(약 643조 원)로 2010년도보다 580억 달러(약 67조 원)나 늘었다. 현재도 외국의 상품을 수입해 엄청난 소비문화를 즐기고 있다.

현재 미국 국가채무 총액이 120조 달러(약 13경8300조 원)이고, 재정적자는 총 14조5천억 달러다. 이 부채액수기 줄어들지 않고 눈덩이처럼 커지고 있다. 2011년 한 해에만 1조5천억 달러의 재정적자가 발생했고, 올해는 2조 달러를 돌파할 것이라 예측한다. 이처럼 감당하지 못할 만큼 엄청난 재정적자가 쌓이는데도 왜 미국은 파산하지 않고 버틸 수 있을까?

한국, 그리스, 독일 등 어느 나라든 재정적자가 발생하면 머지 않아 외환위기가 발생한다. 그러나 미국은 세계 유일의 기축통화인 달러를 남발해 자국의 구멍 뚫린 재정적자를 메우고 있다. 이런 비정상적 경제구조가 전 세계의 경제를 점점 벼랑 끝으로 몰아가고 있다. 이런 미국의 위험한 게임으로 인해 달러의 위상이 추락하고 있다. 이미 중국의 위안화가 일각에서는 기축통화로 통용되는 등 2016년이면 달러가 기축통화의 위치를 상실할 가능성이 높다.

시장 거래의 세계는 누군가 이익을 보면 누군가는 손해를 보게 되어 있다. 어떤 나라가 성장하고 더 많은 무역수지를 남기려면 그만큼 다른 나라는 무역적자를 떠안아야 한다. 거시경제에 가장 큰 영향을 미치는 환율을 높이면(자국의 통화가치를 낮추면) 수출과 성장에는 유리하지만 수입물가가 올라 국내물가도 오른다.

각 나라들은 수출제품의 가격을 더 저렴하게 유지해 다른 국가에 무역적자를 전가시키기 위해 자국의 화폐가치를 평가절하 할 수밖에 없다. 그런데 지금 세계 무역시장은 중국 등의 무역수지 흑자를 미국 등이 적자로 채워주는 구조다. 이런 기형구조가 한계에 다다랐다. 미국은 중국 정부가 일부러 위안화 가치를 낮춰 막대한 흑자를 낸다고 비난하고 위안화 환율을 낮추라고 요구하고 있고 중국은 내정간섭이라며 맞서고 있다.

이런 '환율전쟁'이 과거엔 선진국들 사이에서만 벌어졌으나 지금은 신흥국들과 선진국들 사이에서 벌어지고 있다. 점차 격화되는 환율전쟁으로 국제 금융시장이 크게 불안정해지면서 빈발하는 글로벌 경제위기의 주요원인이 되고 있다. 또한 1930년대 자국의 무역수지를 지키기 위해 각국이 관세를 앞다퉈 높인 정책으로 세계가 대공황에 빠진 것처럼, 각국의 고환율 정책이 지속되면 근린궁핍화 정책Beggar my neighbor policy이 되어 지구촌 전체가 혼란에 빠질 수 있다. 이를 방지하려면 각국이 화폐가치 절하 경쟁을 멈추고 보유 외환 중에 달러 비중을 낮추는 것이 급선무다.

무엇보다 미국은 GDP를 올리기 위해 헬리콥터에서 돈을 뿌리는 식의 미친 짓을 포기해야 한다. 금융권의 모기지 등 악성자산이 금융위기의 주범인데도 막대한 돈을 마구 풀어 쌓아놓은 GDP가 이를 가려주는 역할을 해왔다. 미국 정부도 돈을 찍어내 시중에 푸는 대신 그 돈으로 금융권의 악성자산을 구입해 주식으로 전환하는 것이 경제안정에 더 효과적이다. 경제성장률과 GDP의 증가가 반드시 서민의 삶을 윤택하게 해주는 것은 아니다.

## 자본주의는 실패했다

2012년 전 세계의 돈 많은 1%들의 모임이라는 다보스 포럼이 스위스에서 열렸다. 이들 모임에서조차 '자본주의는 실패했다'는 자성이 터져 나왔다. 포럼의 회장 클라우스 슈바츠는 "우리가 죄를 지었다"며 신자유주의의 실패를 고백했고, 대전환을 위한 새로운 대안을 만들자고 했다. 그러나 대안은 나오지 않고 서로 책임을 전가하는 무기력한 모습만 보였다.

다국적 기업의 회장은 정치인들이 책임져야 한다고 하고, 정치인들은 그들대로 서로 책임을 전가했다. 독일의 메르켈 총리가 미국, 일본, 중국 등을 은근히 비난하자 영국 데이비드 캐머론 총리는 공개적으로 갈등을 노출시킨다고 메르켈 총리에 대해 불평

했다. 포럼 후반부로 갈수록 자본주의의 위기에 대한 성찰보다 신 성장New Growth이 주요 화두가 되고 말았다.

그들 역시 큰 시장과 작은 정부를 지향하는 애덤 스미스의 후예들이었다. 도미니크 바턴 맥킨지 회장은 아예 애덤 스미스가 국부론을 만들 때 강조했던 말을 들려주었다.

"건강한 도시에서 건강한 자본주의가 탄생한다."

기업이 고용 창출과 사회 공헌을 많이 해야 건강한 사회를 만들 수 있고, 기업도 더 튼튼해진다는 뜻이다. 그러려면 기업이 더 성장해야 한다는 논리로 귀결된다. 이것이 다보스 포럼의 한계다. 지금 수준으로는 더 이상 고용을 늘리거나 사회공헌이 쉽지 않고 재정팽창을 통해 성장이 되면 그 안에서 나누겠다는 뜻이다.

이들은 겉으로는 1%를 위한 자본주의가 끝났음에 공감하면서도 결국 성장으로 자본주의의 위기를 돌파해야 한다는 결론을 내렸다. 1%인 자신들의 계급적 이익에 충실한 것이다. 이들은 초연결사회로 진입한 사회적 불안정과 양극화 문제의 뿌리를 '저성장'으로 파악했다.

헤지펀드 매니저인 조지 소로스도 유럽중앙은행ECE에게 "양적확대 정책으로 수요를 살리라"고 충고했다. 저성장이 글로벌 위기의 원인이며 해법은 '재정과 양적완화를 통한 성장'이라는 것이다. 경제가 성장해야 고용이 창출되고 고용이 늘어야 소비가 늘어나는데, 지금 성장이 줄어드니 자본주의까지 위태롭다는 것이다.

지나친 자본주의로 세계 경제를 이끌며 죄를 지었다고 고백하고는 기껏 내놓는 해답이 철저한 자본주의 방식이다. 이것이 지금 세계 경제리더라는 사람들의 고정관념이다. 이들은 변하지 않는다. 변해보아야 자기들만 손해기 때문이다. 2012 다보스 포럼에서 자본주의 위기의 대안으로 성장을 내놓았는데, 그 성장을 어디서 하느냐에 대해 내놓은 아이템도 참 유치했다. 그들이 내놓은 아이템은 '인프라'였다.

바턴 매킨지 회장에 의하면 미국과 유럽의 기업과 자산운용사들이 보유한 현금만 2조 달러다. 투자할 곳을 찾지 못한 '현금 탱크'가 한국, 일본, 중국, 인도 등 다른 나라들도 규모의 차이는 있지만 존재한다. 이 논이 경제의 불확실성 때문에 투자할 곳을 찾지 못하고 묶여 있다. 문제는 돈의 주인인 주주나 재권자들은 자산운용사나 기업에 기준수익률 이상을 요구한다. 그래서 마냥 이 거금을 수익성이 낮은 은행에 넣어둘 수 없고 투자할 곳이 없어서 어딘가 고수익이 날 곳을 찾는데 혈안이 되어 있다. 바턴 회장은 이 돈을 쏟아 부을 수 있는 투자처가 '인프라'라고 보았다.

2012년 전 세계 1%들의 모임인 다보스 포럼은 '자본주의의 대안'을 찾겠다고 했다가, 결국 자신들의 돈을 어디에 투자해야 되는지로 결론을 내리고 말았다.

인프라SOC는 공공재 성격이 강해 국민들이 보편적으로 사용한다. 이를 시장원리에 맡겨 두면 서민 생활의 질이 형편없이 떨어진다. 반면 인프라에 투자하는 민간 기업은 정부가 뒷받침해 주기 때문에 위험부담이 다른 사업에 비해 현격히 적다. 그러다보니 구조적인 공급과잉 현상이 나타나고 있다.

한국의 GDP 대비 건설투자 비율은 1990년대 20%에 달했다가 2010년 11.6%로 낮아졌으나 아직도 선진국들보다 높은 편이다. 건설업의 비중도 OECD 34개국 회원국의 평균 6.1%보다 높은 7.0%다. 이런 투자 구조가 공급과잉의 원인이 되고 있다. 차량이 하루종일 몇 대 지나가지도 않는 한적한 지방 산골에 신설된 도로, 미분양주택, 지방공항의 난립 등이 중복투자로 인한 과잉공급의 사례들이다.

경제성장 기여도 측면에서도 건설산업의 비중이 외환위기 이후 0.3~0.4%로 낮아졌다. 한국뿐 아니라 외국도 인프라 사업으로 인한 경제성장이나 고용증가가 예전만 못하다. 상위 1%의 대자본가들은 투자의 책임은 최소화하고 막대한 운영수익을 보전받길 원하는데, 인프라 사업이야말로 그들의 입맛에 딱이다. 그래서 다보스 포럼의 세계 1%들은 자본의 횡포로 멍든 지구촌을 구해야 한다면서도 그 해법은 유치하게 '인프라' 투자에서 찾았다.

고성장과 인구 팽창 시대의 인프라는 두 가지 측면을 지니고 있다. 인구 및 경제가 성장하면 인프라의 수요가 늘어나는 면과 인프라가 경제성장을 선도하는 면이다.

중국이 인도보다 비교적 빠른 경제성장을 이룬 것도 지난 25년간 인프라 공급이 앞섰기 때문이다. 1979년부터 2002년까지 중국의 고속도로는 2만5천km가 늘며 연평균 9.6%의 고속성장을 실현했다. 그 후 중국의 모든 산업에서 과잉생산 체제가 형성되었는데, 외환위기 이후 경기마저 둔화되자 경기부양책의 일환으로 고속도로, 항만, 공항 등 인프라 건설에 더 집중투자했다.

이런 방식은 단기적인 부양에는 도움이 되지만 중장기적으로 보면 경제를 더 침체의 늪에 빠트리게 된다. 서방 선진국은 물론 일본도 인프라 과잉 투자로 이미 몸살을 앓고 있다. 지방자치제를 도입하면서 일본에도 인프라 확충 붐이 불었다. 과도한 인프라 투자가 5%대(1980년대)의 경제성장률을 1%대(1990년대 이후)로 떨어지게 한 요인 중 하나다. 전국 47개 현마다 공항이 들어섰으나 승객이용율이 저조한 지방공항이 많아 현재 통합하고 있는 추세다. 한국도 좁은 국토 안에 지방공항이나 항만, 체육관 등 중복된 인프라 시설이 너무 많이 늘고 있다.

인프라를 건설할 때 잠깐 고용효과가 창출되기는 하지만 오래 가는 것도 아니고, 준공 이후에 관리·운영하는 데 비용이 많이 든다. 인프라 대국이라는 일본은 2040년대에 이르면 인프라의 유지·보수에만 연간 20조 엔의 예산이 들어간다고 한다. 보통 건축물의 경우 50년의 생애주기LCC를 갖는데 이 중 초기 건축공사비는 5~10% 정도이지만, 운영 및 유지관리와 해체 등에 드는 비용이 총비용의 85% 이상을 차지한다. 무엇보다 인프라 건설에 의해 변형된 자연 환경은 복구가 불가능하다.

산악지역이 많은 한국의 다른 도시와 달리 서울은 비교적 낮은 산과 구릉지로 구성되어 있고 한강이라는 거대한 배수지가 있어서 비교적 풍수해에서 안전했다. 그러나 서울 전역이 도로와 건물, 아스팔트로 덮이면서 광화문이나 홍대 앞 등 도심지 곳곳에서 며칠만 소나기가 내려도 물난리가 나곤 한다. 또한 강남의 우면산 토사 붕괴 같은 경우도 사회간접자본SOC 영역의 재해다.

사회주의가 현실경제에 둔감했다면 이익에 민감한 자본주의는 자연생태계를 수탈할 수밖에 없다. 거대 자본이 제3세계의 산과 강을 불도저로 밀어대니 흡수되지 못한 대기의 열이 극지방의 얼음을 녹여 해수면 상승에 일조하고 있다. 해마다 개발이라는 미명하에 숲이 점점 사라지고 산소농도가 희박해지면서 그만큼 탄소가 증가하고 지구는 더 더워진다.

재벌가나 부유층은 자신들의 쾌적한 생활과 이익도모를 위해 도시 근교에 조금 남은 숲과 하천을 끊임없이 파괴하고 저택과 별장을 짓는다. 이런데도 세계 1%들의 다보스 포럼은 기껏 자본주의의 대안을 찾는다면서, 성장을 위해 인프라에 집중투자해야 한다고 주장한다. 그러나 이런 경제 시스템은 실패할 수밖에 없다.

## 기본소득제, 행복을 위한 유일한 대안

현대사회는 과거와 비교해 더 적은 노동량으로 더 많은 생산을 하고 있다. 점차 노동 없는 고품질 대량생산 시대로 가고 있다. '고용 없는 성장'의 시대에서 '노동 없는 생산'의 시대로 이행하고 있는 것이다. 따라서 지금까지의 '소득이란 노동의 질과 생산량에 비례로 주는 대가'라는 프레임이 깨져야 한다. 그런 프레임으로는 더 이상 사회가 유지될 수 없다. '노동 없는 생산의 사회'로 가는 길목을 우리 모두가 부드럽게 통과하기 위한 카드가 바로 '전 국민 기본소득제도'다.

산업화시대에 빈민만을 골라 도움을 주던 선택적 복지가 성장 없는 고용의 시대인 정보화시대에 사회구성원 전체를 대상으로 하는 보편적 복지로 진화했다. 기본소득제는 기존의 사회보장제도와 판이하게 다르다. 기본소득제도 보편복지에 속하기는 하지만 굳이 구분하자면 보편복지는 고도화된 노동 테크닉을 익히고 개인의 역량을 시대에 맞게 함양하는 데 필요한 의료, 교육 등의 재원을 제공하는 것이다. 기본소득은 근로 여부나 근로 의사를 묻지 않고 사회구성원 모두에게 개별적으로 균등하게 지급되는 소득이다. 물론 재산의 다소나 나이의 다소도 묻지 않는다. 선별복지가 시혜 개념이라면 보편복지는 기본권 개념이다. 너무 파격적인가?

노동할 필요가 없고 노동을 하고 싶어도 할 일이 없는 자동적 생산 충족의 시대를 대비하는데 이 방법 외에 다른 수단이 없다. 전 세계가 노동 없는 생산의 시대로 급진전하면서 나타나는 현상이 '무노동의 투기, 불로소득의 극대화'다. 이는 시장경제의 원리인 '무노동 무임금'과 얼마나 배치되는 현상인가?

미국을 좋아하는 대한민국 사회도 미국처럼 거대한 부를 축적하는 계층이 따로 생겨났다. 이들의 부는 대부분 부동산 투기에서 발생했다. 재벌을 비롯한 산업자본가들 역시 비업무용 토지를 과다하게 보유하며 거대한 시세차익을 챙겼다.

통계에 잡히지 않는 부분까지 감안한다면 대한민국은 노동으로 벌어들이는 소득이 가처분 GDP의 30%도 되지 않는다. 달리 말해 가처분 GDP의 70%가 투기, 불로소득으로 임대료 소득, 이자 소득, 증권 양도차익, 부동산 소득 등 투기성 소득이 노동 소득의 2배 이상이다. 근로소득자들 다수가 천정부지로 솟아오르는 물가와 이자를 감당하느라 정신없는 사이, 이들 불로소득자의 명품 소비는 계속 늘고 있다. 2011년 백화점 상품 중에 루이뷔통, 구찌, 샤넬, 에르메스, 티파니 등의 고가 브랜드 매출은 전년대비 20% 늘었다. 이 현실을 직시해야 한다.

MB는 '열심히 일하면 잘살 수 있는 사회'를 강조하지만, 열심히 일해 부자 되는 사회는 아니다. 그렇게 해서 부자 된 사람은 가뭄에 콩 나듯 정말 드물게 나온다. 그 콩이 나면 재벌 주변에 붙어 있는 보수언론과 관료들이 나서서 온갖 찬사를 보내며 모든 국민이 이 사람을 본받아 더 열심히 일하라고 몰아세운다. 이 여론몰이는 불로소득이 70%를 넘고 불로소득으로 부를 늘려가는 시대의 진실을 덮어주고, 열심히 일하면 잘살 수 있다는 거짓 환상을 서민들에게 심어준다. 이 환상을 쫓다가 지쳐 쓰러지면서도 구조적 모순에 분노하며 개혁하려 하기보다 자신의 무능과 게으름을 탓하며 자학한다.

이렇게 서민들에게 끊임없이 자학 심리를 불어넣는 자들이 복지를 반민주적, 사회주의적 발상이라 비난하며 대중을 미망에 빠 트린다. 그러나 사회주의보다도 민주주의에 큰 해악을 끼치는 것 이 바로 신자유주의다.

'자본만의 자유'를 추구하는 신자유주의처럼 세상의 모든 논리를 단일화시키는 이념은 없다. 신자유주의는 자본이 원하면 무엇이든 가능한 사회, 자본이 싫어하면 무엇이든 불가능한 사회를 만든다. 여기서 자유로울 수 있는 영역은 하나도 없다. 가족, 교회, 법원, 국가, 유엔 등 모든 영역이 자본의 마법에 걸렸다. 다수의 유익을 추구하는 민주주의도 포퓰리즘이라며 개인의 자유를 침해한다고 공격한다. 여기서 개인은 재벌을 말한다.

'노동 없는 생산의 시대'가 도래하고 있다. 마르크스의 이론보다도 더 급진적인 이론으로 보이는 '기본소득제' 도입이 필요하다. 이미 미국의 알래스카 주에서는 1년 이상 거주한 모든 주민들에게 기본소득을 주고 있다. 브라질도 룰라 대통령 시절인 2004년, 브라질에 5년 이상 거주한 사람들에게 연봉을 주는 '기본소득제'에 서명했다. 일본도 기본소득제 논란이 한참이다. 그 진앙지는 차세대 총리후보 1순위인 하시모토 토루다. 그는 극우파인데도 보편적 복지가 선별적 복지보다 더 효율적이라 판단하고 전 국민에게 최소한의 생계비를 지급하는 기본소득제를 도입하겠다는 공약을 내세우고 있다. 이 공약에 일본의 젊은이들이 열광한다.

하시모토는 보수정객답게 '작은 정부'를 지향하며 '세금을 갉아먹는 흰 개미'인 공무원을 대량으로 잘라내면 재원 조달이 가능하다는 입장이다. 즉 일본의 선별복지 정책이 복지대상을 선별하는 과정부터 지나치게 복잡해 공무원 수가 늘고, 또한 수급자격심사와 수급과정에서조차 많은 돈이 누수되었다. 사리사욕을 위해 복지비를 빼돌리는 경우도 있었다. 기본소득제로 가면 이런 복지사업체나 행정기구가 필요 없다. 기본소득제가 선별복지보다 노동유인이 더 강하다. 이때의 노동은 먹고 살기 위한 근로가 아니라 자기가 원하는 일을 찾아 하는 것이기 때문에 노동의 창의성과 질이 훨씬 상승한다.

선별복지는 '계속 가난해라. 그러면 돈을 준다'라는 기본 메시지를 암묵적으로 담고 있다. 어차피 노동이 사라져가는 시대, 노동해도 부자 되기 힘든 시대에 차라리 빈곤 상태에 머물며 복지혜택이나 받자는 생각도 들 수 있다. 그러니 국가 입장에서는 세금은 세금대로 들면서 국가 경쟁력은 뒤쳐질 수밖에 없다. 기본소득에는 이런 '복지의 함정'이 없다.

현대인들 중 최상위 1%를 뺀 나머지는 치솟는 물가와 변동하는 자산의 가치 때문에 부귀영화는 고사하고 장래 자신의 먹고사는 문제가 가장 큰 고민이다. 이런 불안은 젊은 세대일수록 더 크게 느끼고 있다. 2040세대의 60% 가량이 자신의 삶을 불안해하는데 20대는 진로와 주거, 30대는 주거와 자녀교육, 노후, 40대는 자녀교육과 노후, 고용지속 여부였다.

오늘 조금 잘나가더라도 이 현실이 언제까지 지속될 수 있느냐는 고민과 한 번 실패하면 다시 일어설 수 없다는 절박감이 이들의 어깨를 짓누르고 있다. 미래가 예측불가능한데도 사회적 안전망이 형성되어 있지 않아서 이런 현상이 나타난다. 기본적인 소득이 확보되어 있지 않으면 단지 먹고살기 위해 하기 싫은 일도, 정신과 육체 건강에 안 좋은 일도 억지로 해야 된다. 이 얼마나 비인간적인가. 지금도 부동산과 자본의 덕으로 먹고 사는 사람들은 자기가 하고 싶은 일만 하며 살 수 있다.

　인천의 어느 카센터에서 한 노인분을 알게 되었다. 그분은 벤츠를 몰고 다니는 큰 부자인데도 구청 소속의 거리 청소부로 일하고 계셨다. 왜 일을 하시냐고 물었더니 무료하게 사느니 재미도 있고, 건강에도 좋아서 청소부 일을 하신다고 했다. 버트런드 러셀도 《자유로 향하는 길》에서 모든 사람에게 생활하기에 충분한 돈을 주어야 한다고 주장했다.

　기본소득은 인간의 존엄성을 지켜주는 일이다. 100년 안팎의 두 번 다시 반복되지 않는 인생을 살면서 사회에 해를 끼치지 않는 한도 내에서 자기가 원하는 일을 하며 살 권리가 누구에게나 있다.

맺 | 음 | 말
# 권리는 주장하는 사람의 것

정권이 바뀔 때마다 대통령들은 재벌 개혁을 주요 정책과제로 내세웠다. 그러나 어떤 정권도 성공하지 못했다. 진보정권들도 용두사미로 끝났고 재벌 대신 자신들이 개혁 대상으로 전락하고 말았다. 그리고 MB처럼 처음부터 '대기업 프렌들리'인 사람이 일자리를 많이 만들어준다는 공약을 내세워 대통령이 되었다. 하지만 일자리가 늘기는커녕 오히려 더 줄어들어 빈곤층이 양산되고, 대기업에는 돈이 넘쳐났다.

MB 정부는 집권 초기부터 출총제 폐지, 금산분리 완화, 수도권 규제 완화, 소득세·법인세 인하, 고환율 고수 등 친재벌정책을 펴다가 워낙 경제가 어려워지니 정권 말기에 이르러 민심 달래기 차원으로 대기업을 규제하는 시늉만 내고 있다. MB의 배려로 대기업들은 사상 유례없는 호황을 누렸다. 그 호황의 그늘이 고스란히 서민들의 주머니에 깃들었다. '뼛속까지 친미'라는 MB는 이미 미국이 지나간 '진흙탕의 30년 세월'을 뒤쫓고 싶었던 모양이다.

지난 30년간 미국은 고소득층 감세를 추진하여 소득의 불평등이 확대되고 양극화가 심화되어 월스트리트 시위까지 촉발됐다. 그 뒤를 MB의 대한민국 사회가 충실히 따라가고 있다. 제일 앞줄에는 재벌과 정치권, 관료가 서 있고 그 뒤에 교수와 지식인 집단, 그리고 맨 뒤에서 서민들이 행진하는 가운데 양 옆에서는 언론들과 일부 대형교회들이 꾸준히 진군 나팔을 불며 분위기를 조성하고 있다. 그 결과 대한민국 사회도 미국처럼 겉만 화려하고 속은 슬럼화 되고 있다. 한 연구소의 '대한민국 사회를 어떻게 보십니까'에 대한 조사(복수응답 가능)에 의하면 2040세대는 '부모의 지위에 따라 자녀의 계층이 결정되는 폐쇄적 사회(80%)', '노력한 만큼의 보상도 받지 못하는 사회(77%)', '한 번 실패하면 다시 일어서기 어려운 패자 부활이 힘든 사회(70%)'라 답했다.

오늘날처럼 재벌이 개별 국가와 세계를 동시에 장악한 역사가 없었다. 동시에 현 세대처럼 세계 대부분의 나라가 국가부도의 위험에서 자유롭지 않은 적이 없었다. 재벌의 힘은 윤리나 도덕, 지성이 아니라 순전히 돈에서 나온다. 따라서 재벌의 지배란 곧 금융의 지배다. 금융이 세계를 지배하면서부터 세계의 자본은 상품생산에 투자되기보다 투기적 이익을 추구하는 데 이용되고 있다. 이것이 바로 핫 머니(투기성 단기자본)다.

이 핫머니들이 세계 각국을 돌아다니며 나라별 단기금리와 환율의 차이를 파고들고 있다. 또한 외국인 직접 투자, 주식 매입 등으로 국제 금융시장을 교란시키고 특히 신흥국들의 자산 거품과 인플레이션을 유발하고 있으며 이로 인해 한 국가가 부도가 나면 금새 다른 나라로 옮겨 붙는다.

현재 전 세계의 핫머니 규모는 최소 1조5천억 달러로 추정되며 미국과 선진국들의 양적완화 조치로 해마다 큰 폭으로 늘고 있다. 신용 부채에 따른 버블의 형성과 붕괴가 반복되면서 글로벌 금융위기도 덩달아 반복될 수밖에 없다. 이에 대한 해법으로 스웨덴처럼 금융규제를 강화하고, 정부 개입을 확대해 재정수급의 균형을 맞추어 가며 보편적 복지를 확대해 갈 수밖에 없다.

국가재정 안정과 보편적 복지라는 두 마리 토끼를 잡으려면 결국 증세밖에 없다. 2012년 5월 프랑스 대선에서 17년 만에 좌파 대통령이 탄생했다. 사회당의 후보였던 프랑수아 올랑드는 연봉 100만 유로(약 15억 원) 이상의 고소득자의 한계 세율을 75%로 끌어 올리겠다는 부자 증세와 일자리 창출, 최저임금 인상안을 들고 나와 집권당 후보인 니콜라 사르코지를 눌렀다. 사르코지가 선거 공약으로 내건 부유층과 대기업 감세, 의료보험 지출 동결 등이 국민투표에 의해 거부당한 셈이다.

프랑스인들도 좌우를 막론하고 정치인들을 그다지 신뢰하지 않는다. 단지 사르코지가 대통령으로 재임하는 동안 지나치게 부자를 대변해왔기 때문에 그 반감으로 이번에는 사회당을 지지한 것이다.

세계적인 국가재정 위기의 가장 큰 원인은 뭐니뭐니해도 '부의 쏠림 현상'이다. 미국은 상위 1%의 소득이 국민 전체소득의 5분의 1 수준에 다다르고 있고, 한국은 6분의 1 수준에서 점차 높아지고 있다. 이대로 두면 상위 1%의 소득이 전체소득의 반 이상을 가져갈 상황도 배제하기 어렵다. 이 많은 돈으로 1%들이 무엇을 하겠는가? 끊임없이 자신의 부를 지키고 늘려가기 위해 정치권 로비, 언론 장악, 부동산 투기, 재테크 등 사회적 통합을 깨는 온갖 일을 다 하고 다닐 수 있다.

  소득은 보통 근로소득, 사업소득, 금융소득, 부동산소득 등으로 분류되는데 고소득자일수록 근로소득의 비중이 작고, 예금과 적금 및 채권의 이자소득, 투자수익, 배당수익 등의 비중이 대부분을 차지한다. 좀 거칠게 말하자면 땀 흘려 버는 수입보다 배짱이처럼 놀고먹는 수입이 훨씬 많다는 얘기다. 이런 상황에서 근면, 성실, 정직이라는 가치관은 시대를 모르는 어리석은 사람들의 신념으로 전락할 수밖에 없다. 따라서 부자증세야말로 국가재정 수급의 균형을 맞추어 사회통합을 이루는 첫걸음이다. 이 일을 추진할 주체는 국민의 심부름꾼인 정부와 정치권이다. 그러나 이들 자체가 상위 1%에 속해있거나 또는 1%의 유혹을 쉽게 벗어나지 못하기 때문에 국민을 위해 일하기보다 재벌을 위해 일하는 편이다.

  특히 대한민국의 보수와 진보는 서로 어울리지 않는 경제 정책을 펴 왔다. 본래 좌파의 경제 기조는 정부가 시장에 적극 개입하는 것이고, 우파는 정부의 시장 개입을 최소화하는 것이다. 그런데 극우인 박정희 정권은 사채동결조치로 기업의 이자부담을 경감해 주고 종합무역상사제를 도입해 수출기업을 지원해 주는 등 재벌을 비호하고 키웠다. 사회주의와 대등할 정도로 관치경제를 하며 재벌을 관리한 것이다.

그 뒤를 이은 보수정권인 전두환과 노태우 시절에도 역시 재벌들로부터 정치자금을 받기는 했으나 공정거래법 제정과 출총제를 처음 시행하고 재벌 부동산 매각을 추진하는 등 재벌을 관리했다.

그러나 비교적 진보적이라던 김영삼 정부에 와서는 재벌이 정부를 '3류'라고 비웃을 만큼 재벌의 힘이 강력해졌다. 이후 재벌들은 정부가 재벌 개혁정책을 내놓으려 하면 즉각 '빨갱이 정책' 때문에 투자가 어렵다며 투자 파업을 일으켰다. 이에 놀란 대통령이 재벌 총수들을 만나 일자리와 투자를 늘려 달라고 사정한다. 특히 보수진영이 좌파정권이라 규정한 노무현은 아예 "시장으로 권력이 넘어갔다"며 시장 개입에 소극적이었다.

반대로 MB 정부는 보수를 표방하면서도 서민이 아닌 재벌을 위해 시장에 적극 대응하며 고환율 유지, 법인세 인하, 출총제 폐지, 의료사업 선진화와 영리병원 도입 추진 등에 앞장섰다. MB표 물가지수를 만들고 주유소와 설탕 사업에 정부가 개입하고 토목사업을 주도하는 등 친재벌정책을 펴며 재벌들의 무한 증식을 도왔다.

사르코지와 MB는 집권 초기부터 재벌과 부자의 이익을 챙겨 주는 대통령으로 악명이 높았다. 사르코지는 부자들 세금 인하와 상속세 대폭 감소, 무절제한 생활로 '망나니' 대통령으로 찍혀 정계에서 퇴출당했다. '고소영, 강부자 대통령'이라 불리는 MB는 어떻게 될까?

우리는 보수와 진보정권 모두를 경험해보았다. 두 진영 모두 재벌에 의존하고, 재벌의 비호를 받는 고위 관료의 덫에서 벗어나지 못했다.

정치인들은 보수/진보를 막론하고 선거 전엔 국민들 앞에서 '재벌 때리기'에 열을 올리지만 당선되고 나면 진정한 개혁을 하지 않았다. 이렇기 때문에 민주적 정부였던 김대중·노무현 시대에도 민주주의와 대북관계, 인권은 크게 진전했으나 경제 문제는 조금도 나아지지 않았다.

부동산과 사교육비 폭등, 비정규직 증가와 양극화는 외환 위기 이후 그대로 진행되었으며 MB는 이를 더 심화시켰다. MB 정권은 출범하면서 법인세, 소득세, 종합부동산세 등의 무력화 또는 인하를 통해 거의 100조 원에 달하는 '부자 감세'를 해놓고는 재정건정성 운운하며 보편복지를 반대하는 이중성을 보이고 있다. 항시 수구 보수는 세금을 더 지출해야 할 서민친화적 개혁을 요구하면 재정건전성 논란을 일으킨다.

로마 법언法言 중에 '법은 자기 권리 위에 잠자는 사람은 지켜주지 않는다'는 말이 있다. 내 권리는 내가 지켜야 한다. 따라서 우리는 명확히 요구할 필요가 있다.

첫째, 사회 공정성 확보를 위해 세계적 추세인 '재벌·부자 증세'의 세입 구조를 만들어야 한다. 그래야 큰 유산을 받지 못하고 맨몸으로 태어난 사람들에게도 시장경제 활동에 참여할 공정한 기회를 줄 수 있다.

둘째, 국가가 말로만 출산을 장려하지 말고 출산에 따른 책임도 져야 한다. 덴마크는 국가의 헌법적 의무로 모든 국민이 주택과 충분한 식사를 제공받도록 했다. 이 땅에 태어난 사람이라면 최소한의 존엄성을 지키며 살도록 의료와 주거, 교육 등 기초소득을 보장해 주어야 한다.

셋째, 국가는 국민의 집이며 지구는 모든 생태계의 안식처다. 동고동락하는 같은 집안사람끼리 특권이란 존재할 수 없다. 국가는 국민 모두가 자유를 누릴 물적 토대를 확보해 줄 의무가 있다. 정부가 그런 역할에 치중할 때 국가의 경쟁력도 올라간다. 근래에 일어난 영국 등의 폭동도 부자 감세를 유지한 채 재정건정성을 이유로 무차별적으로 복지정책을 축소했기 때문이다.

세계가 변하고 있다. 팟캐스트, 페이스북, SNS로 연결된 오늘날의 세계 시민들은 더 이상 자본이 인간의 존엄성과 생태계를 짓밟는 짓을 용인하지 않는다.